Kohlhammer

Helen Ördög
Peter Petrat
Dr. Björn Bronger
(Hrsg.)

Erfolgreich durchs Rechtsreferendariat

Handbuch für Rechtsreferendare

Verlag W. Kohlhammer

VEREIN DER RECHTSREFERENDARE
HESSEN e.V.

1. Auflage 2026

Gesamtherstellung: W. Kohlhammer GmbH, Heßbrühlst. 69, 70565 Stuttgart
produktsicherheit@kohlhammer.de

Print: ISBN 978-3-17-045943-4

E-Book-Formate:
pdf: ISBN978-3-17-045944-1
epub: ISBN 978-3-17-045945-8

Grußwort des Hessischen Ministers der Justiz und für den Rechtsstaat

Liebe Leserinnen und Leser,
liebe Referendarinnen und Referendare,

zuallererst möchte ich Sie zu Ihrer erfolgreich bestandenen Ersten Juristischen Prüfung beglückwünschen. Viele Stunden der Entbehrung, Tage und Wochen 5-stündiger Klausuren, Monate der Ungewissheit und Jahre der Disziplin liegen hinter Ihnen allen. Sie haben wahrhaftig allen Grund, um stolz auf sich zu sein!

Nun haben Sie sich entschieden, die nächste Hürde Ihrer juristischen Ausbildung zu nehmen und starten in den juristischen Vorbereitungsdienst. Einige bleiben hierfür ihrer Universitätsstadt erhalten, andere verlagern ihren Lebensmittelpunkt. In jedem Fall aber lassen Sie nun zu großen Teilen eines hinter sich: den Gutachtenstil; den einen oder anderen wird es freuen.

Während Ihres Vorbereitungsdienstes werden Sie nun viele Facetten der klassischen juristischen Berufe praktisch erfahren. Sie lernen die tägliche Arbeit bei Zivilgerichten kennen, schauen einer Staatsanwältin oder einem Staatsanwalt über die Schulter und nehmen selbst Sitzungsvertretungen für die Staatsanwaltschaft wahr. Sie erhalten Einblicke in die Tätigkeit einer Verwaltungsbehörde und lernen die Vielfältigkeit des Anwaltsberufs kennen. Entscheidungsentwürfe, Abschlussentscheidungen und Schriftsätze, all das wird Sie in den kommenden zwei Jahren bis hin zur Zweiten Staatsprüfung begleiten.

Ihr nächster Ausbildungs- und Lebensabschnitt wird deshalb viel Neues und Unbekanntes für Sie bereithalten. Bei der Bewältigung dieser Herausforderungen steht Ihnen fortan das »Handbuch für Rechtsreferendare« zur Seite. Auf diese Weise erhalten Sie Unterstützung, nützliche Tipps und Fragen auf Antworten, die sich Ihnen vor, während und nach dem Referendariat stellen werden.

Für diese tolle Initiative und das besondere Engagement zum Wohle und im Interesse der Rechtsreferendarinnen und Rechtsreferendare möchte ich allen Verantwortlichen des Vereins der Rechtsreferendare Hessen e. V. meinen besonderen Dank aussprechen. Ich bin mir sicher, das »Handbuch für Rechtsreferendare« wird sich bald einen festen Platz bei der interessierten Leserschaft erobern.

Abschließend möchte ich Ihnen, den Referendarinnen und Referendaren, viel Erfolg, Kraft und das nötige Durchhaltevermögen auf dem Weg zum Zweiten Staatsexamen wünschen.

Es würde mich sehr freuen, wenn Sie sich nach erfolgreichem Abschluss Ihrer juristischen Ausbildung für eine gesellschaftlich so bedeutende und verantwortungsvolle Tätigkeit in der Justiz entscheiden und wir uns an dieser Stelle wiedersehen. Andere sehen ihre Zukunft im Bereich der Wissenschaft, Anwaltschaft, Wirtschaft, Rechtspflege oder Verwaltung.

Wofür auch immer Sie sich entscheiden, unser Gemeinwesen braucht Sie und ich wünsche Ihnen, dass Sie dabei die Freude und Begeisterung für die Juristerei behalten!

Ihr

Christian Heinz
Staatsminister

Vorwort des VdRH

Herzlich Willkommen in einer der lehrreichsten, spannendsten – und manchmal auch nervenaufreibendsten – Phasen der juristischen Ausbildung: dem Rechtsreferendariat. Kaum ein Lebensabschnitt bringt so viele neue Eindrücke, Herausforderungen und Entwicklungsmöglichkeiten mit sich und markiert den letzten Abschnitt auf dem Weg zur juristischen Berufstätigkeit.

Das Referendariat ist geprägt durch intensives Lernen, Ausprobieren und nicht selten auch durch Zweifel. Viele Fragen tauchen bereits vor dem offiziellen Start auf, noch mehr ergeben sich unterwegs zwischen Stationen, Klausuren und Aktenbergen. Mit Blick auf den Berufseinstieg stehen Referendarinnen und Referendare schließlich vor der wohl wichtigsten Frage: Wo will ich hin? Und damit einhergehend: Wie komme ich dort am besten an?

Dieses Handbuch kann auf diesem Weg ein verlässlicher Begleiter sein und Orientierung geben: **vor**, **während** und **nach** dem Referendariat mit hilfreichen Tipps, klaren Wegweisern und dem einen oder anderen Insider-Hinweis. Es bündelt Erfahrungen, Hinweise und Perspektiven – von Referendaren für Referendare, aber auch von erfahrenen Berufstätigen, die selbst einmal an diesem Punkt standen und heute als Ausbilder, Prüfer, Kollegen oder Arbeitgeber begleiten.

Initiiert und konzipiert wurde dieses Handbuch durch den ehrenamtlichen **Vorstand des Vereins der Rechtsreferendare Hessen e.V.** (VdRH), insbesondere in enger Zusammenarbeit zwischen der Vorsitzenden und ihrem Stellvertreter. Darüber hinaus haben sich die Mitglieder des Vorstands mit großem inhaltlichem Engagement eingebracht. Als bundesweit größte Interessenvertretung von Referendaren und jungen Juristen mit weit über tausend Mitgliedern lebt der gemeinnützige Verein vom aktiven Austausch zwischen angehenden und bereits im Berufsleben stehenden Juristen und versteht sich als Brücke zwischen juristischer Ausbildung und Berufsleben.

Verantwortlich für den VdRH ist sein ehrenamtlich tätiger **Vorstand**, dessen Mitlieder sich mit Zeit, Energie und Leidenschaft neben dem Referendariat oder dem Beruf aus Überzeugung und dem Wunsch heraus, die juristische Ausbildung aktiv mitzugestalten und zu verbessern, engagieren.

Begleitet wird die Arbeit des Vorstands vertrauensvoll durch den ehrenamtlichen **Aufsichtsrat**, dessen Vorsitzender zugleich der Gründer des Vereins ist und der als unabhängiges Gremium wichtige Impulse liefert. Die langjährige Erfahrung des Aufsichtsrats und seine kontinuierliche Begleitung prägen die strategische Entwicklung des Vereins und stehen für das große, langfristige Engagement, mit dem er sich für die Interessen der Referendare einsetzt.

Der Verein wird insbesondere durch seine **Kooperationspartner** unterstützt, die nicht nur dieses Projekt inhaltlich bereichert haben, sondern den Verein fortlaufend durch Spenden und großem Engagement fördern. Sie bringen wertvolle Expertise, Erfahrung und einen offenen Blick für die Bedarfe der nächsten Juristengeneration oder der Berufstätigen ein – als potenzielle Arbeitgeber von morgen, sowohl für angehende Juristen nach dem Referendariat als auch für Berufstätige, die neue berufliche Wege einschlagen möchten.

Der Vorstand hat es sich zur Aufgabe gemacht, ein praxisnahes, lebendiges und **hilfreiches Werk** zu schaffen – getragen von der Idee, Wissen zu teilen und Perspektiven zu eröffnen. Ziel ist es, ein Handbuch zu schaffen, das nicht nur den Anforderungen des Rechtsreferendariats gerecht wird, sondern auch den Übergang in das Berufsleben unterstützt. Der Vorstand hat die strategische Ausrichtung des Handbuchs übernommen, um sicherzustellen, dass es den praktischen Bedürfnissen der Referendare entspricht.

Denn wir wissen: Das Referendariat bringt viele Herausforderungen mit sich. Gleichzeitig bietet es aber auch die **Chance**, sich fachlich wie persönlich weiterzuentwickeln, Einblicke in verschiedene Berufsfelder zu gewinnen und den eigenen Weg im juristischen Beruf zu finden. Mit diesem Handbuch möchten wir einen Beitrag leisten, um die Referendariatszeit informierter, selbstbewusster – und vielleicht auch ein wenig gelassener – anzugehen.

Unser **besonderer Dank** gilt allen, die mit ihrer Expertise und ihrem Engagement zur Entstehung dieses Handbuchs beigetragen haben.

Wir wünschen viel Freude beim Lesen und vor allem: viel Erfolg auf Ihrem Weg!

Helen Ördög	Peter Petrat	Dr. Björn Bronger
Vorsitzende	Stellv. Vorsitzender	Vorsitzender
Vorstand	Vorstand	Aufsichtsrat

Zur besseren Lesbarkeit und Verständlichkeit dieses Buches wurde auf die explizite Verwendung von männlichen und weiblichen Personenbezeichnungen verzichtet. Alle verwendeten Begriffe gelten gleichermaßen für beide Geschlechter und schließen auch diverse Geschlechtsidentitäten ein.

Inhalt

Kapitel 1
Vor dem Referendariat

1.1 Struktur des Referendariats

Michael Wehner, Richter am Amtsgericht Bad Hersfeld

Das Referendariat, oder offiziell: der juristische Vorbereitungsdienst, hat in seiner Zielsetzung eine bemerkenswerte Zwitterstellung; einerseits soll das Referendariat auf die juristische Praxis vorbereiten, die im Vergleich zur universitären Ausbildung doch große Abweichungen aufweisen. Daneben sollen die Referendare aber auch auf das 2. Staatsexamen, also die formelle Abschlussprüfung auf dem Weg zum Berufsabschluss des Volljuristen, vorbereitet werden.

Der grundsätzliche Ablauf

Der Ablauf ist zumindest in groben Zügen im § 5b DRiG festgelegt und umfasst

- die Zivilstation, welche bei Zivilgerichten absolviert wird
- die Strafstation, die entweder beim Strafrichter oder bei der Staatsanwaltschaft stattfindet,
- die Verwaltungsstation; hier muss man sich selbst um eine Ausbildungsstelle in der Verwaltung kümmern, oder man nimmt die Zeit an der Verwaltungshochschule in Speyer wahr
- die Anwaltsstation; auch hier kümmert man sich selbst um die Ausbildungsstelle im anwaltlichen Bereich
- die schriftlichen Examensprüfungen im letzten Monat der Anwaltsstation, danach den restlichen Monat frei bis zur nächsten Station

- die Wahlstation, welche ebenfalls in eigener Verantwortung liegt und die größte Flexibilität in der Auswahl der Ausbildungsstelle bietet
- die mündliche Examensprüfung im Monat nach der Wahlstation

Unterschiede in den Bundesländern

Zwischen den einzelnen Bundesländern gibt es teilweise erhebliche Unterschiede, etwa ob das Referendariat (und damit auch die Unterhaltsbeihilfenzahlung und möglicherweise die Krankenversicherung) am Tag nach der mündlichen Examensprüfung oder am Ende des Monats der Prüfung offiziell endet.

Die Länge der Stationen variiert zuweilen zwischen den Bundesländern; während in Hessen die ersten drei Stationen 4 Monate umfassen, die Anwaltsstation 9 Monate und die Wahlstation 3 Monate, beträgt sie beispielsweise in Nordrhein-Westfalen 5 Monate in der Zivilstation, 3 Monate in der Straf- und Verwaltungsstation, 9 Monate in der Anwaltsstation und 4 Monate in der Wahlstation. Speziell ist der Zuschnitt beispielsweise in Baden-Württemberg, wo der Ablauf wie folgt ist: Zivilstation für 5 Monate, Strafstation für 3,5 Monate, dann bereits 5 Monate in einer Anwaltsstation, anschließend 3 Monate in der Verwaltung, nochmals 3,5 Monate beim Anwalt, dann die schriftlichen Klausuren und noch 3 Monate Wahlstation.

Auch kann es Restriktionen geben bei der Auswahl der Verwaltungs- oder auch der Anwaltsstation; beispielsweist ist die Anwaltsstation in Sachsen bei einem im Bundesland ansässigen Rechtsanwalt zu absolvieren.

1.2 Standortwahl: Wie unterscheidet sich das Referendariat in den verschiedenen Bundesländern?

Michael Wehner, Richter am Amtsgericht Bad Hersfeld

Mit bestandener universitärer Examensprüfung kann man sich im gesamten Bundesgebiet zum Referendariat bewerben. Für die Standortwahl sollen hier einige mögliche Fragestellungen aufgezeigt werden. Zunächst sollte man sich klar machen, in welchem Bundesland man das Referendariat beginnen möchte. Mögliche Kriterien hierfür sind unter anderem:

- Persönliche Präferenz, z. B. Heimatnähe
- Umfang der schriftlichen Examensprüfung (in Bayern umfasst das 2. Staatsexamen beispielsweise 11 Klausuren, in Hessen sind es derer 8)
- Damit einhergehend: die Gewichtung von schriftlicher zu mündlicher Examensprüfung
- Gehalt (die sogenannte Unterhaltsbeihilfe)
- Möglichkeit der Verbeamtung während des Referendariats (z. B. in Sachsen-Anhalt von vornherein nicht vorgesehen)
- Stand der Digitalisierung (elektronische Aktenführung im beruflichen Alltag, Möglichkeit der schriftlichen Klausurfertigung am PC)
- Möglichkeit eines Teilzeit-Referendariats
- Möglichkeit zum Absolvieren eines Teils der Verwaltungsstation im Ausland (nicht überall gegeben!)
- Verfügbarkeit eines kostenfreien Landestickets

Innerhalb des Bundeslandes der Wahl stehen gegebenenfalls mehrere OLG-Bezirke zur Auswahl (z. B. in Bayern: OLGs in Bamberg, Nürnberg und München). Präferenzen bezüglich einzelner Gerichte sind natürlich auch möglich; potentielle Kriterien:

- Persönliche Präferenz, z. B. Heimatnähe
- Anbindung
- Verfügbarer Wohnraum
- Größe der Referendargruppen
- Einstellungstermine
- Wartezeiten (gerade in beliebten Standorten wie Köln, München oder Hamburg sind durchaus längere Zeiträume möglich)

Gehalt

Die Unterschiede in der Höhe der Unterhaltsbeihilfe zwischen den Bundesländern sind teilweise erheblich. Auch ändern sich diese immer wieder, beispielsweise bei der Umsetzung von Tarifabschlüssen oder – leider – nach Dringlichkeit der Nachwuchsakquise und der Kassenlage.

Zu der Unterhaltsbeihilfe kommen unter Umständen noch Familienzuschläge für Verheiratete und Eltern hinzu. Weiterhin besteht – in der Regel notenabhängig – die Möglichkeit, eine Nebentätigkeitsgenehmigung einzuholen, um beispielsweise als wissenschaftlicher Mitarbeiter in einer Kanzlei mitzuarbeiten.

Stand April 2026 ist das Schlusslicht bei der Bezahlung der Stadtstaat Bremen mit einer Brutto-Unterhaltsbeihilfe von 1.383,61 €. Auch Nordrhein-Westfalen (1.525,17 €) und das Saarland (1.431,60 €) sind im unteren Viertel anzusiedeln. Die meisten Bundesländer sind bei ca. 1.600 € Unterhaltsbeihilfe pro Monat, am meisten zahlen Thüringen (1.782,92 €), Sachsen (1.795,10 €) und an der Spitze Hessen mit einer Grundbesoldung von 1.860,41 €.

Bewerbungsverfahren

Das Verfahren zur »Aufnahme in den juristischen Vorbereitungsdienst« ist nach wie vor aufwändig und zuweilen sehr umständlich. Es unterscheidet sich wieder von Bundesland zu Bundesland, beispielsweise läuft die Bewerbung in Hessen regelmäßig über ein Landgericht, welches die Unterlagen an das OLG Frankfurt am Main weiterleitet. In den meisten anderen Bundesländern bewirbt man sich direkt beim jeweiligen Oberlandesgericht. In manchen Bundesländern ist eine reine Online-Anmeldung möglich, teilweise müssen aber noch Original-Unterschriften auf Dokumenten eingescannt werden.

Zu beachten ist, dass viele Nachweise einzureichen sind – hier sollte man sich frühzeitig einen Überblick verschaffen, um nicht deswegen mögliche Einstellungsfristen zu verpassen. Auch kann die Aufnahme in das Referendariat wegen bestimmter Vorstrafen abgelehnt werden, genauso bei Vorstrafen von einem Jahr oder mehr, unabhängig von einer Aussetzung zur Bewährung. Hier gelten im Prinzip die gleichen Voraussetzungen wie bei einer Bewerbung als Landesbeamter.

Einstellungstermine

Auch die Einstellungstermine sind von Bundesland zu Bundesland höchst unterschiedlich. Hessen stellt beispielsweise alle zwei Monate (immer zum ungeraden Monat hin) neue Referendare ein, wobei nicht jeder LG-Bezirk immer einstellt:

- Darmstadt: Januar, März, Mai, Juli, September, November
- Frankfurt am Main: Januar, März, Mai, Juli, September, November
- Gießen: Januar, März, Mai, Juli, September, November
- Kassel: Januar, März, Mai, Juli, September, November
- Wiesbaden: Januar, März, Mai, Juli, September, November
- Fulda: Januar, Mai, September
- Limburg a.d. Lahn: Januar, Mai, September
- Hanau: März, Juli, November
- Marburg: März, Juli, November

Das andere Extrem sind Bundesländer wie Sachsen (landesweite Einstellung zum Mai und November eines Jahres) und Baden-Württemberg (Einstellung landesweit zum April und Oktober).

Eine Besonderheit stellt Nordrhein-Westfalen dar; das Bundesland stellt monatlich neue Referendare ein. Allerdings wurde hier kürzlich erst beschlossen (im Übrigen gegen den allgemeinen Bundestrend), die Zahl der Referendarausbildungsplätze aus Kostengründen erheblich zu reduzieren, was sich – vor allem bei beliebten Standorten wie Köln – in Wartezeiten von teilweise über einem Jahr niederschlägt. Hier bleibt abzuwarten, wie sich die Praxis nach dieser kurzfristigen, aber fundamentalen Änderung in der juristischen Ausbildung anpasst.

1.3 Das Rechtsreferendariat in Bayern

Gregor Frenken, wissenschaftlicher Mitarbeiter in der Kanzlei DOMBERT

Wie in den beiden vorangegangenen Beiträgen angesprochen, unterscheiden sich die Rahmenbedingungen für das Rechtsreferendariat innerhalb der Bundesländer teilweise erheblich. Einen besonderen Spezialfall stellt der Freistaat Bayern dar:

Das Bewerbungsverfahren

Der Freistaat Bayern stellt Rechtsreferendare zweimal jährlich zum 1. April bzw. 1. Oktober ein. Die Bewerbungsfrist endet ca. zehn Wochen vor dem jeweiligen Einstellungstermin (ET). Bislang erhielten immer alle Bewerber ein Platzangebot; Wartezeiten gibt es daher nicht.

Das Verfahren selbst ist jedoch leider sehr bewerberunfreundlich ausgestaltet. Bewerben muss man sich bei einem der drei bayerischen OLGs München, Nürnberg und Bamberg. Mehrfachbewerbungen – auch innerhalb Bayerns – sind nicht erlaubt und müssen ca. sechs Wochen vor dem ET zurückgenommen werden, andernfalls werden Bewerber bei der Ortszuteilung nachrangig behandelt. Auch die Rücknahme der Bewerbung muss ca. sechs Wochen vor dem ET erklärt werden; andernfalls werden Bewerber im Falle einer erneuten Bewerbung nachrangig behandelt. Die Zuweisung erfolgt erst ca. drei Wochen vor dem ET; einen Vorbescheid o. Ä. gibt es nicht. Ein Nachrückverfahren findet nicht statt.

Prinzipiell bilden alle bayerischen LGs aus. Bei der Zuweisung zu einem LG wird versucht, Ortswünsche zu erfüllen. Diese müssen freilich alle im jeweiligen OLG-Bezirk liegen. Zunächst werden Ortswünsche aus persönlichen Gründen (betreuungspflichtige Kinder, Ehepartner, eigene Behinderung) priorisiert. Als Nächstes werden wissenschaftliche Mitarbeiter an juristischen Lehrstühlen ihrer jeweiligen Universitätsstadt zugewiesen. Schließlich kommen die übrigen Bewerber nach der Dauer ihres Wohnsitzes am jeweiligen Ort zum Zug. Dies führt dazu, dass die Chancen schlecht stehen, zum Referendariat in eine der beliebten bayerischen Universitätsstädte zu wechseln. Um beispielsweise eine Zuweisung nach München zu erhalten, muss man dort bereits acht Jahre gelebt haben. Besonders leistungsstarke Bewerber werden nicht bevorzugt behandelt.

Bei der Ortswahl sollte man berücksichtigen, dass nicht an allen LG-Standorten Arbeitsgemeinschaften (AGs) angeboten werden. Informationen hierzu sind schwer zu erlangen. Die Justiz bietet AGs in Augsburg, Bamberg, Bayreuth, Ingolstadt, Kempten (nur zum ET Oktober), Landshut, Memmingen (nur zum ET April), München, Nürnberg, Passau, Regensburg, Schweinfurt, Traunstein und Würzburg an; die Verwaltung nur in Augsburg, Bamberg, Bayreuth, Landshut, München, Nürnberg, Passau, Regensburg und Würzburg. Das schriftliche Examen kann in Augsburg, Bamberg, Bayreuth, München, Nürnberg, Passau, Regensburg und Würzburg geschrieben werden; die mündliche Prüfung findet stets in München und Nürnberg statt.

Die Staatsexamensklausuren sind an allen Prüfungsorten dieselben. Die Qualität der AGs variiert in Abhängigkeit von den jeweiligen Dozenten, allgemeine Angaben zu den Standorten sind aber nicht möglich. Mit Blick auf die Stationen bietet München das größte Angebot an Behörden, Kanzleien, Unternehmen und sonstigen Ausbildungsstellen. Unterfranken profitiert von der Nähe zu Frankfurt am Main. In Nürnberg gibt es ebenfalls ein größeres Angebot. Bei der Arbeitsweise von

Justiz und Verwaltung ist ein gewisses Stadt-Land-Gefälle zu beobachten.

Das Referendariat

In Bayern ist das Referendariat als öffentlich-rechtliches Ausbildungsverhältnis ausgestaltet. Referendare werden nicht auf Widerruf verbeamtet. Sie erhalten eine Unterhaltsbeihilfe in Höhe von 1.652,08 € brutto (Stand: Juni 2026) und sind gesetzlich in der Krankenversicherung, der Pflege- und Unfallversicherung sowie der Arbeitslosenversicherung, nicht aber der Rentenversicherung versichert.

Die praktische Ausbildung beginnt mit der fünfmonatigen Zivilstation am LG oder AG (je nach Wunsch und Kapazität). Es ist möglich, sich nach drei Monaten zum Familien- oder Arbeitsgericht abordnen zu lassen. Wer hieran interessiert ist, sollte dies unmittelbar zu Beginn des Referendariats mit dem ArbG abklären und dann das LG um entsprechende Abordnung bitten – andernfalls läuft man Gefahr, dass das ArbG angibt, keine Kapazitäten für die Ausbildung zu haben. Es folgt die dreimonatige Strafstation bei der StA, nur bei Kapazitätsengpässen bei Gericht. In der sich anschließenden viermonatigen Verwaltungsstation werden Referendare typischerweise Landratsämtern oder Städten zugewiesen (je nach Wunsch und Kapazität); in Betracht kommen auch andere Behörde im Geschäftsbereich des bayerischen Innenministeriums, nicht aber sonstige Behörden Bayerns, des Bundes oder der EU. Möglich und sehr empfehlenswert ist eine Abordnung nach Speyer. Diese beginnt wegen der dortigen Vorlesungszeiträume bereits im letzten Monat der Strafstation. Weil das bayerische Platzkontingent schon seit Jahren nicht ausgeschöpft wird, liegt die Wahrscheinlichkeit, für das Ergänzungsstudium in Speyer angenommen zu werden, bei 100 %. Während der letzten beiden Monate kann man sich ans VG, SG oder FG abordnen lassen. Kombiniert man – was möglich ist – die Abordnungen nach Speyer und an ein Gericht, kann man die Zeit bei der Behörde ganz umgehen.

Das zweite Ausbildungsjahr beginnt mit der formal neunmonatigen Anwaltsstation. Allerdings findet zu Beginn des neunten Monats das schriftliche Examen statt; davor zu tauchen, ist absolut üblich, auch wenn die OLGs in jüngster Zeit verstärkt, aber nach wie vor erfolglos versuchen, dies zu unterbinden. Theoretisch herrscht hier eine recht große Wahlfreiheit (u. a. Notariate, Unternehmen, Verbände, Universitäten, EU), praktisch gehen aber alle Referendare zu einer (einzigen) Kanzlei, um sich das Tauchen nicht zu verbauen. In der dreimonatigen Wahlstation ist schließlich alles möglich, solange ein deutscher Volljurist als Betreuer zur Verfügung steht, Ausnahmen von dieser Regel sind bei internationalen Organisationen möglich.

Die theoretische Ausbildung in den AGs nimmt im Vergleich zu anderen Bundesländern viel Zeit in Anspruch. AGs finden meist (nur) vormittags, während der ersten anderthalb Jahre durchschnittlich ca. zweimal pro Woche statt. Erst zum Examen hin dünnt sich der Terminplan aus. Die Stoffvermittlung ist nach 15 Monaten abgeschlossen, danach gibt es nur noch vereinzelte Vertiefungstermine und Übungsklausuren. Zweiwöchige Einführungslehrgänge zur Zivil-, Straf- und Verwaltungsstation, ein einwöchiger online-Einführungslehrgang zur Anwaltsstation sowie ein zweiwöchiger Steuerrechts- und ein einwöchiger Arbeitsrechtslehrgang komplettieren das Programm; außerdem gibt es eine Intensivklausurenwoche (»Probeexamen«). Eine bayerische Besonderheit ist die AG während der Wahlstation, in der das jeweilige Wahlfach unterrichtet wird und die online oder hybrid stattfindet, sodass eine Befreiung von der Teilnahmepflicht selbst im Ausland praktisch nie gewährt wird. Die Termine aller AGs folgen keinem erkennbaren Muster, sodass es nicht möglich ist, regelmäßige Wochenarbeitstage zu vereinbaren. Die AG-Leiter der ersten 15 Monate sind hauptamtlich tätig. Alle Referendare erhalten einen beck-online-Zugang, der zwar weniger umfangreich, als man es von den Universitäten gewöhnt ist, aber dennoch nützlich ist. Freiwillige Klausurenkurse runden das Angebot ab.

Nebentätigkeiten werden im Umfang von maximal 14 Stunden juristischer Arbeit bzw. maximal neun Stunden nicht juristischer Arbeit genehmigt. Diese Regelung wird äußerst unflexibel gehandhabt, nicht einmal bei einer Nebentätigkeit am BVerfG werden Ausnahmen zugelassen. Übersteigt der Verdienst aus Nebentätigkeiten die Höhe der Unterhaltsbeihilfe (1.652,08 €), so wird er auf diese angerechnet.

Urlaub wird nur für mindestens drei Tagen in unmittelbarer Folge gewährt, um selektives Urlaubnehmen bei unattraktiven AG-Terminen zu unterbinden. Während der Einführungslehrgänge zur Zivil-, Straf- und Verwaltungsstation sowie während der Intensivklausurenwoche wird überhaupt kein Urlaub gewährt. Auch diese Regelung wird äußerst unflexibel gehandhabt, selbst bei Geburt eines Kindes wird für den Vater keine Ausnahme zugelassen.

Das Staatsexamen

Das bayerische Staatsexamen steht im Ruf, schwieriger als in anderen Bundesländern zu sein: Aufgrund umfangreicher Hilfsmittel sind weniger Fleißpunkte zu holen (der Aufbau ergibt sich beispielsweise aus der Formularsammlung), der Schwerpunkt liegt noch stärker auf der juristischen Argumentation. Einen Aktenvortrag gibt es nicht. Die schriftliche Prüfung zählt 70 %, die mündliche 30 %.

Das schriftliche Examen umfasst neun fünfstündige Klausuren: drei im Zivilrecht (u. U. eine davon im Kautelarrecht), eine im Arbeitsrecht, zwei im Strafrecht, zwei im Verwaltungsrecht, eine im Steuerrecht. Die Kandidaten haben die Wahl, ob sie die Klausuren am Computer oder handschriftlich lösen. Neben den benötigten Gesetzen sind als Hilfsmittel eine Formularsammlung sowie Kommentare zu BGB, ZPO, HGB, StGB, StPO, VwVfG, VwGO und BauGB zugelassen; Kommentierungen in Form von Normverweisen sind außer in der Formularsammlung überall erlaubt.

Das mündliche Examen beginnt einen halben Monat nach Ende der Wahlstation; die Termine erstrecken sich – weitgehend in alphabetischer Reihenfolge – über zwei Monate. Es umfasst vier Teilprüfungen im Zivil-, Straf- und Verwaltungsrecht (zusammen 35 Minuten) sowie im Wahlfach (15 Minuten). Bei der Gesamtnote zählt das Wahlfach doppelt. Das Wahlfach ist ein zusätzliches, neues Stoffgebiet. Es muss passend zur Wahlstation gewählt werden (wobei dies flexibel gehandhabt wird). Zur Wahl stehen die Berufsfelder Justiz, Verwaltung, Anwaltschaft, Arbeits- und Sozialrecht, IPR und Europarecht, Steuerrecht sowie IT-Recht und Legal Tech. Einen Aktenvortrag gibt es nicht.

Seit dem Jahr 2026 ist die Wiederholung zur Notenverbesserung auch in Bayern gebührenpflichtig. Sie ist beim nächsten oder übernächsten Termin möglich, also (aufgrund der Dauer des Zeitraums der mündlichen Prüfungen) ein- oder anderthalb Jahre nach dem Erstversuch. Die Gebühr beträgt 650,00 € (Stand: Juni 2026).

Kapitel 2
Während des Referendariats

Teil I Grundlegende Tipps

2.1 Grundlegende Tipps für das Referendariat

Horst Kaiser, Gründer der Kaiserseminare
Tom Blawatt, Rechtsanwalt und juristischer Mitarbeiter der Kaiserseminare

Diese Tipps helfen nicht nur bei Zivilgerichtsklausuren, sondern sind für alle Rechtsgebiete, Stationen und Klausurarten im Assessorexamen nützlich:

Vorbereitung ist alles

Viele Referendare machen direkt zu Beginn einen typischen und nachvollziehbaren Fehler: Sie legen nach dem ersten Examen eine monatelange Pause vom materiellen Recht ein. Gerade wer lange auf den Referendariatsplatz warten musste, verliert in dieser Zeit viel Wissen, obwohl der Stoff aus dem ersten Examen auch für das Assessorexamen extrem wichtig ist. Mit den folgenden Maßnahmen lässt sich dem entgegenwirken:

- Suchen Sie sich frühzeitig ein Repetitorium.
- Fangen Sie sofort an, das materielle Recht zu wiederholen.
- Lesen Sie vor jeder neuen Station die Grundlagenliteratur.

- Bilden Sie eine private Lerngruppe.
- Bereiten Sie die AG-Stunden gründlich vor und nach.
- Bringen Sie sich in der AG aktiv ein.
- Schreiben Sie so viele Übungsklausuren wie möglich.
- Bereiten Sie auch die Klausurbesprechungen vor und nach.
- Üben Sie Aktenvorträge.
- Managen Sie Ihre Zeit – die Examensvorbereitung hat Vorrang.

Ein Repetitorium ist notwendig

Die Referendarzeit ist eine tolle Möglichkeit, sich einen Einblick in die unterschiedlichen juristischen Berufe zu verschaffen, eine wirklich gute Examensvorbereitung bietet sie meist aber nicht. Das zweite Examen ist kein Selbstläufer, denn die Stofffülle ist riesig und die Anforderungen sind über die Jahre stetig gestiegen. Die staatliche Ausbildung reicht oft nicht aus, um optimal aufs Examen vorzubereiten. Das sagt sogar das Bundesverwaltungsgericht (DVBl. 1988, 349): Private Zusatzangebote sind nicht nur erlaubt, sondern ausdrücklich empfohlen.

Ohne ein Repetitorium weiß man als Referendar in der Regel nicht, was und wie viel man lernen sollte. Die Prüfungsämter machen oft ein Geheimnis aus den vorangegangenen Klausuren, die Musterlösungen dürfen die Referendare nicht erhalten, obwohl es den Ablauf für die Referendare viel transparenter machen würde.

In guten Repetitorien erhält man wichtige Informationen darüber, was man im Examen unbedingt können muss, wie man in den Klausuren vorgeht und wie man mit den Kommentaren arbeitet. Ein gutes Repetitorium hilft Ihnen also, den Überblick zu behalten und gezielt zu lernen – nicht nur fürs Examen, sondern auch fürs spätere Berufsleben.

Das materielle Recht wiederholen – aber richtig

Lernstoff verschwindet schneller aus dem Kopf, als man denkt – vor allem, wenn viel Zeit zwischen den Examen liegt. Deshalb muss der Stoff aus dem ersten Examen gezielt wiederholt werden. Viele Referendare unterschätzen die überragende Rolle, die das materielle Recht auch im zweiten Examen hat. Das materielle Recht wird im zweiten Examen nämlich nicht leichter; es kommen nur zusätzliche, vor allem prozessuale Bereiche hinzu (als Ausgleich hat man Kommentare). Die Wiederholung sollte jedoch nicht blind, sondern ganz gezielt erfolgen, denn einige Inhalte aus dem Studium werden im zweiten Examen gar nicht mehr oder zumindest nicht mehr in der bisherigen Tiefe benötigt. Abweichende Meinungen oder Literaturstreitigkeiten sind meistens irrelevant. Darum sollte man sich daran halten, was examensrelevant ist, und die Kommentare sinnvoll nutzen. Das geht aber nur, wenn man sich bereits vorher damit beschäftigt, welche Wiederholungen sinnvoll sind und in welchem Umfang.

Vor jeder Station die Grundlagen lesen

Die Referendarzeit ist knapp getaktet, viel Zeit zum Einarbeiten bleibt in den Stationen nicht. Damit man in den Stationen aber nicht alles zum allerersten Mal hört, sollte man sich die Zeit nehmen, um sich mit den Grundlagen vertraut zu machen. Auch wenn man nicht alles sofort durchdringt – Hauptsache, die Begriffe sagen einem etwas. Auf diese Weise ist der Lerneffekt in der Station viel höher und man hinterlässt außerdem einen positiveren Eindruck.

Wer unvorbereitet in die Station startet, kommt nämlich oft nicht hinterher. Wenn man zudem keine Ahnung von den Themen hat, kann man schlecht beurteilen, ob der Ausbilder einem sinnvolle Dinge zeigt – oder nur aus dem Nähkästchen plaudert, aber nicht auf die Examensklausuren vorbereitet.

Eine private Lerngruppe bilden

Beim Lernen funktionieren kleine Gruppen am besten, drei bis vier Leute sind ideal. Trefft euch einmal die Woche fest zur gleichen Zeit – ohne Ausreden. So lernt man voneinander, übt das Formulieren und entwickelt ein besseres Gespür für typische Fehler. Wenn man über Jura redet und seinen Ansatz erklären muss, merkt man viel schneller, was man doch noch nicht richtig verstanden hat. Umgekehrt können sich durch Erklärungen untereinander schnell Aha-Effekte ergeben. Es hilft!

AGs lohnen sich – aber nur mit Vorbereitung

Wer unvorbereitet in die AG geht, hat wenig davon. Im schlimmsten Fall liest der AG-Leiter selbst auch noch aus Lehrbüchern vor – und das bringt niemanden weiter. Fragen Sie nach dem Thema der nächsten Stunde, lesen Sie sich vorher ein und arbeiten Sie nach. Wenn Sie gut vorbereitet sind, können Sie zudem viel gezielter Fragen stellen und Unklarheiten von vorneherein ausräumen. So holen Sie das Maximum aus der AG heraus. Ist die AG gut, haben Sie in der AG-Stunde direkt einen ersten Wiederholungseffekt und können wunderbar mitarbeiten. Ist die AG schlecht, haben Sie zumindest einen groben Rahmen, in dem Sie sich wöchentlich selbst vorbereiten. Wenn Sie anschließend ein Repetitorium besuchen, können Sie zudem von dem Vorwissen durch AG-Vorbereitung profitieren.

Entscheidend ist außerdem die aktive Mitarbeit. Wer nur passiv zuhört, merkt sich kaum etwas. Beteiligen Sie sich, fragen Sie nach, geben Sie Feedback. Wenn Ihnen etwas zu wenig examensrelevant erscheint – sprechen Sie es an! Es geht schließlich um Ihr Examen, also stellen Sie ruhig viele Fragen.

Möglichst viele Klausuren schreiben

Übung macht den Meister. Das ist keine neue Erkenntnis – aber viele Referendare unterschätzen, wie wichtig Übung unter echten Bedingungen ist. Schreiben Sie möglichst früh und regelmäßig Klausuren. Auch wenn Sie sich noch unsicher fühlen – genau dadurch lernen Sie, wie der Hase läuft.

Die Klausuren folgen im zweiten Examen einem strengeren formalen Muster und unterscheiden sich teilweise erheblich – eine zivilrechtliche Urteilsklausur hat andere Vorgaben als eine öffentlich-rechtliche

Behördenklausur oder die Staatsanwaltsklausur. Sie wollen aber im Examen bestimmt nicht schon eine Stunde mit Aufbaufragen oder Gedanken über Formalia verschwenden, sonst werden Sie mit der materiellen Lösung nicht fertig und gehen mit sehr wenig Punkten aus der Klausur. Die Medizin hiergegen: Training durch Klausurschreiben.

Wichtig: Simulieren Sie echte Examensbedingungen! Keine Hilfsmittel, keine Absprache, keine Zeitüberschreitung. Am besten schreiben Sie in einem Zeitrahmen von 4,5 Stunden, damit Sie im Examen mit 5 Stunden klarkommen. Morgenmuffel sollten möglichst auch trainieren, frühmorgens Klausuren zu schreiben (wie es im Examen eben auch der Fall ist). Auch mal zwei Klausuren an aufeinanderfolgenden Tagen – das ist Training für Kopf und Körper. Es ist sinnlos, nach anderen Regeln zu schreiben als im Examen, nur um eine bessere Note zu bekommen, die Sie nur in trügerischer Sicherheit wiegt. Viele Referendare schreiben ausgerechnet die AG-Klausuren mit Hilfsmitteln und ohne Zeitdruck. Damit betrügt man nur sich, statt die Chance auf das so wichtige Klausurtraining sinnvoll zu nutzen.

Klausurbesprechungen ernsthaft vorbereiten

Wenn Sie nach der Klausur alles sofort vergessen und unvorbereitet in die Besprechung gehen, ist der Lerneffekt gleich null. Bewahren Sie Ihre Skizzen auf, schauen Sie sich vor der Besprechung nochmal den Sachverhalt an und denken Sie über Ihre Lösung nach. So erkennen Sie, was Sie gut gemacht haben – und wo Sie nachbessern sollten. So kann gezielter über offene Fragen und Lösungen diskutiert werden. In der juristischen Ausbildung ist es wichtig, aus den eigenen Fehlern zu lernen. Wenn man viel übt und viele Fehler macht – aber eben nur einmal –, kommt am Ende ein gutes Examen heraus. Damit man aus den eigenen Fehlern lernt, muss man sich aber mit ihnen konfrontieren. Tipp: Formulieren Sie die Lösung nochmal innerhalb einer Stunde. Das simuliert den Druck im echten Examen und zeigt, wo es hakt – etwa beim Aufbau, bei der Argumentation oder bei der Sprache.

Vorträge üben

Der Aktenvortrag ist Ihre Chance in der mündlichen Prüfung. Hier können Sie richtig punkten – aber leider auch entsprechend versagen. Ein starker Einstieg kann bereits den Unterschied durch den Ersteindruck der Prüfer machen. Deshalb: Nach den schriftlichen Klausuren eine kleine Auszeit nehmen; dann aber rechtzeitig anfangen und regelmäßig üben. Erst mit der Ladung das Aktenvortragstraining zu beginnen, ist für viele zu spät. Die mündliche Prüfung führt bei den meisten Referendaren zu einer deutlichen Notenverbesserung, deshalb sollte man im Endspurt nicht schlapp machen.

Zeitmanagement ist der Schlüssel

Sie benötigen mindestens einen festen Tag pro Woche für die AG-Vorbereitung und einen weiteren für Übungsklausuren und Stoffwiederholung. Alles andere ist zweitrangig. Sprechen Sie mit Ihrem Ausbilder, wenn Sie zu stark eingebunden sind – gute Vorbereitung liegt in Ihrer eigenen Verantwortung. Am Ende zahlt es sich nicht aus, dass Sie Ihrem Ausbilder viel Arbeit abgenommen haben, wenn letztlich Ihre Examensnote darunter leidet. Denn: Die praktische Ausbildung ist wichtig, die Examensklausuren sind aber eine eigene Welt, auf die man sich separat vorbereiten muss. Die Synergieeffekte zwischen der praktischen Ausbildung und den Examensklausuren sind relativ gering.

Fazit

Ziel ist es, im Examen zu zeigen, dass Sie sich gründlich vorbereitet und den Stoff durchdrungen haben. Dafür braucht es nicht nur juristisches Wissen, sondern auch:

- Logisches Denken
- Klare Argumentation
- Sprachliche Präzision
- Blick fürs Wesentliche
- Sorgfalt & Gründlichkeit

- Problembewusstsein
- Kenntnis der typischen Rechtsprobleme
- Überblick über aktuelle Rechtsprechung
- Verständnis für Abläufe und Formalien

Diese Fähigkeiten machen einen guten Juristen aus. Und genau das müssen Sie in Ihren Klausuren zeigen.

2.2 Die Interessenvertretung der Rechtsreferendare – Verein der Rechtsreferendare Hessen e.V.

Verein der Rechtsreferendare Hessen e.V.
Dr. Björn Bronger, Gründer und Aufsichtsratsvorsitzender des VdRH

Mit seinem mehr als einem Jahrzehnt Erfahrung in der Vertretung und Förderung von Referendaren, seinem umfangreichen Angebot für seine Mitglieder sowie seiner aktiven Einbringung in die Ausbildung und Gesetzgebung des Referendariats ist der gemeinnützige Verein der Rechtsreferendare Hessen e.V. (VdRH) heute die größte Interessenvertretung für Referendare in Deutschland. Doch was waren die Beweggründe für die Gründung des Vereins und seine bis heute einmalige Erfolgsgeschichte, und was bietet der Verein seinen Mitgliedern – aktuellen und ehemaligen Referendaren – an?

Von seiner Grundidee bis heute

Das Justizausbildungsgesetz in Hessen (JAG) sieht für die Interessenvertretung von Referendaren ein pyramidenartiges System von (Arbeitsgemeinschafts-)Sprechern, Vertretern der Sprecher auf Gerichtsbezirksebene und einer Geschäftsführung vor. Ungeachtet der Stärken der gesetzlichen Interessenvertretung von Rechtsreferendaren in Hessen aufgrund seiner gesetzlichen Verankerung und dem Recht der Referendare auf eine entsprechende Vertretung, hat das Konzept dieser Interessenvertretung diverse Nachteile.

Zum einen erfolgt die Vertretung (ausschließlich) von Referendaren selbst, was neben dem Referendariat, eventuellen Nebentätigkeiten und der Vorbereitung auf die Zweite Juristische Staatsprüfung häufig nur schwer realisierbar ist. Zum anderen besteht ein gewisses Spannungsverhältnis: Einerseits durch die Stellung als Referendar und der damit bevorstehenden Bewertung durch das Justizprüfungsamt (zumindest in der mündlichen Prüfung in nicht-anonymisierter Form), andererseits der Rolle als Vertreter gegenüber den eigenen Ausbildern und dem Justizprüfungsamt. Zwar gibt es empirisch keinerlei Hinweise auf eine Benachteiligung durch die Ausübung einer Rolle im Interessenvertretungssystem, von Referendaren wird dies teilweise gleichwohl als belastend angesehen. Dies und die fehlende Anerkennung der Tätigkeit – sei es in zeitlicher oder finanzieller Hinsicht – (von offiziellen Sitzungen abgesehen) erschwert es oftmals, genügend engagierte Ehrenamtliche zu gewinnen.

Daneben wird die Arbeit noch erschwert durch die fehlende eigene Rechtspersönlichkeit der Sprecherversammlung, keinerlei durch den Staat zur Verfügung gestellte finanzielle Mittel sowie die komplexe interne Kommunikation durch das gestufte Vertretungssystem. Zuletzt führt auch die auf ein Jahr bzw. den juristischen Vorbereitungsdienst beschränkte Amtszeit zu einer mangelnden Kontinuität und der Möglichkeit des Erfahrungsaufbaus.

Diese und weitere Einschränkungen führten dazu, dass der ehemalige Geschäftsführer der Sprecherversammlung Dr. Björn Bronger den Verein im August 2013 gegründet hat. Dieser diente zunächst als Plattform zum Austausch zwischen den jeweiligen Sprecher-Generationen sowie als beratendes Gremium der Sprechversammlung. 2016 wurde auf einstimmigen Wunsch der Sprecherversammlung der Zweck des Vereins als unabhängige Interessenvertretung für alle Rechtsreferendare in Hessen in seiner heutigen Form erweitert.

Das Angebot des VdRH für seine Mitglieder: Vielfältig

Im Laufe der Jahre hat der VdRH sein Angebot an seine Mitglieder kontinuierlich ausgebaut und verfügt heute über ein umfangreiches Veranstaltungsangebot. Hierzu zählen zunächst die regelmäßig in Frankfurt und Umgebung ausgerichteten Veranstaltungen, bei denen es sich thematisch vor allem um die Förderung der Examensvorbereitung, aktuelle geopolitische Entwicklungen oder die Vorstellung bestimmter Berufsbilder und Rechtsbereiche dreht. Darüber hinaus richtet der Verein jährlich ein Sommerfest für seine Mitglieder aus. Die Veranstaltungen bieten den Mitgliedern damit auch eine Plattform, um sich untereinander sowie mit potentiellen Arbeitgebern zu vernetzen und auszutauschen. Des Weiteren organisiert der Verein jährlich mehrtätige Delegationsreisen nach Brüssel und Luxemburg, die einen vertiefte Einblick in EU-Institutionen sowie die Arbeitswelt in zwei wichtigen europäischen Zentren bieten.

Als zentrale Informationsplattform für alle Veranstaltungen, Pressemitteilungen und neusten Entwicklungen, die relevant für das Referendariat in Hessen sind, dient die Webseite www.vdrh.org, unter der sich Referendare kostenlos registrieren und Mitglieder zu Veranstaltungen anmelden können. Daneben haben Referendare auch die Möglichkeit, sich persönlich auf einer der Veranstaltungen oder auf der jährlich in Frankfurt stattfindenden Juracon anzumelden, wo der VdRH mit einem eigenen Stand sowie einer Podiumsdiskussion vertreten ist.

Als inzwischen durch das Justizprüfungsamt anerkannte Interessenvertretung wird dem VdRH zudem ein Sitz im Ausbildungsausschuss des Landes Hessen gewährt. Zudem wurde er schon mehrfach zu Gesetzgebungsverfahren das Referendariat betreffend konsultiert.

Organisation des VdRH

Der Anspruch des VdRH auf eine hohe Intensität und Professionalität seiner Veranstaltungen und weiteren Angebote beruht auf einem sehr engagierten und disziplinierten mehrköpfigen Vorstand. Dieser wird für drei Jahre durch einen von der Mitgliederversammlung gewählten Aufsichtsrat bestellt. Letzterer wird bei allen wesentlichen Entscheidungen konsultiert und arbeitet darüber hinaus langfristige strategische Projekte und Partnerschaften aus.

Der bestellte Vorstand wird darüber hinaus durch kooptierte Vorstandsmitglieder unterstützt, zu denen jeweils auch die Geschäftsführung der Sprecherversammlung zählt. Dadurch wird sichergestellt, dass beide Interessenvertretungen – die gesetzlich verankerte Sprecherversammlung und der gemeinnützige Verein – in sehr engem Austausch und koordiniert relevante Themenaspekte adressieren können.

Finanziert wird der VdRH ausschließlich über Spenden aus einem breiten Netzwerk aus Kanzleien, Unternehmen und Banken. Die Mitgliedschaft im Verein sowie alle Veranstaltungen sind dagegen für seine Mitglieder kostenlos.

Ausblick

Die kommenden Jahre werden das hessische Rechtsreferendariat maßgeblich durch technologische Neuerungen und modernisierte Ausbildungsstrukturen prägen. Die fortschreitende Digitalisierung eröffnet Chancen, flexible Lernformate – beispielsweise interaktive Online-Seminare und KI-gestützte Mentoring-Programme – zu etablieren, die den individuellen Anforderungen der Referendare noch besser gerecht werden.

Parallel dazu wird der VdRH seine intensive Beteiligung an Gesetzgebungsverfahren weiter ausbauen, um die Rahmenbedingungen der Ausbildung zukunftsorientiert zu gestalten. Durch den engen Austausch mit dem Land Hessen und seinen öffentlichen und privaten Institutionen wird angestrebt, praktikable Reformansätze zu entwickeln, die sowohl den Praxisbezug als auch die Qualität der Ausbildung nachhaltig erhöhen.

Mit diesem klaren Fokus auf technologische Entwicklungen und regulatorische Anpassungen bereitet sich der VdRH darauf vor, ein modernes und innovatives Ausbildungsumfeld zu schaffen – ein entscheidender Schritt, um den Herausforderungen der sich wandelnden Rechtswelt gerecht zu werden.

2.3 Die Interessenvertretung der Rechtsreferendare – Landessprechendenversammlung in Hessen

Suriya Zinnow, Mitglied der Geschäftsführung der Landessprecherversammlung bis Juli 2026

Zu Beginn des Rechtsreferendariates wird man relativ schnell mit der Wahl der AG-Sprechenden konfrontiert. Viele scheuen sich vor dieser Tätigkeit, schließlich hat man gerade erst mit dem Rechtsreferendariat begonnen und es kommen bereits einige Dinge auf einen zu: das neue Prozessrecht, die neuen Klausurtypen, die Wiederholung des materiellen Rechts, die Organisation des Rechtsreferendariats, die Bewerbungen für die einzelnen Stationen, die Frage nach dem richtigen Lernmaterial, die Planung von Klausurenkursen, die Erstellung von Lernplänen, eventuelle Nebenjobs und vieles mehr. Die Zusatzarbeit als AG-Sprecher steht deshalb bei den wenigstens auf der To-Do-Liste.

Dabei ist die Tätigkeit als AG-Sprecher weitaus weniger zeitaufwändig, als man zunächst annehmen könnte. Zunächst fungiert man als Sprachrohr für seine Arbeitsgemeinschaft und vertritt deren Interessen gegenüber den AG-Leitenden und der Verwaltung des Landgerichtbezirkes. Darüber hinaus nimmt man mit den anderen hauptamtlichen AG-Sprechenden an den Sprecherversammlungen des Landgerichtsbezirks teil, in welcher sich über aktuelle Probleme und Wünsche ausgetauscht wird, die an die Verantwortlichen des Landgerichtes herangetragen werden. Die Leitung der Sprecherversammlung des Landgerichtsbezirkes obliegt dem oder den jeweiligen Landessprechenden. Von allen hauptamtlichen AG-Sprechern werden abhängig von der Größe des Landgerichtsbezirkes ein bis drei hauptamtliche Landessprechende gewählt. Diese gehören zudem der Landessprecherversammlung an, welche die Interessen sämtlicher Rechtsreferendarinnen und Rechtsreferendare vertritt.

Doch wie läuft eine Landessprecherversammlung eigentlich ab?

Die Geschäftsführung der Landessprecherversammlung begrüßt die Landessprechenden und eröffnet die Landessprecherversammlung. Nachdem die Beschlussfähigkeit festgestellt und die Tagesordnung genehmigt wurde, berichtet zunächst die Geschäftsführung über aktuelle Themen und organisatorische Punkte. Danach folgen die Berichte aus den einzelnen Landgerichtsbezirken, in welchen die Landessprechenden über die sie betreffenden Probleme und über angestrebte oder bereits umgesetzte Lösungen berichten. Sodann folgen die Berichte der verschiedenen Ressorts, die im Großen und Ganzen der Kontaktpflege zu bestimmten anderen Stellen, wie unter anderem der Bundesfachschaft, dem Anwaltsverein, den Rechtsanwaltskammern oder auch dem Verein der Rechtsreferendare Hessen, dienen. Ein gesetzlich geregeltes Ressort ist der Ausbildungsausschuss, welcher sich aus Vertretern der Landessprecherversammlung, der Ministerien und des Justizprüfungsamtes zusammensetzt und einmal jährlich tagt. Im Rahmen dieser Sitzung werden aktuelle Belange der Referendarausbildung vorgestellt und besprochen.

Nach den Berichten vertieft die Landesprecherversammlung diejenigen Themen, welche die Rechtsreferendare am meisten beschäftigen. Dabei stehen die Interessen der Mehrheit der Rechtsreferendare im Vordergrund, weshalb in regelmäßigen Abständen Umfragen erstellt werden, an denen sämtliche Rechtsreferendare teilnehmen können, um ein repräsentatives Stimmungsbild zu erhalten, auf Grundlage derer Ideen und Lösungen entwickelt und an die Verantwortlichen gerichtet werden können.

Doch auch außerhalb der regelmäßigen vierteljährlichen Sitzungen setzt sich die Landessprecherversammlung bei akuten Problemen für die Rechtsreferendare ein, beispielsweise kürzlich bei der Frage des Nachholtermins für eine abgebrochene Examensklausur. Die Landessprecherversammlung konnte zeitnah ein Stimmungsbild bei den Referendaren abfragen, die Wünsche der Betroffenen zusammenstellen, die jeweiligen Vor- und Nachteile abwägen und Lösungsansätze gebündelt an das Justizprüfungsamt weitergeben, wodurch eine für sämtliche Beteiligten umsetzbare und gerechte Lösung gefunden werden konnte.

Mitmachen lohnt sich

Alles in allem ist die Tätigkeit der AG-Sprechenden und insbesondere der Landessprechenden eine äußerst wichtige Aufgabe, da hierdurch die Interessen der Rechtsreferendare effektiv vertreten und bestehende Probleme effizient kommuniziert werden können, um zeitnahe Verbesserungen zu erreichen. Man setzt sich jedoch nicht nur für andere Referendare ein, sondern kann sich in einer solchen Funktion auch persönlich weiterentwickeln und wertvolle Erfahrungen sammeln. Als Schnittstelle zwischen den Referendaren und den Verantwortlichen der Ministerien und des Justizprüfungsamtes sowie den verschiedenen Ressorts erhält man zudem einen vertieften Einblick in verschiedene Bereiche und kann bereits während des Referendariates Kontakte für das weitere Berufsleben knüpfen.

2.4 Erwartungen an Rechtsreferendare – Grundlegendes Verhalten

Rouven Spieler, Oberstaatsanwalt bei der Generalstaatsanwaltschaft Frankfurt am Main

Für viele ist das Referendariat nicht nur eine Zwischenstation zum Assessor, sondern auch eine Befreiung: Anders als bei Ausbildungsberufen darf man erst nach Jahren des Lernens etwas Praktisches machen! Was hat man zu erwarten und was wird von einem erwartet? Diese kleine Abhandlung kann und möchte die Lektüre von Büchern, Skripten und Aufsätzen nicht ersetzen, sondern einen kurzen Überblick geben und einzelne Aspekte aus der Sicht eines Praktikers beleuchten.

Die Pflicht

Die erfolgreiche Bewältigung des Referendariats erfordert ein Umdenken: Statt der dogmatischen Durchdringung eines feststehenden Sachverhalts gilt es, anhand von Akten zunächst einmal einen Sachverhalt zusammenzustellen, bevor zur rechtlichen Bewertung des Sachverhaltes geschritten wird. Es ist indes erforderlich, schon bei der Stoffsammlung im Bilde über die rechtlichen Kriterien, anhand derer sich die rechtliche Relevanz bestimmter Tatsachen oder Behauptungen ergibt, zu sein. So verhindert man, wertvolle Zeit – insbesondere in der Klausur – beim Strukturieren eines unerheblichen Sachverhalts zu verlieren. Insbesondere beim häuslichen Arbeiten mit Originalakten läuft man Gefahr, von der schieren Textmenge erschlagen zu werden, wenn man nicht schon zu einem frühen Zeitpunkt Wesentliches von Unwesentlichem zumindest grob trennen kann.

Der verfahrensrechtlich einwandfrei festgestellte Sachverhalt (Aussonderung verspäteten Vortrags, Beachtung von Beweisverwertungsverboten etc.) wird sodann Gegenstand der Subsumtion. Zu diesem Zeitpunkt wird wie im Studium verfahren, soweit der Sachverhalt Anlass für vertiefte juristische Erörterung bietet.

Das Ziel des Referendars wird es bei den meisten ihm übertragenen Aufgaben sein, dem Ausbilder einen Entwurf zu unterbreiten, der praktisch verwertbar ist; es geht nicht um intellektuelle Selbstbespiegelung im Kampf um die »richtige« Meinung im rechtswissenschaftlichen Diskurs. Da es also in den seltensten Fällen erforderlich ist, dogmatische Streitigkeiten auszufechten, sollte sich darauf beschränkt werden, zunächst nachzuforschen, ob es zu einem bestimmten Problem eine höchstrichterliche Entscheidung des BGH, des örtlich zuständigen Oberlandesgerichts oder gar eines supranationalen Gerichts gibt. Sollte dies der Fall sein und sich seit dem Ergehen dieser Entscheidung(en) keine wesentliche Änderung der Gesetzeslage gegeben haben, verschlechtern weitere Ausführungen den guten Eindruck. Sollte es ausnahmsweise keinen brauchbaren Präzedenzfall geben, kann sehr wohl eine vertiefte Auseinandersetzung mit divergierenden Stimmen im juristischen Schrifttum erfolgen, wie es bei der Ersten Prüfung üblich ist. In diesem Zusammenhang darf aber nicht übersehen werden, dass auch vermeintlich eindeutige Fälle in den Feinheiten Anlass zu vertiefter Erörterung bieten können, im Strafrecht etwa bei der genauen Höhe des Vermögensschadens oder den Konkurrenzen.

Ein nicht zu unterschätzender Faktor in Diskussionen mit dem Ausbilder ist die Fähigkeit des Referendars, mit allfälligen eigenen Fehlleistungen selbstkritisch umzugehen und nicht die Intelligenz des Gegenübers zu beleidigen, indem man sich mit *»Ja, das habe ich doch gemeint!«* herauswindet. Der Ausbilder erwartet nicht, sich einem devoten Bewunderer gegenüber zu sehen, und wird fundierte Einwürfe positiv würdigen, es aber nicht schätzen, wenn die intellektuelle Redlichkeit unter Verletzlichkeit und Eitelkeit leidet (wenn etwas nicht bloß »fragwürdig« oder »zweifelhaft«, sondern schlicht »falsch« ist, muss das in höflicher Form kommuniziert werden können, vgl. Herzberg, JA 1986, 541 (543)). Umgekehrt muss der Hinweis des Referendars auf Fehler in den Ausführungen des Ausbilders von diesem respektiert werden – man wird sich später bei der Remonstration gegen eine Bewertung mitnichten erfolgreich auf das Argument stützen können, der eigene Ausbilder mache das Ganze schon jahrzehntelang genauso falsch. Deshalb hat der Referendar ein Recht darauf, darin unterwiesen zu werden, wie bestimmte Aufgaben *lege artis* zu bewältigen sind und nicht wie man sich im dortigen Sprengel bisweilen durchmogeln mag.

Das gründliche Studium von (Ausbildungs-)Literatur bei der Bearbeitung des konkreten Falles empfiehlt sich schon deshalb, weil man bei

Kritik an der vorgelegten Ausarbeitung auf eine andersartige, aber dennoch zulässige Handhabung bestimmter Dinge verweisen kann mit der Folge, dass es nicht zu einem Punktabzug kommt. Es sollte nicht vergessen werden, dass die Ausbilder, allesamt ehemalige Referendare, sich irgendwann ihren individuellen Stil zugelegt haben und in vielen Fällen schlicht nicht wissen, welche anderen Handhabungen möglich sind und von seriösen Quellen (deshalb Vorsicht bei zusammengeschusterten Skripten – nicht alles, was irgendwo mal niedergeschrieben wurde, ist intellektuell satisfaktionsfähig; im Zweifelsfall sind also Bücher anerkannter Verlage zu konsultieren) empfohlen werden. Bei der Arbeit mit Kommentaren kann es sich oft lohnen, ein paar Randnummern weiterzulesen als man (vermeintlich) müsste, denn dort stößt man nicht selten auf weitere Hinweise auf rechtlich relevante Facetten des Falles, die einem sonst möglicherweise verborgen geblieben wären.

Die Kür

Vor Beginn des Referendariats macht man sich häufig Gedanken um die passende Kleidung. Abseits gängiger sozialer Konventionen (die Kleidung sollte weder unangenehm riechen noch perforiert sein oder Körperteile entblößt lassen, mit deren Anblick man im professionellen Umgang nicht zu rechnen braucht) wird es keinen Unterschied machen, ob man in Jeans und Sneakers oder im Dreiteiler/Etuikleid aufschlägt. Gerade das Tragen von Freizeitkleidung ist in den meisten Verwendungen des Höheren Dienstes ein Privileg etwa gegenüber – früher stets, mittlerweile: in der Regel – förmlich gekleideten Rechtsanwälten (vgl. Th. Fischer, Freispruch Sept./Okt. 2019, S. 13) und von diesem Privileg wird bisweilen bis an die ästhetische Schmerzgrenze Gebrauch gemacht. Natürlich sollte der Referendar mit seiner Kleidung auch auffallen dürfen, wenn dies seiner Persönlichkeit entspricht, allerdings ist zu empfehlen, im wohlverstandenen Eigeninteresse den Ausbilder im Vorfeld der Zurschaustellung modischer Extravaganzen zunächst kennengelernt zu haben, um das Risiko für die Stationsnote für den immer seltener werdenden Fall ästhetischer Hartleibigkeit ermessen zu können. Das Tragen einer Robe außerhalb von Gebäuden ist zu vermeiden.

Manche Ausbilder werden es auch zu würdigen wissen, wenn der Referendar sensibel mit der deutschen Sprache umgeht, anstatt eine Fertigteilsprache zu reproduzieren, die niemand außerhalb der juristischen Sphäre verwendet. Wichtige juristische Fachbegriffe sollten natürlich an der passenden Stelle eingesetzt werden. Deutsche Wörter sind fremdsprachigen vorzuziehen, soweit dadurch der Sinngehalt nicht verändert wird (»ursächlich« statt »kausal«). Ein versierter Umgang auch mit Alltagssprache wird einen positiven Eindruck hinterlassen; selbst unter promovierten Geisteswissenschaftlern weit verbreitete sprachliche Fehlleistungen wie »im Mai *diesen* Jahres«, »Das ist insofern bedeutsam, als *dass*«, »*das* Schutzschild des Polizisten« oder »gemäß *des Planes*« sind zu vermeiden. Dies dürfte auch deshalb nicht schwerfallen, da die gängigen Textverarbeitungsprogramme diese Fehler erkennen und monieren (wie auch bei der Abfassung dieses Textes geschehen) – man muss sich in diesen Fällen lediglich eingestehen, dass Word Recht hat und man selbst nicht.

Unpünktlichkeit kann zu Verstimmungen führen; die Toleranz wird je nach eigenem Umgang des Ausbilders mit der Zeit anderer unterschiedlich ausgeprägt sein.

Die Unwägbarkeiten

Jenseits dessen, was Ihnen in diesem Text nach bestem Wissen und Gewissen als Leitfaden präsentiert wird, kommt es nicht allzu selten vor, dass der Ausbilder subjektiv nicht der Idealbesetzung des Referendars für einen angenehmen Menschen entspricht und umgekehrt. Auch wird nicht jeder Ausbilder den hiesigen Ausführungen zustimmen (getreu dem Motto »X Juristen, X+1 Meinungen«). Der Schlüssel zur Lösung dieser Probleme ist Professionalität. Komplikationen im persönlichen Umgang, die als belastend empfunden werden, sollten angesprochen werden, wobei sich am mittlerweile allseits bekannten Prinzip der Ich-

Botschaften mit dem Ziel bewertungsfreier Selbstkundgabe orientiert werden kann. Wenn man etwa den Umgangston unangenehm findet und aufgrund des Machtgefälles nicht wie sonst reagieren kann, kann etwa formuliert werden: »*Ihre Aussage, meine Ausarbeitung sei »einfach nur schlecht«, demotiviert mich und ich wünsche mir ein Eingehen auf konkrete Fehler ohne eine pauschale Abwertung meiner Arbeit durch solche oder ähnliche Formulierungen.*«. Welcher vernünftige Mensch kann diesen auf diese unanfechtbare Weise formulierten Wunsch abschlagen?

Falls wiederholtes Ansprechen zu keiner Besserung führt, hat der Referendar das Recht – und seinen Nachfolgern gegenüber zumindest den Anflug einer moralischen Verpflichtung – sich bei den zuständigen Stellen zu beschweren. Mit sachlich vorgetragenen und fundierten Eingaben ist man keineswegs für den Staatsdienst »verbrannt«. Der Referendar ist weder Knecht noch Magd auf einem Gutshof im 19. Jahrhundert und muss sich demnach auch keine anachronistischen Erniedrigungen gefallen lassen. Man muss sich auch nicht mit »Du« ankumpeln lassen, wenn es sich falsch anfühlt.

Das Selbstverständliche

Eine aus unerfindlichen Gründen nicht stets erfüllte Erwartung an den Rechtsreferendar ist es, Menschen unabhängig von deren tatsächlicher oder vermuteter Stellung in der Hierarchie des Hauses auf dem Flur (zurück) zu grüßen.

Weiterführende Literatur:

- Ecker, Steffen – Typische Fehler, die Referendare bei der Examensvorbereitung vermeiden sollten, JA 2022, 141
- Gruschwitz, Sascha – Die Übertragung von Aufgaben der Rechtspflege auf Referendare: Möglichkeiten und Grenzen, DRiZ 2012, 239
- Walter, Tonio – Über den juristischen Still, JURA 2006, 344

- Schnapp, Friedrich E. – Wie entspricht man dem Gebot der Knappheit?, JURA 2003, 602
- Eckert, Frank – Die Wahrnehmung von Aufgaben der Rechtspflege durch den Rechtsreferendar, JuS 2001, 1003

Teil II Stationen während des Referendariats

2.5 Die Zivilstation

Michael Wehner, Richter am Amtsgericht Bad Hersfeld

Die Zivilstation ist der erste Abschnitt des Referendariats und beginnt mit der sogenannten Einführungs-AG (in der Regel zwei Wochen lang). Danach hat man normalerweise einmal pro Woche die sog. Regel-AG und die Zusammenarbeit mit dem Einzelausbilder; dieser Aufbau setzt sich so auch in den nächsten Stationen fort.

Der erste Schritt ins Referendariat

Die Zivilstation ist kein sanfter Einstieg ins Referendariat; vielmehr werden sofort umfangreiche Inhalte vermittelt, wie beispielsweise Fragen der Vollstreckbarkeit und des Aufbaus von Urteilen und Beschlüssen, oder auch bereits vorausgesetzt; für die Aufarbeitung von Lücken aus der universitären Ausbildung verbleibt regelmäßig keine Zeit mehr. Hier sollte von Anfang an konsequent mitgearbeitet werden, weil die Arbeits- und Lernweise eine fundamental andere ist als im universitären Rahmen und auch für diese Grundlagen später kaum Nachholmöglichkeit besteht. Gerade beim Einzelausbilder lernt man eine völlig neue Arbeitsweise kennen, nämlich fallbezogen anhand der konkreten Fallakte und unter Einbeziehung der richterlichen Verfügungstechnik.

Aufgaben in der Zivilstation

Meist hängt die Frage der Ausbildungsqualität zentral an der Motivation der AG-Leiter und der Einzelausbilder. Die Zusammenarbeit mit dem Einzelausbilder kann sehr individuell ausfallen. Häufig ist es aber so, dass man als Referendar eine Akte mitbekommt, die man gemäß der Aufgabenstellung binnen einer Woche bearbeitet (z. B. mit Entwurf eines Urteils oder Beschlusses) und diese dann später – im Idealfall – auch mit dem Ausbilder bespricht. Meist wird dies im Rahmen der Sitzungstage des Ausbilders geschehen, zu welchen man mit auf der Richterbank Platz nimmt. Im späteren Stadium der Zivilstation ist auch die Befragung eines Zeugen vorgesehen. Generell sollte der Ausbildungsplan, also die abzudeckenden Aufgaben, eigenverantwortlich im Auge behalten werden, da nicht jeder Richter diesen vertieft auf dem Schirm hat.

Tipps

Folgende Tipps helfen beim Einstieg:

- Der »Oppenheimer« ist nach wie vor ein wertvoller Literaturklassiker.
- Beim Urteil fertigen: den Urteilstil beachten, aber nicht zu einfach machen – sondern das Aufbauschema sauber durchprüfen!
- Auch sollte man sich frühzeitig mit der Formulierung des Urteilstenors beschäftigen, vor allem mit Zinsfolgen bei Zahlungsansprüchen und der Frage der vorläufigen Vollstreckbarkeit.

2.6 Erwartungen an Rechtsreferendare – aus Sicht eines Ausbilders an einem Zivilgericht

Jens Rathmann, Vorsitzender Richter am Oberlandesgericht in Frankfurt am Main

In der Zivilstation erfolgt die erste Begegnung des Referendars mit der Justiz; diese – auch wenn vergleichsweise kurz – prägt häufig das

»wechselseitige« Verhältnis zwischen beiden für das gesamte Referendariat. Dabei gerät ein wesentlicher Aspekt teilweise aus dem Blick: Auch wenn das Examen am Beginn des Referendariats, also der Zivilstation, noch weit entfernt scheint, sind die Inhalt der ersten Station von überragender Bedeutung für die Klausuren. Der Urteilsstil, der Aufbau eines Urteils und grundlegende prozessuale Aspekte sind für fast alle Klausuren wesentlich; die materiell-rechtlichen Fragen aus dem Zivilrecht kehren in den Zivilrechtsklausuren wieder, die einen erheblichen Teil der Examensnote bestimmen. Aus diesem Grund sollte man diese Station besonders ernst nehmen und sie intensiv nutzen.

Die Einzelausbildung

In der Einzelausbildung – sei es am AG, sei es am LG – werden die ersten praktischen Fähigkeiten erlernt und geübt. Hier sollte man daher von Anfang an in hohem Maß engagiert sein und versuchen, das Maximum aus der Ausbildung herauszuholen. Dazu gehört, überlassene Akten nicht nur im Hinblick auf die konkrete Aufgabenstellung zu bearbeiten, sondern die Akte auch als lebendiges Beispiel für den juristischen Alltag zu begreifen. Diese hat zudem den Vorteil, dass es sich nicht – wie im Studium – um sorgfältig ausgewählte Sachverhalte handelt, sondern es sind lebendige Fälle aus dem echten Leben.

Bei der Aktenbearbeitung sollte der Schwerpunkt natürlich auf der Erfüllung der konkreten Aufgabe liegen; allerdings kann es sich anbieten, sich anhand des praktischen Falls auch weitergehende Kenntnisse anzueignen. Dies gilt nicht nur für prozessuale Fragen, sondern auch für materiell-rechtliche Aspekte, die im Studium möglicherweise nicht, in der Praxis aber sehr im Vordergrund stehen (z. B. Verkehrsunfallsrecht; Mietrecht o. ä.).

Die Begleitung des Einzelausbilders in die mündliche Verhandlung sollte ebenfalls maximal genutzt werden. Hier sollte man möglichst viele Termine mitnehmen, um einen breiten Einblick in die Tätigkeit im Zivilrecht zu bekommen. Dabei kann die Sitzungsteilnahme auch dazu dienen, den im universitären Leben teilweise nur knapp erörterten Bereich der Kommunikation der Verfahrensbeteiligten näher kennenzulernen; liegt doch gerade hier einer der großen Unterschiede zwischen der Ausbildung an den Universitäten, die vor allem die Näherbringung des Rechts und die Vermittlung von Rechtskenntnissen zum Gegenstand hat, zur »echten« Praxis, bei der es nicht nur auf das Wissen um das Recht, sondern auch (und vor allem) auf die Vermittlung desselben ankommt. Besonders ertragsreich ist eine Teilnahme an der mündlichen Verhandlung dann, wenn man die Möglichkeit nutzt, die Terminsakten vorher einzusehen.

Viele Einzelausbilder ermöglichen es zudem, selbst eine Verhandlung zu leiten, eventuell auch eine Beweisaufnahme durchzuführen. Auch dies sollte unbedingt genutzt werden, da die eigenverantwortliche Tätigkeit so besonders gut in einem geschützten Umfeld (vgl. § 10 Satz 1 GVG) erlernt werden kann. Abgesehen davon kann auch die Bearbeitung einer »eigenen« Sache einschließlich der Verhandlung derselben Spaß machen!

Die Arbeitsgemeinschaft

Bietet die Einzelausbildung die Möglichkeit des Erlernens an einem konkreten Fall, ist der Sinn und Zweck der Arbeitsgemeinschaft die Erarbeitung von Wissen und dessen Einbettung in einem größeren Zusammenhang. Hier gilt erst recht: Auch wenn das Examen noch (vergleichsweise) weit in der Zukunft liegt, sind doch die in der ersten Station in der AG besprochenen Themen alle examensrelevant. Die Erledigung, das Versäumnisverfahren, die Tenorierung von Zivilurteil: nur einige Beispiele von dem, was Gegenstand der Examensklausuren sind. Daher sollte hier bereits angestrebt werden, sich verlässliche Grundlagen in den in der AG besprochenen Themen zu schaffen, wozu u.a. auch ein Vor- und Nachbereiten des Stoffs gehört. Wird die Möglichkeit geboten, einen Aktenvortrag zu halten, ist dies eine gute Gelegenheit zum Üben. Klausuren in der AG sollten ebenfalls als das genutzt werden, was sie sind: Vorbereitung für die Examensklausuren. Daher sollten sie auch nachbereitet werden, um einen maximalen Lerngewinn zu erzielen.

Sollte zu diesem Zeitpunkt bereits die Teilnahme an einem Klausurenkurs möglich sein, sollte dies ebenfalls genutzt werden. Dabei ist aber klar, dass am Beginn der Ausbildung nur ein begrenzter Teil der angebotenen Klausuren wirklich sinnvoll bearbeitet werden können. Dennoch sollte, soweit dies möglich ist, diese Übung genutzt werden, um die Vorbereitung für das Examen einfacher zu gestalten.

Nach der Station

Auch wenn die nachfolgenden Stationen ihr eigenes Maß an Aufmerksamkeit erfordern, sollte das Zivil- und Zivilprozessrecht weiter aktuell gehalten werden. Werden die Lehren und Erfahrungen aus der Zivilstation nicht weiter aufrechterhalten, wird der Arbeitsaufwand unmittelbar vor den Klausuren nur noch höher, da dann dieser Lernstoff quasi neu erlernt und möglicherweise zudem noch vertieft werden muss. Daher sollte versucht werden, auch weiterhin einen Teil der Lernzeit dem Stoff der ersten Station zu widmen, wobei schon durch die regelmäßige - und dann auch intensivere - Teilnahme am Klausurenkurs ein gesteigerter Lerneffekt erreicht werden kann.

Schließlich kann die Zivilstation auch bereits dazu dienen, sich Gewissheit über eine zukünftige Wahlstation zu verschaffen. Auch wenn diese Entscheidung noch nicht ansteht, sollte doch frühzeitig die Möglichkeit einer Wahlstation im Bereich Zivilrechtspflege angedacht werden.

2.7 Die Strafstation – Aus Sicht eines Referendars

Laura Stieler, Rechtsanwältin

Wer ins juristische Referendariat startet, hört schon früh ehrfürchtige Geschichten über die Strafstation. Sie gilt bei vielen als die spannendste und mitunter auch nervenaufreibendste Station der Ausbildung. Und das zu Recht! Vier Monate lang taucht man tief in das Herz des Strafrechts ein, meistens an der Seite der Staatsanwaltschaft. Wer mag, kann sich alternativ auch einem Strafrichter zuteilen lassen.

Der Einstieg

Wie bei allen Stationen beginnt auch die Strafstation mit einem Einführungslehrgang. Neben der Vermittlung strafprozessualer Grundlagen stehen hier auch echte Highlights auf dem Plan: Ein Besuch bei der Polizei, der Justizvollzugsanstalt und der Rechtsmedizin Frankfurt. Der Geruch in der Rechtsmedizin ist gewöhnungsbedürftig, der Erkenntnisgewinn aber unbezahlbar, spätestens hier merkt man: Das hier ist keine bloße Theorie mehr. Nach einer Präsentation der Arbeit als Rechtsmediziner oder in der Rechtsmedizin besteht die Möglichkeit, bei der Obduktion einer Leiche zuzuschauen. Durchaus nichts für schwache Nerven.

Die anschließende Referendarsarbeit bei der Staatsanwaltschaft ist in erster Linie Aktenarbeit. Man bekommt Strafakten zugeteilt, prüft, ob der hinreichende Tatverdacht gegeben ist, und verfasst auf dieser Grundlage Anklageschriften oder Einstellungsverfügungen. Damit werden ideale Grundlagen gesetzt, die in der ersten Strafrechtsklausur des Examens abgefragt werden. Man lernt also nicht umsonst.

Der Sitzungsdienst

Der eigentliche Nervenkitzel beginnt jedoch mit dem Sitzungsdienst. Ab der zweiten Hälfte der Station heißt es: Robe überwerfen und Haltung bewahren. Dann steht man plötzlich in schwarzer Robe links neben dem Richter, verliest zum ersten Mal die Anklage und merkt: das hier ist ernst. Der Puls steigt, die Knie werden weich, und gleichzeitig weiß man: Jetzt bist *DU* der Staatsanwalt. Wichtig: In der Anklage steht noch »Angeschuldigter«, in der Verhandlung spricht man vom »Angeklagten«. Ein kleiner, aber entscheidender Unterschied – und ein klassischer Anfängerfehler.

Im Schnitt geht es alle zwei Wochen in die Sitzung. Die Bandbreite der Fälle reicht von Ladendiebstahl über einfache Körperverletzung bis hin zu Trunkenheitsfahrten. Eben all jene Delikte, die dem Strafrichter zugeteilt sind. Es gilt, in der Verhandlung aufmerksam zuzuhören, sich Notizen zu machen und gezielte Nachfragen an den Angeklagten und die Zeugen zu stellen – alles mit dem Ziel, den Sachverhalt aufzuklären und über die Schuld bzw. Unschuld des Angeklagten zu entscheiden. Anschließend folgt das Plädoyer; der Moment, in dem man alle Fäden zusammenführt. Hier zeigt sich, ob man wirklich verstanden hat, was in der Verhandlung passiert ist – und ob man überzeugend darlegen kann, warum der Angeklagte freizusprechen oder zu bestrafen ist.

Tipp am Rande: Ein Plädoyer-Vordruck in der Aktentasche wirkt Wunder gegen spontane Panik im Sitzungssaal. Besonders hilfreich ist das kleine Buch »*Sitzungsdienst des Staatsanwalts*« von Christian Theiß – ideal, um sich vor und während der ersten Verhandlung etwas Sicherheit zu verschaffen.

Einblicke in die Einsatzrealität

Die Referendare in Wiesbaden dürfen sich neben dem Sitzungsdienst auch auf die Arbeit bei der Rechtsantragsstelle freuen. Hier übernimmt man die Aufgabe, Strafanzeigen entgegenzunehmen. Außerdem gibt es die Möglichkeit, bei einer nächtlichen Streifenfahrt der Polizei dabei zu sein. Wer noch nicht weiß, wie sich Einsatzrealität anfühlt, bekommt hier einen ehrlichen Eindruck – Blaulicht, Funksprüche und echte Einsätze inklusive. Natürlich ist das nicht garantiert, sodass man, wenn man Pech hat, sich umsonst die Nacht um die Ohren schlägt.

Bei einer Hausdurchsuchung ist dagegen ein Einsatz garantiert. Referendare sind hier gern gesehen, da sie als Zeugen fungieren. Eine Hausdurchsuchung wird in den frühen Morgenstunden, oft unangekündigt, beim Beschuldigten durchgeführt, mit dem Ziel, Beweismittel oder gar den Beschuldigten selbst zu finden. Wer also Lust hat auf eine praxisnahe Station, sollte sich nicht scheuen, den zugeteilten Staatsanwalt bereits zu Beginn zu fragen, ob nicht demnächst eine Hausdurchsuchung stattfinden wird.

Blutalkoholkonzentration im Selbsttest

Ein letztes Highlight mit leichtem Augenzwinkern: der Alkoholtest auf dem Weingut. Ja, richtig gelesen. Hier wird – rein zu wissenschaftlichen Zwecken, versteht sich – innerhalb einer Stunde eine definierte Menge Wein getrunken. Anschließend wird die Blutalkoholkonzentration gemessen. Eine unterhaltsame, aber auch lehrreiche Erfahrung: Spätestens, wenn man merkt, wie sehr 0,5 Promille schon die eigene Standfestigkeit beeinflussen, bekommt man ein besseres Gefühl dafür, was ein Wert von 2,0 für einen Beschuldigten bedeuten kann.

Fazit

Man merkt: Die Strafstation ist eine intensive, durchaus anstrengende, aber sehr lehrreiche Station. Wer bereit ist, sich darauf einzulassen, wird nicht nur fachlich, sondern auch persönlich wachsen. Und vielleicht auch ein bisschen Spaß dabei haben.

2.8 Die Strafstation – Aus Sicht eines Praktikers

Rouven Spieler, Oberstaatsanwalt bei der Generalstaatsanwaltschaft Frankfurt am Main

True Crime hat Hochkonjunktur und nun darf man im Maschinenraum des staatlichen Repressionsapparates mitwerkeln; für nicht wenige Referendare die – was die Sachverhalte betrifft – spannendste Station. Mit etwas Glück kommt man in den Genuss, die Verschränkung der Juristerei mit anderen Disziplinen in der Praxis zu erleben: Kriminalistik, Psychowissenschaften, Medizin, Betriebswirtschaft und Ingenieurwissenschaften, um nur einige zu nennen. Die an den Referendar gerichteten Anforderungen in der Strafstation unterscheiden sich von denen in den anderen Stationen dadurch, dass die gestellten Aufgaben in der Regel homogener sind: Im Mittelpunkt stehen die Abschlussentscheidung der Staatsanwaltschaft und das amtsrichterliche Strafurteil. Es empfiehlt sich, die Richtlinien für das Strafverfahren und das Bußgeldverfahren (RiStBV) zu dem Themenbereich, in dessen Bezugsrahmen eine Aufgabe zu erfüllen ist, zu konsultieren: Dort stehen – auch für langjährigen Praktiker bisweilen unerwartet – sehr viele nützliche Hinweise.

Der hinreichende Tatverdacht

Entscheidend ist es, ein Verständnis dafür zu entwickeln, was »hinreichender Tatverdacht« bedeutet: Bei der Staatsanwaltschaft hängt davon in den allermeisten Fällen ab, welche Abschlussentscheidung getroffen wird, und bei Gericht erlangt der Rechtsbegriff Bedeutung für die Frage, ob die Anklage zuzulassen und das Hauptverfahren zu eröffnen ist.

Gemäß § 170 Abs. 1 StPO erhebt die Staatsanwaltschaft Anklage, wenn die Ermittlungen genügenden Anlass hierzu bieten. Das ist der Fall, wenn nach Abschluss der Ermittlungen bei vorläufiger Würdigung des gesamten Akteninhalts eine Verurteilung des Beschuldigten mit Wahrscheinlichkeit zu erwarten ist. Diese Erwartung ist gerechtfertigt, wenn eine Prognose nach Abschluss der Ermittlungen ergibt, dass auf Grundlage des gesamten Akteninhalts eine Verurteilung durch das Gericht wahrscheinlicher ist als ein Freispruch, falls die Staatsanwaltschaft am Ende einer gedachten Hauptverhandlung einen Antrag auf Verurteilung stellen würde. Bei der Beweiswürdigung ist auch auf einen hinreichenden Tatverdacht im Hinblick auf den subjektiven Tatbestand zu achten.

Mathematische Angaben sind stets ins rechte Verhältnis zu setzen: So wird etwa, wenn das einzige Indiz für die Täterschaft des Beschuldigten ist, dass der Geschädigte ihn »zu 80 %« wiedererkannt hat, keine überwiegende Verurteilungswahrscheinlichkeit bestehen, da diese dann nicht 80 % beträgt, sondern Null, da sich das Gericht für eine Verurteilung von seiner Schuld bar vernünftigen Zweifels überzeugen lassen muss. Ebenso verhält es sich mit DNA-Spuren: Nur weil eine Spur zu 99,99 % von einer Person stammt, ist diese nicht stets mit derselben Wahrscheinlichkeit der Täter. Wenn also eine Verurteilung nach Abschluss der Ermittlungen wahrscheinlicher sein soll als ein Freispruch, ist eine Gerichtsverhandlung anhand des Akteninhalts gedanklich durchzuspielen. Bei der Abfassung einer Einstellungsentscheidung wird nicht selten auch kriminalistische Expertise verlangt: Warum wird nicht weiterermittelt, obwohl es theoretisch möglich und aus der subjektiven Sicht des Anzeigeerstatters notwendig ist? Wären weitere Ermittlungen – ihren Erfolg unterstellt – trotz allfälliger Erhärtung des Tatverdachts im Ergebnis überhaupt geeignet, zu einer Anklageerhebung zu führen?

Der juristische Meinungskampf

Auch wenn, wie an anderer Stelle bereits ausgeführt, der Referendar das Schlachtfeld der Dogmatik seltener betreten muss als bei der Ersten Prüfung, kann es durchaus auf Feinheiten ankommen. Wie hoch ist der normative Vermögensschaden beim Betrugstatbestand wirklich? Wie weit reicht die Absicht stoffgleicher (!) rechtswidriger Bereicherung? Beispielsweise gehört bei einem klassischen Betrug, bei dem der düpierte Käufer statt eines iPhones einen Karton mit Papierschnipseln erhält, das Porto nicht zum strafrechtlich relevanten Schaden. Ferner wird bei ungenauen numerischen Angaben in der Ermittlungsakte der Zweifelssatz zu beachten sein – was im Falle der Blutalkoholkonzentration dazu führen kann, hinsichtlich desselben Lebenssachverhaltes von zwei unterschiedlichen und für sich genommen völlig fiktiven BAK-Extremwerten auszugehen (bei der Frage der Fahrtüchtigkeit ist ein maximaler Alkoholabbauwert zugrunde zu legen, bei der Frage der Schuldfähigkeit ein minimaler, vgl. BGH, VRS 23, 209 (210 f.)).

Die prozessuale Tat

Essentiell ist auch die sinnvolle Aufteilung des in der Ermittlungsakte zu behandelnden Sachverhalts entlang einzelner sog. »prozessualer Taten« im Sinne von § 264 Abs. 1 StPO. Es ist anzuraten, sich mit der zu dem konkreten Fall passenden Kasuistik mithilfe der Kommentarliteratur und der juristischen Datenbanken vertraut zu machen. Eine Abschlussentscheidung hat den Gegenstand des Ermittlungsverfahrens zu erschöpfen, das heißt es ist auch eine Entscheidung über Sachverhalte zu treffen, die der Anzeigeerstatter – etwa im Rahmen einer Beschwerde – ergänzend vorträgt.

Das wesentliche Ergebnis der Ermittlungen

Der Begriff des »wesentlichen Ergebnisses der Ermittlungen« in § 200 Abs. 2 S. 1 StPO ist ernst zu nehmen. Daraus sollte weder die Darstellung des kompletten Ganges der Ermittlungen noch eine Aneinanderreihung von redundanten Phrasen wie *»Er wird in der Hauptverhandlung anhand der vorhandenen Beweismittel überführt werden.«* (Ach was!) gemacht werden.

Der Perspektivenwechsel

Es empfiehlt sich, die Akte auch aus Sicht des Beschuldigten respektive dessen Verteidigers zu lesen und insbesondere Sekundärquellen zu hinterfragen: Gibt die Zusammenfassung in einem polizeilichen Übersichtsvermerk die tatsächliche Zeugenaussage korrekt wieder? Zeigt das Video wirklich das, was der polizeiliche Sachbearbeiter ihm entnommen hat?

Die Sprache

Es ist von Vorteil, möglichst präzise zu formulieren. Beispielsweise will derjenige, der ein gefälschtes Sprachzertifikat, das angeblich von der Stelle XY ausgestellt wurde, vorlegt, nicht darüber täuschen, dass er die Sprache beherrscht, sondern darüber, dass die Stelle XY ihm diese

Fähigkeit attestiert hat. Das Führerscheindokument belegt auch nicht, dass dessen Inhaber (noch) Auto fahren *kann*, sondern nur, dass er es im öffentlichen Verkehrsraum *darf*. Auf Strafantragserfordernisse und die Verjährung ist zu achten, wobei bei offensichtlich älteren »Ausbildungsakten« eine kurze Rücksprache mit dem Ausbilder Missverständnissen vorbeugen kann, wenn durch gesetzgeberische Aktivitäten offensichtlich ist, dass das, was man eigentlich zu Papier bringen müsste, vom Ausbilder wohl nicht gewünscht ist.

Beliebte sprachliche Fehltritte wie *»gemeinschaftlich handelnd [...] genötigt zu haben«* sind zu vermeiden, denn »handeln« ist ein nützliches Füllwort, das in § 25 StGB gar nicht auftaucht und nicht gebraucht wird, wenn man einen vollständigen Satz formuliert, weshalb man juristisch korrekt und sprachlich elegant *»gemeinschaftlich [...] genötigt zu haben«* formulieren darf. Von juristischen Stilblüten wie »Der Angeklagte schlug ihn *ohne rechtfertigenden Grund*« sollte Abstand genommen werden, gehören doch rechtliche Wertungen jenseits von Unumgänglichen wie »im Eigentum des B stehend« nicht in den konkreten Anklagesatz. Dieser sollte einem Drehbuch ähnlich formuliert werden, wobei verwirrende Formulierungen wie *»[...] schlug den Zeugen Müller«* zu vermeiden sind. Die Person ist mit vollem Namen zu nennen, die Zeugeneigenschaft ist irrelevant – es ergibt auch wenig Sinn, dass sich der Angeklagte dann aus der Zeugenliste zusammensuchen muss, wen er geschlagen haben soll. Dort tauchen vielleicht noch Verwandte des Geschädigten auf: Soll er nun Erwin, Maurice oder Jason Müller geschlagen haben? Das ist keinesfalls irrelevant, da der Angeklagte die Tat nicht zwingend begangen haben muss und gegebenenfalls auch nicht die Namen aller Personen kennt. Gerade bei einem Gerangel wird er sich fragen, ob ihm nun vorgeworfen wird, Erwin geschlagen zu haben (das mag er einräumen, fühlte sich indes gerechtfertigt, weil der ihn zuvor attackiert hatte) oder Maurice (den er nie berührt hat).

Ein Beispiel für eine Formulierung, die sprachlich schlicht falsch ist und – noch schlimmer – den Angeklagten verwirrt, tritt bei fast allen

Anklagen betreffend § 315b Abs. 1 Nr. 3 StGB auf: »*A wird angeklagt, [...] dass er einen ähnlichen, ebenso gefährlichen Eingriff vorgenommen hat [...]*". Das Adjektiv »ähnlich« verlangt ein Bezugsobjekt; niemand sagt schließlich: »*Ritas Schuss ist ebenso gefährlich.*«, wenn nicht klar wird, mit wessen Schuss der Vergleich gezogen wird. Bei der Formulierung helfen die Gesetze der Logik: Wenn die Handlung in § 315b Abs. 1 Nr. 3 StGB ähnlich zu denen in Nr. 1 und Nr. 2 ist, so sind auch Nr. 1 und Nr. 2 sich untereinander ähnlich. Hieraus folgt, dass für die Erfüllung von Abs. 1 Nr. 3 genügt, dass die Handlung einer der zuvor genannten Varianten ähnlich ist. Hier bietet sich das Hindernisbereiten an, sodass sprachlich und juristisch korrekt formuliert werden kann: »*A wird angeklagt, [...] dass er einen dem Hindernisbereiten ähnlichen, ebenso gefährlichen Eingriff vorgenommen hat [...]*". So hat man nicht bloß einen korrekten deutschen Satz formuliert, sondern auch dem Angeklagten geholfen: Er versteht nun, welchem Vorgehen die ihm vorgeworfene Handlung – auch im Hinblick auf deren Gefährlichkeit – ähnlich sein soll. Auch wenn es in der Praxis oft aus Gedankenlosigkeit anders gehandhabt wird – nur mit dem beschriebenen Vorgehen ist Nr. 110 Abs. 1 RiStBV Genüge getan, denn dort heißt es: *Die Anklageschrift muss klar, übersichtlich und vor allem für den Angeschuldigten verständlich sein.*

Der häufig im wesentlichen Ergebnis von Anklageschriften anzutreffende Satz »*Um Wiederholungen zu vermeiden, wird zunächst auf den konkreten Anklagesatz verwiesen.*« ist überflüssig. Es darf von allen Beteiligten erwartet werden, dass sie vom konkreten Anklagesatz Kenntnis genommen haben, bevor sie das wesentliche Ergebnis der Ermittlungen lesen. Mit gleichem Recht könnte man »*Um redundante Füllsätze zu vermeiden, wird auf den Satz »Um Wiederholungen zu vermeiden, wird zunächst auf den konkreten Anklagesatz verwiesen« verzichtet.*« schreiben.

Das gelungene Urteil

Ist der Ausbilder Richter, sollten man sich mit der Kunst des Urteilsschreibens vertraut machen, da Widersprüche, Auslassungen (gerne vergessen: subjektiver Tatbestand inklusive Beweiswürdigung zu den diesbezüglichen Feststellungen; Thematisierung des Rücktritts beim Versuch), aber auch Geschwätzigkeit den Bestand des Urteils in revisionsrechtlicher Hinsicht gefährden können. Hier genießt der Referendar den Vorteil, dass das Endergebnis dessen, was er niederzuschreiben hat, feststeht, da der Ausbilder den Tenor des Urteils bereits in öffentlicher Sitzung verkündet hat. Es sollte keinesfalls nach der Devise »viel hilft viel« aus belanglosen Einzelheiten ein konturloses Machwerk gedrechselt werden in der Hoffnung, dass das Revisionsgericht diese ausufernde Sachverhaltsdarstellung schon irgendwie unter ein Strafgesetz subsumiert bekommt (vgl. BGH, NStZ 2020, 102). Der Vorteil heutiger Generationen gegenüber den Referendaren des Analogzeitalters sollte ausgespielt werden: Der schier unendliche Fundus an Urteilen in den gängigen, teilweise sogar kostenlosen juristischen Datenbanken bietet reichlich Anschauungsmaterial. Beim Aufbau des Urteils ist darauf zu achten, die verschiedenen Ebenen nur bei absoluter Notwendigkeit zu verschränken und insbesondere Sachverhalt und Beweiswürdigung möglichst sauber zu trennen.

Die eigenen Grenzen

Sollte man sich aufgrund biographischer Vorkommnisse mit der Bearbeitung bestimmter Sachverhalte nicht wohlfühlen, sollte man das Gespräch mit dem Ausbilder suchen. Jenseits dessen sollte der Referendar – soweit das möglich ist – die Chance nutzen, an Durchsuchungen, Observationen und Obduktionen teilzunehmen. Dies wird für die allermeisten Referendare auf dem weiteren Lebensweg naturgemäß nicht mehr so einfach möglich sein.

Empfehlenswerte Aufsätze in absteigend chronologischer Reihenfolge:

Weitner/Schuster – Die Revisionsklausur – Teile 1 und 2, JA 2016, 60, 142

Ludwig/Martini – Die Tenorierung des erstinstanzlichen Strafurteils im Assessorexamen, JA 2015, 61

Weitner/Schuster – Die Anklageschrift und das (Hilfs-)gutachten, JA 2014, 612

Weitner/Schuster – Die Abschlussverfügung, JA 2014, 295

Weitner/Schuster – Formale Fragen in der strafprozessualen Klausur, JA 2014, 59

Georgy/Kretschmer/Lorenz – Das erstinstanzliche Strafurteil im Assessorexamen - Teile I + II, JA 2013, 623, 691

Melzer, Michael – Der Aufbau des erstinstanzlichen Strafurteils in der Assessorklausur, JuS 2008, 878

Kruse, Constantin – Wahlfeststellung in Gutachten, Strafurteil & Anklageschrift, JURA 2008, 173

Miebach/Feilcke – Probleme des Allgemeinen Teils des StGB in Strafurteilen aus revisionsrechtlicher Sicht – Teile 1+2, NStZ 2007, 496, 570

Emde, Raimond – Formulierungshilfen zu Gutachten, Anklageschrift & Begleitverfügung in der Assessorklausur – Teile 1-4, JuS 1996, 442, 631, 825, 924

Bick, Udo – Typische Fehler des strafrechtlichen Urteils, JA 1995, 583

Neuhaus, Ralf – Grundfragen des Strafurteils – zu Huber, JuS 1990, 112, JuS 1991, 439

Huber, Michael – Grundfragen des Strafurteils – Teile 1 bis 7, JuS 1989, 728, 983; JuS 1990, 38, 112, 204, 555, 732

Meyer-Goßner, Lutz – Typische materiell-rechtliche Fehler in Strafurteilen aus revisionsrechtlicher Sicht – Teile 1 + 2, NStZ 1986, 49, 103

Horn, Eckhard – Sprachfehler, Formfehler, Denkfehler, JURA 1984, 499

Solbach, Günter – Typische Fehler des Referendars während der Ausbildung bei der Staatsanwaltschaft, JA 1979, 77

2.9 Strafstation – Der erste Sitzungsdienst

Peter Petrat, Chief Compliance Officer bei der GRAMMER AG und Vorstandsmitglied des VdRH

Die einen lieben es, die anderen hassen es. In manchen Gerichtsbezirken muss man als Referendar nur ein- oder zweimal Sitzungsdienst machen, in anderen Gerichtsbezirken sind Referendare als Sitzungsvertreter regelmäßig eingeplant. Wohl allen gemeinsam ist die Aufregung vor dem allerersten Sitzungsdienst. Das erste Mal auf der Fensterseite im Gerichtssaal sitzen, das erste Mal ganz alleine die Anklage und das Abschlussplädoyer vorlesen. Um in dieser Situation die Nerven zu behalten, gibt es einige praktische Tipps:

Tipp 1: Es kann nichts passieren, denn die Entscheidung trifft das Gericht

Machen Sie sich bewusst, dass die Entscheidung schlussendlich vom Richter getroffen wird, nicht von Ihnen. Anders als im Zivilprozess obliegt dem Richter nicht nur die Verfahrensleitung, sondern auch die Aufgabe, den Sachverhalt umfassend zu klären. Sollten Sie wesentliche Fragen nicht stellen, Aspekte vergessen oder nicht ausreichend hinterfragen, wird dies der Richter tun.

Tipp 2: Es kann nichts passieren, denn Sie haben gar nicht die Befugnisse, etwas falsch zu machen

Der wohl schlimmste – weil unwiderrufbare – mögliche Fehler, den man als Sitzungsvertreter machen könnte, wäre einer Verfahrenseinstellung zuzustimmen. Das darf man als Rechtsreferendar in der Regel aber nicht, ohne einer ausdrücklichen Zustimmung des Ausbilders. Man hat also hier immer noch seinen Telefonjoker.

Tipp 3: Der Richter hat Verständnis und hilft

Alle Richter kennen die Situation, in der man sich als Referendar im Sitzungsdienst befindet. Der Richter wird Sie also in der Regel unterstützen, indem er – mal mehr, mal weniger deutlich – auf die nächsten Schritte hinweist oder die Optionen nennt. Hören Sie dem Richter also aufmerksam zu. Meistens wird der Richter im Vorfeld kurz bei Ihnen nachfragen, die wievielte Sitzungsvertretung es für Sie ist.

Tipp 4: Die Sachverhalte sind machbar

Die allermeisten Fälle, die man einem Referendar für seine ersten Sitzungsvertretungen überlasst, sind – mal abgesehen von der sehr aufgeregten Sichtweise des Referendars selbst – als unspektakulär und wenig komplex zu bezeichnen. Man könnte auch »langweilig« und »standardmäßig« dazu sagen.

Tipp 5: Vorbereitung ist alles

Auch wenn während einer Verhandlung noch neue und vielleicht sogar teils überraschende Informationen ans Licht kommen können, sind die allermeisten Fälle mit einer umfangreichen Lektüre der Handakte und Vorbesprechung mit dem Ausbilder problemlos lösbar. Es bietet sich an, im Vorfeld mögliche Alternativszenarien zu durchdenken und abzusprechen.

2.10 Die Verwaltungsstation

Regierungspräsidium Gießen

Im Rahmen der Verwaltungsstation besteht – im Gegensatz zur Station bei Gericht bzw. Staatsanwaltschaft – die Möglichkeit, die konkrete Ausbildungsstelle selbst zu wählen. Die Absolvierung der Verwaltungsstation in einer größeren Verwaltungsbehörde, wie etwa einem Regierungspräsidium, bringt den Vorteil, dass eine solche Behörde mit einer

Vielzahl von verschiedenen Rechtsgebieten (vom Umweltrecht über wirtschaftsrechtliche Bereiche bis zum Sicherheits- und Ordnungsrecht) befasst ist und daher ein Dezernat – in Abstimmung mit der Ausbildungsstelle – gewählt werden kann, welches der persönlichen Präferenz entspricht.

Chancen in der Verwaltungsstation

Eine weitere Besonderheit der Verwaltungsstation besteht darin, dass man in der Regel auf noch nicht abgeschlossene Sachverhalte trifft. Dies bedeutet, dass die Tätigkeit nicht darauf beschränkt ist, einen abgeschlossenen Sachverhalt juristisch zu bewerten, sondern auch Möglichkeiten zur Gestaltung bestehen und diese genutzt werden können. Dies kann etwa der Fall sein, wenn ein Antrag nicht wie gestellt bewilligt werden kann, aber der Erlass des Bescheides samt Nebenbestimmungen möglich ist.

Hervorzuheben ist schließlich, dass die Verwaltungsstation die Möglichkeit bietet, sich dem Thema »Verwaltungsakt« aus praktischer Perspektive zu nähern. Der Verwaltungsakt ist eine gängige Handlungsform der Verwaltung. Hier besteht z. B. die Möglichkeit, an der Ausarbeitung von Erst- oder Widerspruchsbescheiden mitzuwirken. Dieses Thema ist auch von Relevanz für die Klausuren im Öffentlichen Recht. Sollte in einer der Klausuren als praktischer Entwurf die Ausarbeitung eines Erst- oder Widerspruchsbescheides verlangt werden, kann es von Vorteil sein, sich in der Verwaltungsstation hiermit schon auseinandergesetzt zu haben.

Eine spätere berufliche Tätigkeit in einer Behörde bringt einen besonderen Abwechslungsreichtum mit sich. Dies betrifft zum einen eine Vielzahl von verschiedenen Rechtsgebieten, mit denen man zu tun haben kann. Die in Betracht kommenden Rechtsgebiete hängen auch davon ab, ob etwa eine Beschäftigung auf kommunaler oder auf Landesebene gewählt wird. Zum anderen betrifft dies aber auch verschiedene Aufgaben, mit denen man im Arbeitsalltag befasst ist. Dies kann interne Rechtsberatung sein, aber auch gerichtliche oder außergerichtliche Vertretung der Behörde.

Es handelt sich bei behördlichen Tätigkeiten um besonders verantwortungsvolle Aufgaben, da die Tätigkeiten und Entscheidungen einer Behörde von großer praktischer Relevanz sind und das Leben der einzelnen Bürger beeinflussen.

Schließlich wirken sich politische Entscheidungen auf behördliche Tätigkeiten aus, sodass dieser Berufszweig insbesondere für Juristen mit einem Interesse am politischen Geschehen geeignet ist.

Lernziele in der Verwaltungsstation

- Anfertigung eines Ausgangsbescheids
- Unterschied zwischen einfacher Bekanntgabe und Zustellung eines Bescheids, insbesondere die damit verbundene korrekte Berechnung von Widerspruchs- und Klagefristen
- Anfechtbarkeit von Nebenbestimmungen
- Unterschied zwischen Beurteilungsspielraum und Ermessen
- Vollstreckung insbesondere Handlungsgebietender Verwaltungsakte
- Standardprobleme des Widerspruchsverfahrens (z.B. Zulässigkeit einer Sachentscheid der Behörde bei verfristetem Widerspruch)
- Standardprobleme der verschiedenen Klagearten (z.B. Zulässigkeit einer Fortsetzungsfeststellungsklage)
- Sonstige prozessuale Standardprobleme (z.B. Wiedereinsetzung in den vorherigen Stand, Unterschied zwischen Einzelrichter und Konsensrichter)
- Vorläufiger Rechtschutz und die damit verbundenen Problemen (z.B. faktischer Vollzug), Anfertigung von entsprechenden Beschlüssen
- Allgemeines Ordnungsrecht, wichtige Standardmaßnahmen (z.B. Platzverweis, Ingewahrsamnahme), unmittelbare Ausführung

- Baurecht, d.h. Bauordnungs- und Bauplanungsrecht. Dabei die Standardprobleme (z.B. Klage einer Gemeinde gegen Einvernehmensersetzung nach § 36 BauGB oder Beseitigungs- oder Nutzungsverbote)
- Standardprobleme des Gewerberechts (z.B. Gewerbeuntersagung oder Fortsetzungsuntersagung), Messen und Marktverkehr, insbesondere Zulassungsanspruch nach § 70 GewO
- Grundzüge des Kommunalrechts, insbesondere das Kommunalverfassungsstreitverfahren
- Grundzüge des Straßen- und Straßenverkehrsrechts (insb. die unerlaubte Sondernutzung, der Entzug der Fahrerlaubnis, die Auferlegung eines Fahrtenbuches, das Vorgehen gegen verkehrsregelnde Verkehrszeichen)
- Grundzüge der Amtshaftung
- Grundzüge des Umweltrechts, d.h. einzelne wichtige Vorschriften aus dem Immissionsschutzgesetz, dem Abfallgesetz, dem Bodenschutzgesetz, dem Wasserwirtschaftsgesetz
- Grundzüge aus dem Bereich des öffentlichen Dienstrechts (z.B. Versetzung, Abordnung, Umsetzung eines Beamten; Haftung des Beamten gegenüber seinem Dienstherrn, Konkurrentenstreitverfahren)

Gestaltung der Verwaltungsstation am Beispiel Hessen:

- Vier Monate bei einer anerkannten Behörde in Hessen
- Vier Monate bei einer außerhessischen deutschen Behörde (gastweise Ausbildung), eine Ausbildung in einem anderen Bundesland (gastweise Ausbildung) ist allerdings nur bei Behörden möglich, die hessischen anerkannten Behörden vergleichbar sind.
- Ein Aufsplitten der Station ist möglich: höchstens zwei Monate bei einem Verwaltungsgericht, die restlichen Monate bei einer hessischen oder außerhessischen Behörde im Rahmen der gastweisen Ausbildung **oder** höchstens zwei Monate bei einer überstaatli-

chen, zwischenstaatlichen oder ausländischen Stelle und die restlichen Monate bei einer deutschen Behörde (die Kombination Verwaltungsgericht und ausländische Stelle ist nicht möglich, vgl. § 29 Abs. 4 JAG).

Hinweis: Manche ausländischen Stellen (z. B. Botschaften, hier wäre sich ans auswärtige Amt zu wenden) bieten eine Ausbildung nur über drei Monate an. In diesem Fall muss der dritte Monat im Rahmen eines Sonderurlaubes bei dieser Stelle verbracht werden.

2.11 Die Verwaltungsstation – Auslandsvertretung aus Sicht des hessischen Rechtsreferendariats

VdRH

Für hessische Rechtsreferendare erlaubt das Gesetz, die Hälfte der Verwaltungsstation im Ausland zu verbringen (§ 29 Abs. 4 HessJAG). Dieser Bericht soll einen kurzen Überblick über die organisatorischen Herausforderungen der Verwaltungsstation an einer Auslandsvertretung der Bundesrepublik Deutschland für hessische Referendare bieten.

Bewerbungsverfahren

Das Bewerbungsverfahren läuft zentral über das Auswärtige Amt. Es ist u.a. erforderlich, dass die Bewerbungsunterlagen postalisch nach Berlin geschickt werden. Das Verfahren gilt als äußerst intransparent; die Vergabe der Plätze ist nicht immer nachvollziehbar.

Hessische Besonderheit: Sonderurlaub

Die Verwaltungsstation in Hessen dauert vier Monate. Für eine Station im Ausland muss die Station geteilt werden, da mindestens zwei Monate im Inland absolviert werden müssen (§ 29 Abs. 4 Satz 1 HessJAG). Das Auswärtige Amt bietet Referendaren aber nur die Möglichkeit, für drei Monate eine Station an einer Auslandsvertretung zu absolvieren. Deshalb gewährt das Oberlandesgericht Frankfurt auf Antrag zwei Monate Sonderurlaub, die sozusagen zwischen die beiden Hälften der Station eingeschoben werden. Einen der zwei Monate Sonderurlaub verbringt man dann noch an der Auslandsvertretung, während der zweite Monat tatsächlich frei ist. Beispielsweise ist der Referendar dann aus Sicht des Oberlandesgerichts nur im Januar und Februar 2026 in der Auslandsvertretung, nimmt dann zwei Monate Sonderurlaub und absolviert dann die Monate Mai und Juni 2026 bei einer inländischen Verwaltungsbehörde. Aus Sicht des Auswärtigen Amtes ist der Referendar aber von Januar bis einschließlich März 2026 im Dienst.

Hessische Besonderheit: Private Krankenversicherung

Für hessische Beamte ergibt sich zudem die Besonderheit, dass sie in der Regel verbeamtet sind und Beihilfe erhalten, sodass sie nur 30 % privat krankenversichern. Mit dem Ruhen des Beamtenverhältnisses während des Sonderurlaubs entfällt jedoch auch die Beihilfe während des Sonderurlaubs. Das bedeutet, dass der Referendar selbst wieder 100 % versichern muss. Die private Krankenversicherung muss während der Zeit des Sonderurlaubs entweder auf 100 % aufgestockt werden, was sehr teuer ist, oder gekündigt werden, was eine Aufnahme in der gesetzlichen Krankenversicherung voraussetzt – was eigentlich nicht möglich ist, bzw. nur einmalig nach Abschluss des Referendariats, der hier offensichtlich noch nicht erreicht ist. Wenn man zudem einer Nebentätigkeit nachgeht, besteht eine Sozialversicherungspflicht ab dem ersten Tag des Sonderurlaubs, bis das Beamtenverhältnis wieder auflebt. Gleichzeitig will der Referendar sich für das Ausland krankenversichern. Somit treten innerhalb weniger Monate verschiedene Versicherungskonstellationen auf (Januar/Februar: Auslandsreisekrankenversicherung, ggf. Ruhen der privaten Krankenversicherung; März: Auslandsreisekrankenversicherung, eigentlich keine private Krankenversicherung mehr, auch keine Beihilfe; April: gesetzliche Krankenversicherung; ab Mai: zurück in die private Krankenversicherung mit Beihilfe).

Finanzielle Belastung

Das Land Hessen bietet in den ersten zwei Monaten im Ausland, die offiziell als Teil der Verwaltungsstation zählen, finanzielle Unterstützung. So wird Trennungsgeld bezahlt (nach den ersten zehn Tagen beträgt das Trennungsgeld noch 2,50 € pro Tag) und der Flug wird erstattet. Während des Sonderurlaubs ist das Beamtenverhältnis unterbrochen; es wird kein Gehalt gezahlt. Somit ist der Referendar aus obigem Beispiel im März 2026 ohne Gehalt an der Auslandsvertretung beschäftigt und muss die Unterkunft, Verpflegung und etwaige Freizeitaktivitäten von seinem Ersparten bezahlen, wohlgemerkt während er in Vollzeit arbeitet.

Während des Sonderurlaubs besteht auch kein Anspruch auf Trennungsgeld, denn der Referendar an der Auslandsvertretung ist zu dieser Zeit auch kein Beamter mehr. Für die zwei Monate, die als Verwaltungsstation zählen, wird der Antrag auf Trennungsgeld bei der Bezügestelle eingereicht. Die Reisekostenerstattung erfolgt ebenfalls über die Bezügestelle. Dazu muss nach Antritt der Hin- und Rückreise ein Antrag eingereicht werden. Zu beachten ist, dass die Hinreise nicht zu weit vor Beginn der Station erfolgen darf, da die Reise anderenfalls als Privatreise verbucht und nicht erstattet wird.

Eine Wohnung im Ausland, z. B. in New York, London oder Miami, kann schnell 2.000 € im Monat kosten – auch während des Sonderurlaubs. Das Gehalt im Referendariat – aber nicht im Sonderurlaub – beträgt derzeit rund 1.900 €. Die Schlussfolgerung wird den aufmerksamen Lesern selbst überlassen.

Arbeitsgemeinschaft

Während der Auslandsstation ist der Referendar von der Teilnahme an der Arbeitsgemeinschaft befreit.

Studientage

Während der Station im Ausland hat der Referendar keinen Anspruch auf Studientage. Denn Studientage dienen der Vor- und Nachbereitung der Arbeitsgemeinschaft, von der der Referendar wegen des Auslandsaufenthalts befreit ist, sodass scheinbar kein Bedarf für die Vor- oder Nachbereitung einer Arbeitsgemeinschaft oder gar zum Lernen besteht. Somit hängt es von der persönlichen Güte des Ausbilders oder des Kanzlers an der Auslandsvertretung ab, ob der Referendar während seiner drei Monate in Vollzeit, für die er im letzten Monat (Sonderurlaub) kein Gehalt erhält, gelegentlich mal ein Buch aufschlagen und eine Klausur schreiben darf oder nicht.

Visum

Das Visum wird von der Pass- und Visastelle des Auswärtigen Amts beantragt und bearbeitet; der Referendar muss lediglich seinen Reisepass dorthin schicken, sobald er die Aufforderung dazu erhält. In den USA erhält man ein A2-Visum als Angestellter der Regierung. Ein Visum wird für die Tätigkeit z. B. bei einer deutschen Außenhandelskammer nicht erteilt, wenn der Referendar noch nicht ein Jahr in der Ausbildung war, d. h. die Verwaltungsstation kann dort nicht absolviert werden (wohl aber die Wahlstation).

2.12 Die Anwaltsstation (im Ausland)

Jonathan Kress, Associate bei Alston&Bird in Brüssel

Der Verlauf der Anwaltsstation hängt von der Konzeption des jeweiligen Bundeslandes ab. In manchen Bundesländern, zum Beispiel in Rheinland-Pfalz, werden die schriftlichen Klausuren bereits zu Beginn der Anwaltsstation geschrieben. Danach kann man sich dann mit voller Konzentration der praktischen Tätigkeit widmen. In vielen anderen Bundesländern, darunter Hessen, werden die Klausuren am Ende der

Anwaltsstation geschrieben. Damit darf diese Station als die »heiße Phase« des Referendariats gelten.

Zwischen Klausurvorbereitung und praktischer Tätigkeit

Die Anwaltsstation will gut geplant sein, sodass genug Zeit zum Lernen vor den Klausuren bleibt. Dabei wird gerne einige Monate vor den Klausuren »getaucht«: Man vereinbart mit der auszubildenden Kanzlei eine (nahezu) Vollzeitarbeitsleistung für einige Monate, sodass man in der darauffolgenden Zeit keine Arbeitsleistung mehr erbringen muss und sich vollständig auf das Lernen konzentrieren kann. Auch wenn diese Vorgehensweise in den Prüfungsordnungen nicht angelegt ist, wird sie heutzutage weitestgehend genutzt, da andernfalls eine adäquate Vorbereitung auf die Fülle des Lernstoffes nicht möglich erscheint. Eine andere Strategie besteht darin, mit einer (typischerweise kleineren) Kanzlei von Beginn an eine niedrige Arbeitsbelastung zu vereinbaren und dies bis (nahezu) zum Ende durchzuhalten.

Vergütung

Die Ausbildung als solche wird offiziell aus sozialversicherungsrechtlichen Gründen nicht zusätzlich vergütet. Mit größeren Kanzleien wird jedoch üblicherweise eine Nebenbeschäftigungstätigkeit (ähnlich einer wissenschaftlichen Mitarbeit) vereinbart, die im marktüblichen Maße vergütet wird. Einschlägige Branchenmagazine bieten einen Anhaltspunkt und Vergleich. Ferner bieten viele renommierte Ausbildungskanzleien mittlerweile eine Kooperation mit privaten Repetitorien an, durch die man Crashkurse und Klausurenpakete zur Verfügung gestellt bekommt.

Auslandsaufenthalt

In manchen Bundesländern ist es möglich, einen Teil der Anwaltsstation im Ausland zu absolvieren. Dies ist mit der jeweiligen Ausbildungsordnung abzugleichen. In Hessen darf beispielsweise die Hälfte, also 4,5 der insgesamt 9 Monate, der Ausbildung im Ausland bei einem deutschen Rechtsanwalt abgeleistet werden. Für die Ableistung einer Station im Ausland gibt viele gute Gründe und es kann eine wichtige Erfahrung für den weiteren Berufsweg sein. Aufgrund des oben geschilderten Spannungsverhältnisses, in dem sich der Referendar in dieser Zeit befindet, wird dies jedoch in der Anwaltsstation (sofern die Klausuren am Schluss liegen) in der Regel nicht in Anspruch genommen. Man ist häufig mit der Prüfungsvorbereitung schon genug beschäftigt.

Zu beachten ist ebenfalls, dass eine Teilnahme an den stationsbegleitenden Arbeitsgemeinschaften (online) je nach Bundesland und Oberlandesgerichtsbezirk während der Zeit im Ausland nicht immer ermöglicht wird. Hierfür setzen sich die jeweiligen Interessenvertretungen seit langem ein. Wenn einem die Teilnahme wichtig ist (denn zu diesem fortgeschrittenen Zeitpunkt der Ausbildung kann man sich alternativ eigenständig vorbereiten), sollte dies im Vorfeld mit der zuständigen Verwaltung ausgelotet werden. Andernfalls wird man von der Arbeitsgemeinschaft befreit.

2.13 Die Anwaltsstation in einer Großkanzlei

Franziska Golombek, Associate bei DLA Piper

Die Anwaltsstation im Rahmen des Referendariats bietet die spannende Möglichkeit, die alltägliche Arbeit von Rechtsanwälten kennenzulernen. Viele Referendare stehen vor der Herausforderung, die passende Station auszuwählen. Eine attraktive Option ist hierbei die internationale Großkanzlei. Während des Studiums kann man bereits erste Einblicke in diese Welt gewinnen, etwa durch Praktika oder wissenschaftliche Mitarbeit. Die Anwaltsstation im Referendariat ermöglicht jedoch eine tiefere Einbindung in die Mandatsarbeit, da Referendare zu diesem Zeitpunkt bereits über fortgeschrittene methodische und fachliche Kenntnisse verfügen. So bietet die Anwaltsstation die optimale Möglichkeit, das Anwaltsdasein in einer Großkanzlei vor dem offiziellen Berufsstart hautnah zu erleben.

Die Anwaltsstation als Teil des Referendariats

Die konkrete Ausgestaltung der Anwaltsstation ist stark abhängig von der jeweiligen Kanzlei. In der Regel entscheidet sich der Referendar für ein oder maximal zwei Rechtsgebiete und lernt dort während der Station die Arbeitsweise des Partners und des Teams kennen. Besonders wichtig ist es daher, bei der Auswahl der Großkanzlei nicht nur auf das Rechtsgebiet, sondern auch auf das Team zu achten.

Die standardmäßige Vergütung während der Anwaltsstation unterscheidet sich von Kanzlei zu Kanzlei. Dabei legen die meisten Großkanzleien ihre Gehaltsbänder für das Referendariat offen. Informationen bezüglich des Betrags sind so leicht online zu finden und stehen meist schon direkt in der Ausschreibung. Da die Anwaltsstation in vielen Bundesländern unmittelbar vor den Examensklausuren liegt, bieten viele Großkanzleien weitläufige Hilfen zur Examensvorbereitung, angefangen von Repetitorien und flexiblen Arbeitszeitmodellen bis hin zu Probeklausuren und vielem mehr. Diese angebotenen Benefits sind für viele Referendare sicherlich einige der aussagekräftigsten Punkte, die für ein Referendariat in einer Großkanzlei sprechen. Auch hier gibt es starke Unterschiede im Umfang der Unterstützung je nach Kanzlei. Es kann sich daher lohnen, vor der Wahl der Anwaltsstation zu recherchieren, welche Unterstützungsangebote einem selbst am meisten zusagen.

Die Anwaltsstation bei DLA Piper

Auch bei DLA Piper besteht die Möglichkeit, die Anwaltsstation während des Referendariats zu absolvieren. Die genaue Ausgestaltung der Station ist abhängig von mehreren Faktoren, wie dem Partner, dem Rechtsgebiet und den persönlichen Wünschen des Rechtsreferendars.

In der Regel wird die Anwaltsstation in einem oder maximal zwei Rechtsgebieten und Teams absolviert, sodass die Möglichkeit gefördert

dert wird, einen breitgefächerten Einblick in die Arbeit der Praxisgruppe zu erhalten und dabei genug Zeit bleibt, um Arbeit und Team in Tiefe kennenzulernen. Die genaue Anzahl der Wochenarbeitstage ist durch die flexiblen Arbeitsmodelle je nach Situation anpassbar. Die Arbeitszeiten sind abhängig vom Partner bzw. dem Arbeitsanfall. In der Regel wird eine Arbeitszeit von etwa 9 bis 18-19 Uhr vereinbart. Selbstverständlich wird auch die Möglichkeit angeboten, die Arbeit zu Teilen von zuhause aus zu erbringen, soweit dies mit Blick auf die Einbindung in die Tätigkeit und der Zusammenarbeit mit dem Team möglich ist. Gerade zu Beginn der Station ist in der Regel eine Anwesenheit vor Ort zu Einarbeitungszwecken erforderlich. Jedem Referendar wird ein Mentor zur Seite gestellt. Dadurch soll garantiert werden, dass jeder Referendar stets einen Ansprechpartner für fachliche, aber auch persönliche Angelegenheiten hat und bestmöglich eingebunden wird.

Vorteile bei DLA Piper

DLA Piper möchte jeden Rechtsreferendar dabei unterstützen, das Bestmögliche aus der Zeit des Referendariats herauszuholen. Daher haben engagierte Rechtsreferendare regelmäßig die Möglichkeit, die Anwaltsstation individuell zu gestalten, z. B. durch eine zeitweilige Tätigkeit bei einem der vielen anderen DLA Piper Standorte in Deutschland oder im Ausland. Zur Unterstützung bei der Examensvorbereitung wird zudem ein umfangreiches Lern- und Vorbereitungsangebot geboten.

Besonders stolz sind wir darauf, dass DLA Piper zuletzt durch den azur-Award als bester Arbeitgeber deutschlandweit im Bereich Karriereförderung ausgezeichnet wurde. Unseren juristischen Nachwuchs entwickeln wir im Rahmen unseres Trainee-Programmes »Define Your Future«. Ein zentraler Bestandteil davon ist die Examensvorbereitung in Kooperation mit den Repetitoren von Kaiserseminare und hemmer sowie ein Intensivtraining zum Aktenvortrag. Digitale Tutoren und Lernkarteien helfen zudem beim selbstständigen Lernen und sind jederzeit verfügbar. Tiefgehende Trainings zu Lernmethoden, nachhaltigem Lernen sowie Mental Health in der Examensvorbereitung runden das Angebot zur Examensvorbereitung ab. On-Demand-Learning inklusive unbegrenztem Vollzugriff auf die drei größten juristischen Datenbanken sowie Englisch- und IT-Kurse sind ebenso Bestandteil des Programms wie ein wechselndes Seminarangebot und auf Wunsch auch eine persönliche Beratung.

Schließlich wird bei DLA Piper auch ein besonderer Wert auf das rechtsgebietsüberschreitende Netzwerken gelegt. Die internationale Mandatsstruktur von DLA Piper ermöglicht dabei frühzeitig ein globales Arbeiten und Netzwerken mit Anwälten aus anderen DLA Piper-Büros. Ebenso wird das Netzwerken mit anderen Referendaren sowie wissenschaftlichen Mitarbeitern ermöglicht. Die Zeit des Referendariats bringt viele neue Erfahrungen mit sich und ein Austausch mit Gleichgesinnten kann hier eine enorme Unterstützung bieten. DLA Piper bietet daher regelmäßige Trainee-Stammtische an, bei denen alle Referendare, aber auch alle wissenschaftlichen Mitarbeiter an einer besonderen Aktivität teilnehmen und anschließend ein gemeinsames Abendessen genießen. So ist das Referendariat bei DLA Piper die optimale Gelegenheit, um ganz nebenbei Kontakte zu knüpfen, die im weiteren Karriereweg von Vorteil sein können.

Sofern die Zusammenarbeit in der Anwaltsstation erfolgreich war und sich beide Seiten eine weitere Zusammenarbeit vorstellen können, wird Referendaren in der Anwaltsstation bei DLA Piper regelmäßig ein Angebot für den zukünftigen Berufseinstieg gemacht. Der Vorteil liegt klar auf der Hand: Man kennt sich bereits und der Referendar weiß, was ihn bei einem Einstieg ins »richtige« Arbeitsleben erwartet.

Persönliche Erfahrungen

Meine eigene Anwaltsstation habe ich im Jahr 2022/2023 bei DLA Piper absolviert. Da ich bereits während meines Examensstudiums und meines Masterstudiums für einige Zeit im Ausland gelebt hatte, habe ich mich damals für den »klassischen« Weg entschlossen und die volle Zeit im Arbeitsrechtsteam in Hamburg verbracht.

Auf DLA Piper – genauer gesagt auf das Arbeitsrechtsteam in Hamburg – bin ich im Rahmen eines Netzwerk-Events während des Studiums aufmerksam geworden, bei dem ich auch direkt ein paar meiner jetzigen Kollegen kennengelernt habe. Überzeugt von der lockeren Atmosphäre habe ich mich kurzerhand entschlossen, mich dort für meine Anwaltsstation zu bewerben. Der Bewerbungsprozess war unkompliziert und nach kurzer Zeit hatte ich meine Zusage.

Von Anfang an habe ich mich bei DLA Piper sehr willkommen und wertgeschätzt gefühlt. Intensiv wurde ich von Tag eins an in die verschiedenen Aspekte der alltäglichen Arbeit eingebunden. So war meine Tätigkeit keineswegs auf Recherchearbeiten oder sogenannte Backoffice-Arbeiten beschränkt. Vielmehr wurde mir zugetraut, eigene rechtliche Einschätzungen zu liefern, Schriftsätze und andere rechtliche Dokumente wie Kündigungsschreiben und Arbeitsverträge zu erstellen sowie Antworten an Mandanten vorzubereiten. Mit Fortschreiten meiner Anwaltsstation wurden mir zunehmend anspruchsvollere Aufgaben übertragen. Meine persönlichen Highlights waren damals die beiden Gütetermine im Rahmen von Kündigungsschutzprozessen, bei denen ich allein und selbstständig die Vertretung der Mandanten vor den Arbeitsgerichten übernehmen durfte.

Besonders zu schätzen wusste ich, wieviel ich in der Anwaltsstation lernen und mir von den Anwälten abschauen konnte. So hatte ich beispielsweise die Möglichkeit, eine Betriebsratsverhandlung über eine IT-Rahmenbetriebsvereinbarung vor Ort zu begleiten, wodurch ich einen intensiven Einblick in die verschiedenen rechtlichen und verhandlungstaktischen Aspekte erhalten konnte.

Eine große Hilfe waren zudem die zahlreichen Vorbereitungsangebote für das zweite Examen, die ich während meiner Anwaltsstation dankend in Anspruch genommen habe. So konnte ich an einigen Inhouse Kaiser- und hemmer-Seminaren teilnehmen. Ebenso konnte ich einen über hemmer organisierten Klausurenkurs wahrnehmen und so das viel gefürchtete Klausurenschreiben üben.

Besonders zu schätzen wusste ich bereits während meiner Anwaltsstation, wieviel Wert bei DLA Piper auf meine fachliche Ausbildung, aber auch auf das persönliche Miteinander gelegt wird. Stets gab es eine offene Tür bei Rückfragen oder Problemen und viele meiner jetzigen Kollegen konnte ich damals schon auf einer persönlichen Ebene besser kennenlernen. Aus diesem Grund war es für mich nach der Anwaltsstation auch eine sehr leichte Entscheidung, meinen Weg bei DLA Piper fortzusetzen. So habe ich nach erfolgreichem Bestehen meiner mündlichen Prüfung des zweiten Examens – und einer kurzen, aber urlaubsreichen Erholungszeit – meinen Berufseinstieg als Rechtsanwältin bei DLA Piper gewagt.

Mein Tipp für alle Referendare: Nutzen Sie die Zeit der Anwaltsstation, um ein Rechtsgebiet, das Ihnen gefällt, intensiv anzuschauen, nehmen Sie alle Möglichkeiten mit, die sich Ihnen bieten, und achten Sie vor allem darauf, dass die Zusammenarbeit mit dem Team passt!

2.14 Die Anwaltsstation in einer kleineren Kanzlei

Anette Feldman, Fachanwältin für Arbeitsrecht

» Ein bisschen was schaffen müssen Sie aber schon.«

1. Erfahrungsbericht aus einer kleinen Kanzlei

Das waren die Worte meines heutigen geschätzten Kollegen und damaligen Ausbilders, als ich mich seiner Kanzlei für die Anwaltsstation im Referendariat vorstellte. Ich gebe zu, ich hatte mir keine besonderen Vorstellungen über die Anforderungen, die mich erwarten würden, gemacht. Die Kanzlei hatte ich mir ausgesucht, weil mir das Haus gefiel: eine alte Villa mit einem imposanten steinernen Löwen davor. Die

Anwaltszimmer mit hohen Decken sahen schon von außen gut aus, die Dame am Empfang war sehr nett, als ich einfach hereinschneite, und vereinbarte sofort einen Termin.

Dann saß ich vor meinem späteren Ausbilder und er sprach den obenstehenden Satz. Ich überlegte kurz, was das für mich und meine Lernvorbereitung für das Zweite Staatsexamen bedeuten könnte, aber Arbeit hatte ich eigentlich noch nie gescheut. Es war eine der besten Entscheidungen meines Lebens und wohl auch der Grund, warum ich Anwältin wurde und wir beide heute noch befreundet sind.

Vorteile kleiner Kanzleien

Mich erwartete inhaltlich ein Potpourri quer durch (fast) alle Rechtsgebiete. Trotz überquellendem Schreibtisch nahm sich mein Ausbilder Zeit für meine Fragen und versicherte dann augenzwinkernd, dass bei Kanzleischluss keine Akte mehr auf seinem Schreibtisch liegen würde – was stimmte. Insgesamt vier Anwälte deckten die Gebiete Arbeitsrecht, allgemeines Zivilrecht, Familien- und Erbrecht, Steuerrecht sowie Strafrecht ab. Verwaltungsrecht fiel auch an. Ich saß als Referendarin nicht in der Villa, hatte aber im Hinterhaus mit kleiner Wendeltreppe nach oben ein üppiges, gut eingerichtetes Arbeitszimmer.

Die Bandbreite in kleineren Kanzleien mit einer größeren Vielfalt an Fällen als hochspezialisierte Boutiquen-Kanzleien ist dabei von unschätzbarem Vorteil. Die sogenannte »Feld-, Wald- und Wiesenkanzlei« gibt es zwar nicht mehr sehr häufig, wohl aber kleinere Kanzleien, in denen die Kollegen mit ein bis zwei Fachanwaltstitel unterschiedliche Rechtsgebiete abbilden. Dort gewinnt man einen breiteren Blick, was auch für das eigene Leben, sei es im Verkehrsrecht oder Mietrecht, durchaus von Vorteil sein kann. Teilnahme an Gerichtsterminen und eigene kleine Terminswahrnehmungen sind zumeist möglich. Mein erster Termin war ein Versäumnisurteil. Dass es dazu kommen würde, war meinem Ausbilder natürlich im Vorfeld klar. Mir aber nicht. Die Richterin lotste mich dann aber souverän durch die Antragstellung.

Ohne Fleiß kein Preis

An Besprechungen mit Mandanten konnte ich von Beginn an mit teilnehmen und einfachere Fälle durfte ich auch direkt bearbeiten. So musste ich zum Beispiel bei Rechtsschutzversicherungen die Kostendeckungszusage nachfragen oder mit Mandanten erste außergerichtliche Schreiben besprechen. Die Rechtsanwalts- und Notarfachangestellten machten mich mit der Aktenführung vertraut, mit Terminierungen, Zwangsvollstreckung und der Eintragung von Fristen. Letzteres musste ich auch einmal für alle Neueingänge durchführen. Ich erinnerte mich noch gut, dass ich sehr ins Schwitzen kam, vor lauter Aufregung hier ja keinen Fehler zu machen. Denn versäumte Fristen sind im schlimmsten Fall ein Haftungsfall.

Für mich waren die Lerneffekte durch die praktische Anwendung des mühsam erworbenen theoretischen Wissens sehr hoch. Das galt auch für das Mandantengespräch. Entgegen meiner damaligen Vermutung erzählen die Mandanten selten sofort die wichtigen Aspekte und Details ihres rechtlichen Problems. Sie fangen entweder sprichwörtlich bei »Adam und Eva« an oder sagen kaum etwas. In beiden Fällen besteht die hohe Kunst darin, zuhören zu können und ebenso freundlich wie beharrlich die richtigen Fragen zu stellen. Denn ist der Sachverhalt nicht richtig ermittelt, läuft man rechtlich unter Umständen in die völlig falsche Richtung. Wichtig ebenfalls, ob nun als Anwalt oder Richter: Wie ist die Darlegungs- und Beweislast im Prozess und noch wichtiger: Was will der Mandant eigentlich erreichen, was ist sein Ziel?

Darauf sollten Sie achten

Technisch sind die allermeisten Rechtsanwaltskanzleien seit der Einführung des besonderen elektronischen Anwaltspostfachs (beA) zumindest hybrid unterwegs, führen die Akte also digital und ggf. noch als Handakte in Papier. Scheuen Sie die Einweisung in das beA nicht, denn ohne die Beherrschung des beA ist eine forensische Arbeit nicht möglich und die Endkontrolle obliegt immer dem Anwalt.

Die Wirtschaftlichkeit einer Kanzlei ist ebenfalls von großer Bedeutung. Informieren Sie sich, fragen Sie nach: Wird nach dem Rechtsanwaltsvergütungsgesetz (RVG) abgerechnet und wenn ja wie geht das? Oder werden Honorarvereinbarungen mit den Mandanten geschlossen und wie sind diese formuliert? Wie sieht überhaupt eine ordnungsgemäße Rechnung aus?

Fazit

- Nicht »Big Business« aber nah an den Menschen und am Mittelstand.
- Alles in Einem: Vielfalt und Spezialisierung – Beratung und Vertretung vor Gericht.
- Frei nach dem Grundsatz »Fördern und Fordern« wird die Bereitschaft erwartet, sich für die Arbeit in der Rechtsanwaltskanzlei zu interessieren und sich darauf einzulassen. Seien Sie sich auch nicht zu schade für die Mitarbeit bei den Rechtsanwalts- und Notarfachangestellten. Sie lernen hier von der Pike auf Fristberechnung, Zwangsvollstreckung und Mandatsabrechnung. Im Notariat lernen Sie zudem das Vorbereiten und Siegeln von Urkunden.
- Seien Sie neugierig! Aktenbearbeitung ist als Einstieg sicher gut. Kontakt mit Mandanten sollten Sie aber fordern und es mutig angehen. Gehen Sie mit ihrem Ausbilder auch mit zum Gericht und fragen Sie nach, ob Sie in kleineren Fällen, in denen kein Anwaltszwang vor Gericht herrscht (§ 78 ZPO), mit Vollmacht auftreten dürfen.

Schließen möchte ich mit einem Zitat meiner Kollegin Rechtsanwältin Daniela Weber-Rey aus ihrem Brief an junge Juristen (Gostomzyk, Jahn, (Herausgeber) »Briefe an junge Juristen« C.H. Beck 2015):

> » Da draußen ist es spannend, da wartet die Zukunft. Suchen Sie stets nach der Herausforderung.«

2. Eine kleine Kanzlei – große Chancen für den Start ins Anwaltsleben

Christoph Kolonko, Fachanwalt für gewerblichen Rechtsschutz und Vorsitzender des Frankfurter Anwaltsvereins

Die Anwaltsstation im Referendariat ist eine spannende und prägende Etappe der juristischen Ausbildung. Für viele angehende Juristen ist sie die erste Gelegenheit, eigenständig praktische Erfahrungen zu sammeln und den Berufsalltag hautnah kennenzulernen. Besonders in kleineren Kanzleien ergeben sich dabei Vorteile, die oft unterschätzt werden, aber gerade für den späteren Karriereweg von großem Wert sein können.

Persönliches Arbeitsumfeld

Ein großer Pluspunkt kleinerer Kanzleien ist das Arbeitsklima. Der Umgang miteinander ist oft familiär und von direkter Kommunikation geprägt. Referendare stehen in engem Kontakt mit den Anwälten, dem Kanzleiteam sowie den Mandanten – das sorgt für ein angenehmes und motivierendes Arbeitsumfeld.

In vielen kleineren Kanzleien ist eine *Open-Door-Policy* gelebte Praxis: Der direkte Draht zu den Ausbildern sowie die flachen Hierarchien fördern Austausch und Lernprozesse. Auch bei der Arbeitszeitgestaltung zeigen sich kleinere Kanzleien oft flexibel und entgegenkommend – ein echter Vorteil, wenn neben der praktischen Arbeit auch noch Zeit für die Examensvorbereitung gebraucht wird.

Kontinuierliches Feedback

Ein weiterer Vorteil ist das regelmäßige, persönliche Feedback. In kleineren Strukturen bleibt es nicht bei standardisierten Rückmeldungen – hier nehmen sich die Ausbilder Zeit für individuelle Einschätzungen und konkrete Verbesserungsvorschläge. Das schafft nicht nur Sicherheit im Arbeitsalltag, sondern fördert auch die persönliche und fachliche Entwicklung.

Frühe Eigenverantwortung und breite Einblicke

In kleineren Kanzleien arbeiten Referendare oft von Beginn an eigenverantwortlich mit und erhalten Einblicke in sämtliche Phasen der Mandatsbearbeitung. Das fördert nicht nur die juristische Kompetenz, sondern auch wichtige Soft-Skills wie Kommunikationsfähigkeit, Eigeninitiative und unternehmerisches Denken. Durch die enge Zusammenarbeit mit erfahrenen Anwälten wachsen Referendare fachlich wie persönlich schnell in ihre Rolle hinein.

Perspektiven für die Zukunft

Auch mit Blick auf den Berufseinstieg bietet die Anwaltsstation in einer kleineren Kanzlei Chancen: Häufig ergibt sich aus dem Referendariat eine feste Anstellung, sei es als angestellter oder selbstständiger Anwalt. Kleinere Kanzleien fördern ihren Nachwuchs oft gezielt, etwa durch die Unterstützung beim Erwerb eines Fachanwaltstitels.

Darüber hinaus sind die Aufstiegsmöglichkeiten meist klarer und schneller erreichbar als in Großkanzleien. Und wer langfristig plant, sich selbstständig zu machen, profitiert ebenfalls: Die Erfahrung in einer kleinen Kanzlei vermittelt wertvolle Einblicke in die Kanzleiorganisation, Mandatsakquise und Mandatsführung – praxisnah und unmittelbar.

Fazit

Wer im Referendariat nicht nur zuschauen, sondern wirklich mitgestalten möchte, findet in einer kleineren Kanzlei die ideale Umgebung für einen praxisnahen, persönlichen und zukunftsorientierten Einstieg in den Anwaltsberuf.

2.15 Die Wahlstation in einer Bank

Constantin Reinhold, Rechtsreferendar

Die Wahlstation im Rechtsbereich der DZ BANK bietet Referendaren, insbesondere solchen mit einem wirtschaftsrechtlichen Wahlfach, eine ausgezeichnete Gelegenheit, wertvolle Erfahrungen in der Praxis zu sammeln. Mit einer wöchentlichen Arbeitszeit von 39 Stunden gelten die gleichen Bedingungen wie für reguläre Mitarbeitende der Bank, wobei den Referendaren für die Tage, an denen Arbeitsgemeinschaften stattfinden, Freistellung gewährt wird. Die monatliche Vergütung während der Wahlstation belief sich in meinem Fall als Referendar im Bundesland Rheinland-Pfalz auf 2.176,00 € brutto. Die genaue Vergütung hängt jedoch von den sehr unterschiedlichen Regelungen des jeweiligen Bundeslandes ab. Als Referendar wird man zudem mit einem eigenen Laptop ausgestattet, der Homeoffice ermöglicht. Bis zu zwei Tage pro Woche können dabei problemlos von zu Hause gearbeitet werden.

Das Bewerbungsverfahren

Der erste Schritt zur Wahlstation ist die Bewerbung. Das Bewerbungsverfahren bei der DZ BANK beginnt mit einer Online-Bewerbung über die Jobbörse der Bank, gefolgt von einem Bewerbungsgespräch als Video-Call. Dabei ist es empfehlenswert, sich etwa neun Monate vor dem Beginn der Station zu bewerben, da die Plätze sehr begrenzt sind. Innerhalb weniger Tage nach dem Bewerbungsgespräch erhält man eine Rückmeldung und im Falle der Zusage dann auch den Arbeitsvertrag. Insgesamt lässt sich sagen, dass sowohl der Bewerbungsprozess als auch der Ablauf der Station so ausgestaltet sind, dass sich der organisatorische Aufwand für die Referendare sehr in Grenzen hält.

Ablauf und Aufgaben

Der Rechtsbereich der DZ BANK ist in Abteilungen und diese wiederum in Gruppen unterteilt, die jeweils unterschiedliche (juristische) Schwerpunkte abdecken. Während der Station wechselt man als Referendar alle drei Wochen die Gruppe und hat immer die jeweilige Gruppenleitung als Ansprechpartner. Hauptsächlich arbeitet man dabei für die Syndikusrechtsanwälte in der Gruppe, wobei auch die Möglichkeit besteht, dass man einzelne Projekte längerfristig begleitet. Dieser Ablauf bietet eine gute Gelegenheit, in verschiedene Rechtsgebiete einzutauchen und praktische Erfahrungen im gesamten Rechtsbereich zu sammeln. Im Verlauf der Station stellen sich alle Syndikusrechtsanwälte den Referendaren vor, berichten von ihren Aufgaben und ihrem beruflichen Werdegang, was vor allem deshalb spannend ist, weil sich die Aufgaben der einzelnen Anwälte auch in derselben Gruppe stark unterscheiden können.

Zu den typischen Aufgaben eines Referendars gehören die rechtliche Prüfung von Vertragsklauseln, das Ausarbeiten von Kurzgutachten und die Recherche zu spezifischen rechtlichen Fragestellungen. Ein häufiger Teil der Tätigkeit ist auch das Verfassen von Entwürfen für Antwort-E-Mails zu Fragen aus den einzelnen Fachbereichen der Bank. Dieser Prozess wird durch direkte Einbindung in Video-Calls mit Vertretern der Fachbereiche oder externen Beratern ergänzt, wobei man als Referendar die Gelegenheit bekommt, seine eigenen rechtlichen Einschätzungen abzugeben und zu diskutieren. Der Austausch mit den Mitarbeitenden aus den Fachbereichen stellt einen besonderen Reiz der Station dar, da diese oft keine juristischen Vorkenntnisse besitzen und bei ihren Entscheidungen die wirtschaftliche Perspektive in den Vordergrund rücken. Dadurch entsteht eine abwechslungsreiche Zusammenarbeit, die einem als angehenden Volljuristen die Möglichkeit gibt, die eigenen rechtlichen Kenntnisse in einem praktischen wirtschaftlichen Kontext anzuwenden.

Bereiche innerhalb der DZ BANK

Für diejenigen, die sich für Gesellschafts- und Kapitalmarktrecht interessieren, bietet die Gruppe Gesellschafts- und Wertpapierrecht ein spannendes Umfeld. Zu den möglichen Aufgaben für die Referendare zählen hier z.B. die Mitarbeit an der Erstellung von Wertpapierprospekten, die Prüfung von Haftungsfragen in der Anlageberatung, die Vorbereitung der Hauptversammlung der DZ BANK oder die Bearbeitung gesellschaftsrechtlicher Fragestellungen für die DZ BANK und ihre Tochtergesellschaften.

Die Gruppe Derivaterecht ergänzt die Themengebiete des Kapitalmarktrechts um das komplexe Derivaterecht und eröffnet damit Perspektiven auf den Handel mit Finanzderivaten und die rechtlichen Rahmenbedingungen. Als Referendar ist man hier z.B. mit der Prüfung der rechtlichen Einordnung von atypischen Swap-Produkten oder mit Fragen zur aufsichtsrechtlichen Meldepflicht von einzelnen Transaktionen am Finanzmarkt betraut. Allen Aufgaben geht dabei eine umfassende Einführung voraus, sodass auch komplexe Fragestellungen sehr gut bewältigt werden können.

Die Gruppe Kreditrecht bietet Einblicke in die Finanzierungspraxis einer der größten deutschen Banken. Die Syndikusrechtsanwälte in der Gruppe sind im Wesentlichen mit der Prüfung von Kreditverträgen befasst, die teilweise mehrere hundert Seiten umfassen und internationale Bezüge aufweisen können. Neben der Prüfung kreditvertraglicher Klauseln können daher auch Recherchen zum internationalen Privatrecht zu den Aufgaben der Referendare gehören.

Die Gruppe Aufsichts- und allgemeines Recht deckt verschiedene rechtliche Schwerpunkte ab. Das Themenspektrum reicht hier vom Bankenaufsichtsrecht über den elektronischen Zahlungsverkehr, den Datenschutz und das Markenrecht bis hin zum allgemeinen Vertragsrecht. Entsprechend vielgestaltig fallen daher auch die Aufgaben der Referendare aus.

Vorteile bei dieser Wahlstation

Die Arbeit bei der DZ BANK während der Wahlstation lässt sich auch gut mit der Vorbereitung auf die mündliche Examensprüfung vereinbaren. Vor allem wenn man ein wirtschaftsrechtliches Wahlfach gewählt hat, profitiert man enorm davon, dass sich nach und nach das eigene Verständnis von Bank-, Kapitalmarkt- und Gesellschaftsrecht durch die tägliche Arbeit im Rechtsbereich und die grundlegenden Einführungen durch die Syndikusrechtsanwälte in die einzelnen Themengebiete vertieft.

Die Syndikusrechtsanwälte zeigen sich auch zudem sehr hilfsbereit, was die Vorbereitung auf die Examensprüfungen betrifft, und gehen auf die individuellen Wünsche der Referendare ein, sodass die Tätigkeitsschwerpunkte auch entsprechend den persönlichen Präferenzen ausgestaltet werden können.

Neben den Tagen, an denen man für die verpflichtende Arbeitsgemeinschaft im Wahlfachbereich freigestellt wird, erhält man von der DZ BANK für die Zeit der Wahlstation, die typischerweise drei Monate dauert, als Referendar sechs Urlaubstage, die in der Regel am Ende der Station eingesetzt werden, um zusätzliche Zeit für die Vorbereitung auf die mündliche Prüfung zu erhalten.

Während der Wahlstation mangelt es auch nicht am sozialen Austausch. Zwar wird man für die Zeit der Station in der Regel der einzige Referendar im Rechtsbereich sein, da, um eine sinnvolle Arbeitsauslastung gewährleisten zu können, nicht mehrere Referendare gleichzeitig eingestellt werden. Allerdings gehören das gemeinsame Mittagessen und Kaffeetrinken mit den Syndikusrechtsanwälten zum Alltag im Rechtsbereich.

Zusätzlich gibt es im gesamten Gebäudekomplex der Bank über 100 Praktikanten und Werkstudenten, die sich häufig zu gemeinsamen Aktivitäten verabreden. Als Referendar hat man außerdem den kompletten Zugriff auf das Weiterbildungsangebot der DZ BANK und damit die

Möglichkeit, z. B. an Führungen durch die Handelsräume der Bank oder an zahlreichen Online-Schulungen teilzunehmen.

Fazit

Insgesamt bietet die Wahlstation bei der DZ BANK neben einer umfassenden Einführung in verschiedene Rechtsgebiete eine hervorragende Möglichkeit zur Vernetzung und persönlichen Weiterentwicklung, sodass man als Referendar für eine zukünftige Arbeit im Rechtsbereich eines (Finanz-)Konzerns hervorragend gewappnet ist.

2.16 Die Wahlstation im Sozialrecht – Schwarzes Schaf oder unentdeckte Perle?

Prof. Dr. Henning Müller, Präsident des Sozialgerichts Frankfurt am Main

1973 eröffnete Rechtsanwalt Konrad Redeker den 37. Deutschen Anwaltstag mit dem Referat »Bürger und Anwalt im Spannungsfeld von Sozialstaat und Rechtsstaat«. Dabei kam er zu folgendem Befund:

> »Es muss für den Rat suchenden Bürger selbstverständlich werden, dass er gerade im Spannungsbereich von Sozialstaat und Rechtsstaat, dann wenn er zwischen alle Stühle zu geraten droht, den Anwalt als einen geborenen Ratgeber aufsucht. Dass dies heute nicht der Fall ist, weiß jeder, der die Situation kennt. [...] Ich erinnere etwa an das Sozialrecht, für das selbst in Großstädten anwaltliche Fachkenner kaum zu finden sind.«
> (Redeker, AnwBl. 1973, 225, 229)

Über 50 Jahre später ist der Befund nicht anders. Das Sozialrecht ist in der juristischen Ausbildung weiterhin ein Exot und in der anwaltlichen

Beratung eine Nische. Gerade einmal 1 Prozent der gesamten Rechtsanwaltschaft ist als Fachanwalt für Sozialrecht tätig. Dreimal mehr Rechtsanwälte beschäftigen sich mit dem Steuerrecht, sogar fünfmal so viele mit dem Familienrecht. Das Sozialrecht leidet zu Unrecht unter gleich mehreren Vorurteilen.

Vorurteilsbehaftetes Sozialrecht

Vorurteil Nr. 1: Das Sozialrecht betrifft als unbedeutendes Nebengebiet nur wenige Menschen.

Tatsächlich kann ganz im Gegenteil jeder und in jeder Lebenslage mit dem Sozialrecht in Berührung kommen. Fast 90 Prozent der Bevölkerung sind gesetzlich krankenversichert. Konjunkturelle Dellen der wirtschaftlichen Entwicklung erzeugen Fragen der Arbeitslosenversicherung oder der Grundsicherung. Die Politik diskutiert über Krankenhausreformen, die Vergütung von Vertragsärzten, den Pflegenotstand im Fachkräftemangel und die Bekämpfung von Altersarmut. Sozialrecht betrifft letztlich jeden.

Vorurteil Nr. 2: Sozialrecht ist das Recht der armen Leute.

Tatsächlich nimmt die Grundsicherung, die Gewährleistung des soziokulturellen Existenzminimums, einen besonderen Raum in der Betrachtung des Sozialrechts ein. Der finanzielle Anteil der Leistungen, die vor allem aus der Sozialversicherung entnommen werden, ist aber in allen Einkommensstufen nahezu identisch. Gerade im Sozialversicherungsrecht ist es weniger die wirtschaftliche Not, die zur Inanspruchnahme von Sozialleistungen zwingt, sondern es sind medizinische Notlagen, die jeden treffen können.

Vorurteil Nr. 3: Im Sozialrecht geht es nicht um viel.

Wenn das Sozialrecht nicht nur das Recht der armen Leute ist, ist klar, dass auch die Streitwerte nicht gering sein müssen. Krankengeld, Beitragsrückstände, Betriebsprüfungen, Krankenhausvergütungen, Erstattungsstreitigkeiten zwischen verschiedenen Trägern – auch im Sozialrecht können schwindelerregende Geldsummen im Streit stehen. Das Sozialbudget des Staates beträgt rund ein Drittel des Bruttosozialprodukts und über ein Drittel des Bundeshaushalts, mit Abstand den größten Posten der staatlichen Ausgaben und Investitionen. Nicht nur wirtschaftlich geht es aber um viel. Sozialrechtsschutz bedeutet fast immer auch Grundrechtsschutz. Nicht nur ist das Sozialstaatsprinzip ein prägendes Staatsprinzip des Grundgesetzes. Gerade im Grundsicherungsrecht, aber z.B. auch im Krankenversicherungsrecht, spielen auch weitere Grundrechte eine Rolle: Das Recht auf Leben und körperliche Unversehrtheit, die Gleichheitsrechte, das Recht auf informationelle Selbstbestimmung, sogar die Menschenwürde. Die Rechtsprechung hat aus Art. 20 Abs. 1, 1 Abs. 1 GG ein Grundrecht auf Gewährleistung eines sozio-kulturellen Existenzminimums hergeleitet, das der Staat zu gewährleisten hat. Es geht im Sozialrecht also um nicht weniger als um die Grundfesten unseres Zusammenlebens, unseres Entwurfs einer gerechten, gedeihlichen Gesellschaft. Am Ende geht es damit auch darum, Polarisierungen und die damit einhergehende Spaltung der Gesellschaft zu bekämpfen und hierdurch die Demokratie zu bewahren. Steht der Sozialstaat in Frage, gerät die ganze Gesellschaft aus den Fugen.

Vorurteil Nr. 4: Sozialrecht ist langweilig.

Der Ruf des Sozialrechts im Studium ist mindestens angestaubt. Umfangreiche (zusätzliche) Gesetzbücher und lange Paragraphen mit vielen Absätzen prägen den ersten Eindruck. Dabei ist die politische Brisanz des Sozialrechts enorm. Es bietet spannende Schnittstellen, etwa zum Medizinrecht, zum Wirtschafts- und Gesellschaftsrecht, zum Arbeitsrecht, selbstredend zum Staatsrecht, über die Opferentschädigung sogar zum Strafrecht. Praktischer Bedarf besteht in zahlreichen Berufsgruppen auch außerhalb der Anwaltschaft; in der Kommunal-, Landes- und Bundesverwaltung, in Verbänden und Gewerkschaften und natürlich auch in der besonders jungen und modernen Sozialgerichtsbarkeit. Die Fallgestaltungen sind vielfältig, teils alltäglich, teils spektakulär.

(Kein) unbekanntes Sozialrecht

Die Wahlstation im Sozialrecht zu absolvieren, bedeutet für viele Referendare, sich in ein neues, unbekanntes Rechtsgebiet einzuarbeiten. Für die meisten stellt sich auf den zweiten Blick heraus, dass das Sozialrecht ein Schaf im Wolfspelz ist. Sozialrecht ist öffentliches Recht: Das SGB X entspricht weitgehend dem VwVfG, das SGG ähnelt der VwGO.

Wirklich neu ist vor allem das materielle Recht, aber auch dies ist nur auf den ersten Blick furchteinflößend. Mit einem strukturierten, öffentlich-rechtlichen Herangehen lassen sich die Normen der Sozialgesetzbücher gut meistern. Die Anspruchsgrundlagen sind gar nicht so zahlreich. Insbesondere, wenn man sich klar macht, dass es typische Fallkonstellationen gibt, dass rein medizinische Fragestellungen letztlich einem Aktenvortrag gar nicht zugänglich sind und dass die Prüfungsordnungen den Prüfungsstoff zusätzlich eingrenzen, wird schnell klar, dass das neue Rechtsgebiet durchaus »lernbar« ist.

Im Übrigen kann der Mythos des unbekannten Sozialrechts gerade in der mündlichen Prüfung durchaus von Vorteil sein. Mindestens die (meist zwei) Prüfer (aus dem Zivilrecht und dem Strafrecht), die selbst nie mit Sozialrecht zu tun haben, werden teilweise bereits bei sozialrechtlichen Banalitäten den Wissenstand bestaunen, während mit Wissen aus den viel bekannteren Wahlfächern Zivilrecht oder Strafrecht regelmäßig kaum entsprechend beeindruckt werden kann, weil jeder Prüfer dies selbst einmal gelernt hat.

Intensive Ausbildung

Der größte Vorteil des Wahlfachs Sozialrecht besteht darin, dass es viel weniger Referendare gibt als in anderen Wahlfächern. Es gibt deshalb keine »Massenabfertigung«, keine unwilligen Einzelausbilder, die nur

»wieder einen Referendar haben müssen«. Die sozialrechtlichen Ausbildungsstellen geben sich üblicherweise besonders viel Mühe für die seltenen Referendare. Entsprechend hoch ist der Grad der Individualisierung der Ausbildung und das Ausbildungsniveau.

Wer macht Sozialrecht?

Wer dem öffentlichen Recht zugeneigt ist, ist dem Sozialrecht nie abgeneigt. In der Fallbearbeitung ist Sozialrecht klassisches öffentliches Recht. Aufgrund der üblichen Inhalte der Rechtsstreitigkeit ist ferner ein grundlegendes Interesse an medizinischen Fragestellungen von Vorteil. Medizinisches Fachwissen dagegen ist nicht erforderlich. Medizinische Hintergründe versteht man zwar zunehmend während der Ausbildung, deren Kenntnis wird aber nicht vorausgesetzt; hierfür müssen ohnehin Gutachten eingeholt werden. Ferner ist die Bewertung medizinischer Tatsachen nie Gegenstand von Examensprüfungen.

Art der Ausbildung in einem Sozialgericht

Die Ausbildung in einem Sozialgericht läuft zunächst ähnlich ab wie in anderen Gerichtsstationen. Üblicherweise werden echte, noch laufende, entscheidungsreife Akten bearbeitet und Entscheidungsvorschläge verfasst. Da die Ausbildung am Sozialgericht stets am Ende des Referendariats steht, ist die Qualität der Entscheidungsvorschläge meist überdurchschnittlich, sodass viel in die endgültige Entscheidung übernommen werden kann. Das freut den Einzelausbilder, ist aber auch höchst motivierend für die Referendare, deren Arbeit dadurch auch einen realen Effekt hat. Üblich ist ferner, dass jeder Entscheidungsvorschlag als Aktenvortrag vorgetragen wird – durch diese beständige Übung wird eine größtmögliche Routine für die mündliche Prüfung erzeugt. Ein lohnenswerter Aufwand.

Die Sozialrichter ermöglichen ferner gerne einen noch praktischeren Einblick in die tägliche Arbeit. Zweckmäßig ist es, hier einerseits klar die eigenen Wünsche zu äußern, was man »einmal erleben möchte«, ferner jedes Angebot mutig anzunehmen. Vor allem Erörterungstermine erlauben es, eine Verhandlung zu leiten. In mündlichen Verhandlungen kann ein Sachbericht gehalten werden oder die Kammerberatung mit den ehrenamtlichen Richtern gestaltet werden.

Die Sozialgerichte versuchen stets auch bei kleinen Gruppen von Referendaren eigene Arbeitsgemeinschaften durchzuführen. Auch die fachliche Ausbildung ist deshalb besonders intensiv.

Moderne Sozialgerichtsbarkeit

Die Sozialgerichte gehören zu den technisch am besten ausgestatteten Gerichten. Teilweise bereits seit Jahren haben die Sozialgerichte elektronische Akten. Videokonferenztechnik ist in praktisch allen Sitzungssälen vorhanden. Entsprechend gut ist die inhaltliche Arbeit auch von zuhause aus zu bewältigen und entsprechend leicht die Absprache mit Einzelausbildern.

Lohnende zusätzliche Perspektive

Der Blick ins Sozialrecht lohnt. Es handelt sich einerseits um echtes Spezialwissen, das nur wenige Berufseinsteiger auf dem Arbeitsmarkt aufbieten können. Es ist Schnittstellenwissen mit Bezügen zum Arbeitsrecht, zum Wirtschaftsrecht und zum Medizinrecht, entsprechend vielseitig sind die Einsatzmöglichkeiten. Und die Arbeit im Sozialrecht ist ganz unmittelbar sinnstiftend. Sie spielt dort, wo die Gesellschaft vor Herausforderungen steht und dort, wo Menschen in Not Unterstützung benötigen.

2.17 Die Wahlstation im Ausland

Jonathan Kress, Associate bei Alston&Bird in Brüssel

Die Wahlstation ist aus verschiedenen Gründen eine spannende Zeit. Das Gröbste hat man mit den Klausuren hinter sich gebracht. Das Referendariat neigt sich nun langsam dem Ende entgegen. Das Warten auf die Noten der Klausuren kann bei beruflichen Wünschen, die eine gewisse Leistung voraussetzen, ganz schön auf die Folter spannen. Die mündliche Prüfung (deren Datum und Prüfer man noch nicht kennt) und der Gedanke »man müsste jetzt mal wieder anfangen mit dem Lernen (aber was genau?)« sitzen im Nacken. Allerdings lockt auch die große Freiheit, die Station trägt sie ja gewissermaßen im Namen. Man kann sich selbst aussuchen, wie man sie verbringen will. Ein erster Schimmer am Horizont des nun in wenigen Monaten beginnenden Berufslebens nach zwei Jahren vorgeprägter Ausbildungsroutine. Doch manch einer fragt sich noch: »Was will ich eigentlich werden?«

Gründe für eine Wahlstation im Ausland

Wem dieser Gefühlscocktail noch nicht reicht, dessen Wunsch und Wahl wird es sein, die Station im Ausland verbringen zu wollen. Viele Möglichkeiten locken: Neben Anwaltskanzleien ist das Auswärtige Amt (AA) ein vielfach favorisierter Ausbilder. Durch seine Botschaften und Vertretungen in allen Winkeln der Welt erscheint es dafür geradezu prädestiniert. Außerdem werden dort kontinuierlich Referendare ausgebildet, sodass die Ausbilder in der Regel eine große Routine haben und genau wissen, welche Tätigkeiten sinnvollerweise an Referendare abgegeben werden. Tatsächlich gestalten sich die Tätigkeiten sehr abwechslungsreich und holen den aufgeschlossenen Juristen aus der Komfortzone, denn fast immer wird es sich dabei um bisher unbekannte Materie handeln. Dies kann die konsularische Tätigkeit betreffen, aber auch in Fachreferaten die unterschiedlichsten völkerrechtlichen Fragestellungen und sonstige Rechtsgebiete der internationalen Zusammenarbeit. Werden berufliche Wünsche mit dem diplomatischen Dienst verbunden, so wird die Station zu einer ersten Nagelprobe und kann bei gutem Gelingen die Bewerbungsmappe deutlich aufwerten. Volljuristen werden übrigens auch hier gerne eingestellt.

Richtig bewerben

Das fristgebundene Bewerbungsverfahren für die Station beim AA wird zentral in Berlin koordiniert. Es ist bekannt, dass man sich sehr früh um eine Bewerbung kümmern muss, ungefähr ein halbes Jahr zuvor. Es ist möglich, Wunschstandorte anzugeben, wobei auch Zusagen erteilt werden können für Standorte, die man nicht gewählt hatte. Es ist auch damit zu rechnen, dass man eine Zusage für das Ministerium in Berlin (»Zentrale«) erhält. Wie als Vorgeschmack auf das den diplomatischen Dienst prägende Rotationsprinzip (d. h. Versetzung ca. alle drei Jahre) muss man ein wenig Flexibilität mitbringen oder einen Plan B für den Wunschstandort haben. An der Auslandsvertretung selbst wird man, wenn man nicht parallel direkt dort für sich inoffiziell lobbyiert, nach Bedarf den Abteilungen zugeordnet.

Die Ständigen Vertretung der EU in Brüssel

Brüssel als Standort der Wahlstation ist nahezu ideal. Seine Nähe zu Deutschland garantiert eine gute Erreichbarkeit. Die Stadt ist Melting Pot der europäischen Kulturen und bietet eine Vielfalt an Freizeitmöglichkeiten, die man in der begrenzten Zeit kaum ausschöpfen kann. Durch die Kompaktheit der sog. »EU-Bubble« findet man sehr schnell Anschluss zu anderen Referendaren, aber auch donnerstags am Place du Luxembourg (PLUX) zu Praktikanten und jungen Berufstätigen aus aller Herren Länder. Auch wenn Französisch und Niederländisch Amtssprachen sind, ist Englisch flächendeckend ausreichend. Die Wohnungssuche gestaltet sich im Vergleich zu anderen Metropolen eher leicht. Beliebte Möglichkeiten sind internationale Studentenwohnheime oder sog. Coliving-WGs, deren Zimmer von Agenturen einzeln vermietet werden. Das Preisniveau ist vergleichbar mit dem deutscher Großstädte. Alles in allem eine sehr gute Ausgangslage für ein »Erasmus reloaded«. Frühling und Herbst mögen wohl als die besten Zeiten gelten, da im Juli und August die Sommerpause sehr deutlich spürbar ist und in den Wintermonaten das kapriziöse belgische Wetter nicht gerade zum Verweilen im Freien einlädt.

Das mitten im Europäischen Viertel gelegene Gebäude der Ständigen Vertretung bei der EU beherbergt auch die Botschaft zu Belgien und die Ständige Vertretung bei der (ebenfalls in Brüssel beheimateten) NATO. Dieses Geflecht ist zu einem beträchtlichen Verwaltungsgebäude herangewachsen, das für sich als kleine deutsche Stadt auf belgischem Territorium gelten dürfte. Die Ständige Vertretung bei der EU ist mithin die größte deutsche Auslandsvertretung und behandelt v.a. die Tätigkeit im Rat der Europäischen Union als (zusammen mit dem Parlament und der Kommission) Gesetzgeber der Union. Besonders ist, dass sie aufgrund der Ressortaufteilungen der Bundesregierung nicht nur aus Beamten des AA besteht, sondern auch die anderen Fachministerien einige Vertreter nach Brüssel schicken. Die juristische Arbeit ist durch Begleitung von Gesetzgebungsvorhaben geprägt. Diese werden in den unzähligen Ausschusskonstellationen des Rates in mitunter langen Sitzungen der 27 Mitgliedsstaaten vorangetrieben. Näher kann man an der kleinteiligen Arbeit der europäischen Kompromissfindung nicht dran sein.

Persönliche Erfahrungen

Während meiner Wahlstation war ich bei der EU-Rechtsberatung und dem PSK-Team tätig, deren Tätigkeiten aus Gründen der Verschwiegenheit nur abstrakt beschrieben werden können. Erstere ist eine übergreifende Einheit, die als Ansprechpartner für Querschnittsfragen des institutionellen und materiellen EU-Rechts bereitsteht. Reizvoll als Referendar, der nur für eine begrenzte Zeit da ist, ist die Vielfalt der bearbeiteten Themenfelder. Im PSK-Team (Politisches und Sicherheitspolitisches Komitee) ist man am Puls der gemeinsamen Außen- und Sicherheitspolitik der EU, ebenfalls ein anspruchsvolles und zentrales Politikfeld der EU. Insgesamt möchte ich diese Erfahrung zum Abschluss des Referendariats nicht missen. Sie hat mir authentische Einblicke in das institutionelle Innenleben der Europäischen Union beschert, mir gleichzeitig neue Kontakte ermöglicht und mich in meiner Berufswahl bestärkt. Nicht nur einmal traf ich in dieser Zeit beim Verfolgen der Nachrichten auf Meldungen mit der Reaktion »das hatte ich diese Woche auf dem Schreibtisch«.

2.18 Erwartungen an Rechtsreferendare – aus Sicht eines Ausbilders in einem Industrieunternehmen

Stefan Feistenauer, juristischer Ausbilder in einem Unternehmen der Automobilzulieferindustrie

Als juristischer Ausbilder in einem Industrieunternehmen (hier speziell der Automobilzulieferindustrie) hat man bestimmte Erwartungen an einen zugewiesenen Rechtsreferendar in der Wahlpflichtstation, um sicherzustellen, dass er für das Unternehmen einen Nutzen verkörpert. Die Kriterien, Eigenschaften, Kenntnisse und Skills, die ein Referendar mitbringen sollte, lassen sich dabei in fünf Bereiche unterteilen:

1. Fachliche Kenntnisse und Fähigkeiten

- **Grundlegendes juristisches Verständnis**: Gute Kenntnisse im Zivilrecht, insbesondere im Handels- und Gesellschaftsrecht, Vertragsrecht, Wirtschaftsrecht sowie – je nach Einsatzverwendung – evtl. auch im Arbeitsrecht, da diese Bereiche täglich gestreift werden
- **Verständnis für technische und branchenspezifische Zusammenhänge**: Grundkenntnisse im Recht der Automobilindustrie, der Lieferketten, des Qualitätsmanagements und der Produktentwicklung sind von Vorteil. Wichtiger ist Neugier an diesen Themen (siehe Punkt 3). Das Interesse an diesen Rechtsgebieten entsteht mit der Übung.
- **Vertragsgestaltung und -prüfung**: Die Fähigkeit, Verträge (z. B. Lieferverträge, Entwicklungsvereinbarungen) zu lesen, zu ver-

stehen und erste Bewertungen abzugeben. Man sollte Freude an der Gestaltung von Formulierungen mitbringen und keine Scheu vor komplexen Vertragsgestaltungen haben.

- **Kenntnisse im Recht der internationalen Wirtschaft**: Da die Automobilbranche global agiert, sind Kenntnisse u.a. im internationalen Handelsrecht, Zollrecht oder Exportkontrollrecht sicherlich hilfreich, aber keine unbedingte Voraussetzung. Die Ausbildung führt langsam und behutsam an solche »exotischen« Themenfelder, soweit in der täglich Praxis relevant, heran.

2. Praktische Erfahrung & Praxistauglichkeit

- **Anwenderorientiertes Denken**: Die Fähigkeit, rechtliche Fragestellungen auf die praktische Situation im Unternehmen zu übertragen, ist von ganz entscheidender Bedeutung. Denn eine 10-seitige und 18 Unterpunkte umfassende Abhandlung mag im Examen herausragend sein, in der praktischen Umsetzung ist damit noch nichts gewonnen. Das führt unmittelbar zum nächsten Punkt.
- **Lösungsorientierung**: Bereitschaft und Fähigkeit, pragmatische und umsetzbare rechtliche Lösungen vorzuschlagen. Es ist immer wichtig, um nicht zu sagen unabdingbar, sich zu vergegenwärtigen, was der Gegenüber als Vertragspartner erreichen will und wie man dieses Ziel des Gegenübers in der Tätigkeit als Jurist berücksichtigen kann, ohne eigene Ziele zu vernachlässigen. Das Erkennen – und hierauf wird auch der Ausbilder in der Regel den Fokus legen –, wann man Kompromisse machen kann und wann eher weniger, ist für den Erfolg entscheidend.
- **Eigeninitiative & Verantwortungsbewusstsein**: Proaktive Mitarbeit bei rechtlichen und tatsächlichen Fragestellungen und das Selbstbewusstsein, für gefundene Lösungsansätze einzutreten. Denn nur wer sich die richtigen Fragen stellt und adäquate Antworten hierauf erhält bzw. erzeugt, wird zu einem vertretbaren Ergebnis für das Unternehmen kommen. Oder anders gesagt: Nur wer selbst

zu Erkenntnissen gelangt und davon überzeugt ist, dass diese richtig oder wahr sind, wird eine gute juristische, handhabbare Expertise abgeben können. Die Kontrollfrage ist stets: »Was würde ich als Unternehmensleitung jetzt wissen wollen, um den Sachverhalt voll zu erfassen, und wenn ich etwas erfahre, brauche ich weitere Informationen für eine Entscheidung und wenn nicht, was würde ich wie warum entscheiden?«

3. Persönliche Eigenschaften & Sozialkompetenz (Social Skills)

- **Kommunikationsfähigkeit**: Eine klare und verständliche (es sind nicht alles Juristen in einem Unternehmen!) Ausdrucksweise – sowohl mündlich als auch schriftlich – ist essenziell für die Zusammenarbeit mit Fachabteilungen und externen Partnern. Keine Furcht vor Kollegen, denn nur wer fragt, führt!
- **Teamfähigkeit**: Bereitschaft zur Zusammenarbeit mit verschiedenen Abteilungen (z.B. Einkauf, Produktion, Qualitätssicherung) sowie mit externen Anwälten oder Beratern. Der interdisziplinäre Austausch wirkt lebensbereichernd und persönlichkeitsentwickelnd.
- **Flexibilität & Anpassungsfähigkeit**: Unerschrockene Offenheit und Neugier für wechselnde Aufgabenfelder sowie die Bereitschaft, in solche neuen Themenbereiche mutig eintauchen zu wollen.
- **Verhandlungsbereitschaft und -fähigkeit**: Grundlegendes Interesse daran, Verhandlungssituationen – z.B. bei Vertragsgesprächen oder bei internen Abstimmungen – mitzuerleben und am Ende des Tages aufgrund des selbständig vorerfassten Sachverhaltes und der vorhandenen juristischen Expertise diese Verhandlungssituationen auch erfolgreich gestalten zu können.

4. Interessen & Motivation

- **Interesse an der Automobilbranche**: Aufgeschlossenheit für technische Innovationen sowie das Verständnis für deren rechtliche Rahmenbedingungen.
- **Lernbereitschaft & Neugier**: Bereitschaft, sich kontinuierlich weiterzubilden – etwa bei neuen gesetzlichen Regelungen (z. B. KI) und/oder branchenspezifischen Themen.
- **Verständnis für unternehmerische Zusammenhänge**: Interesse daran, wie Recht das Geschäftsmodell beeinflusst, nicht zuletzt durch juristische gesellschaftsrechtliche Strukturen (mit Auslandsbezug).
- **Frustrationstoleranz**: Da sprichwörtlich zwar im Automobilbereich alle Wege nach Rom, d. h. zu einer Lösung führen, aber eben nicht unbedingt immer auf direktem Wege, ist der Wille, nicht aufzugeben und sich von Rückschlägen nicht entmutigen zu lassen, ein nicht zu unterschätzender Erfolgsfaktor. Geduld zahlt sich aus.

5. Weitere wichtige Eigenschaften

- **Analytisches Denkvermögen**: Die Fähigkeit, komplexe Sachverhalte schnell zu erfassen und zu strukturieren, ist eine grundlegende Eigenschaft, der man sich nicht verschließen sollte. In der Praxis legt der Ausbilder großen Wert darauf, dass diese Eigenschaft auch Raum bekommt, sich zu entfalten.
- **Sorgfalt & Genauigkeit**: Die präzise Arbeit bei der Sichtung, Prüfung und Erstellung von Dokumenten und/oder bei Recherchen ist unverzichtbarer Bestandteil der täglichen Arbeit. Hier nachzulassen ist keine Option.
- **Diskretion & Vertraulichkeit**: Der Umgang mit sensiblen Unternehmensdaten wird (insbesondere in Hinblick auf Cyberkriminalität) immer wichtiger und die Auszubildenden sollten die Hinführung zu diesem Thema ernst nehmen. Geschäftsgeheimnisse sind der Wert eines Unternehmens.

Zusammenfassung

Summa summarum sorgt das Vorhandensein der vorgenannten Eigenschaften bei den Auszubildenden dafür, dass nicht nur gelernt, sondern auch aktiv zum Erfolg des Unternehmens beigetragen wird — eine Win-Win-Situation sowohl für den Auszubildenden als auch für die Ausbilder.

Teil III Lernen und Klausuren

2.19 Lernen im Rechtsreferendariat – Vom Bulimie- zum lebenslangen Lernen

Michael Neubert, Leiter des European Institute of Management
Peter Petrat, Chief Compliance Officer bei der GRAMMER AG und Vorstandsmitglied des VdRH

» Tell me and I forget, teach me and I may remember, involve me and I learn.« (Benjamin Franklin)

Das Rechtsreferendariat stellt eine entscheidende Übergangsphase zwischen theoretischer Ausbildung und praktischer Berufsausübung dar. Es ist eine Zeit des intensiven Lernens, die sich in wesentlichen Punkten vom Jurastudium unterscheidet. Während das Studium häufig auf das kurzfristige Auswendiglernen von Wissen ausgerichtet ist, findet Lernen im Referendariat inmitten realer beruflicher Anforderungen statt. Referendare müssen sich nicht nur auf das zweite Staatsexamen vorbereiten, sondern auch ihre juristischen Kenntnisse in konkreten Arbeitssituationen anwenden. Dies führt zu einer hohen Belastung, die Selbstorganisation, Motivation und effektive Lernstrategien erfordert.

Ziel dieses Beitrags ist es, Wege zu einem nachhaltigeren Lernverständnis aufzuzeigen – weg vom sogenannten »Bulimie-Lernen«, hin zu einem lebenslangen, tiefgreifenden Wissenserwerb. Im Fokus stehen wissenschaftlich fundierte Methoden, die nicht nur den Prüfungserfolg, sondern auch die berufliche Handlungskompetenz fördern.

Lernen als Erwachsener – mit Sinn, Erfahrung und Selbstverantwortung

Erwachsenenbildung unterscheidet sich grundlegend von der pädagogischen Didaktik. Die Andragogik, also die Wissenschaft vom Lernen Erwachsener, betont die Autonomie, Selbststeuerung und Erfahrungsorientierung des Lernprozesses. Malcolm Knowles identifiziert sechs zentrale Prinzipien des erwachsenen Lernens, darunter das Bedürfnis nach Selbstverantwortung, der Bezug zu konkreten Lebenssituationen sowie die Motivation durch Relevanz und Problemlösungsorientierung.

Ergänzend hierzu findet auch der Humanismus als Lernphilosophie Anwendung. Er stellt die Lernende als ganzheitliche Persönlichkeiten in den Mittelpunkt des Bildungsprozesses. Erfahrungen, Interessen und bereits vorhandenes Wissen der Lernenden werden als wertvolle Ressourcen anerkannt. Diese sollen aktiv in den Lernprozess eingebracht und im Sinne des Peer Learnings (vgl. unten) mit anderen geteilt werden.

Darüber hinaus orientiert sich das Lernen an konstruktivistischen Lernansätzen, bei denen Wissen als Ergebnis sozialer Interaktionen und aktiver Auseinandersetzung mit authentischen Aufgaben verstanden wird. Der Lernprozess ist demnach nicht nur individuell, sondern auch kooperativ gestaltet.

Im Referendariat zeigt sich dies deutlich: Die Lerninhalte sind direkt anwendbar, juristische Fragestellungen entspringen konkreten Fällen und der Lernerfolg zeigt sich unmittelbar im praktischen Handeln. Zudem bringen Referendare bereits umfassende theoretische Vorkenntnisse und erste Praxiserfahrungen mit, die das Lernen tiefgründiger und kontextbezogener machen. Die Möglichkeit, eigene Erfahrungen zu reflektieren und mit neuem Wissen zu verknüpfen, unterstützt ein integratives und bedeutungsvolles Lernen.

Juristisches Lernen – systemisch, komplex und praxisnah

Juristische Bildung ist durch hohe Komplexität und Systematik gekennzeichnet. Gesetze stehen nicht isoliert, sondern sind in ein Netz aus Anspruchsgrundlagen, Tatbestandsmerkmalen, Rechtsfolgen und prozessualen Anforderungen eingebettet. Ein effektives Lernen erfordert das Verständnis dieser Strukturen und ihrer Anwendung auf konkrete Sachverhalte.

Das Referendariat intensiviert diesen Anspruch. Neben theoretischen Inhalten in Arbeitsgemeinschaften begegnen Referendare täglich neuen Fällen in unterschiedlichen Stationen: Zivilgericht, Staatsanwaltschaft, Verwaltung und Anwaltskanzlei. Sie müssen zwischen Theorie und Praxis navigieren, Gesetzesnormen anwenden und Schriftsätze erstellen – stets mit Blick auf prüfungsrelevante Anforderungen. Das juristische Denken wird dabei geschult und weiterentwickelt: vom bloßen Wissen zum strukturierten Problemlösen. Dieser Zusammenhang verdeutlicht die Relevanz des jeweiligen Ansatzes für eine fundierte und praxisnahe juristische Ausbildung.

Lernen planen und steuern – mit Struktur zum Erfolg

Effizientes Lernen ist kein Zufallsprodukt. Es erfordert eine systematische Planung, Zielorientierung und regelmäßige Evaluation. Das Konzept des selbstregulierten Lernens beschreibt Lernen als einen zyklischen Prozess aus Zielsetzung, Strategienutzung und Selbstreflexion.

Konkret bedeutet das:

- **SMART-Ziele** setzen: spezifisch, messbar, erreichbar, realistisch, terminiert.
- **Wochenpläne** erstellen: Lernzeiten, AG-Vorbereitungen, Wiederholungsphasen, Pausen.

- **Lernjournale** führen: tägliche Reflexionen, Fortschritte und Herausforderungen dokumentieren.
- **Regelmäßige Selbstkontrolle:** durch Testklausuren, Lerngruppen oder Feedbackgespräche.
- **Reflective Journaling** ist hierbei ein besonders wirksames Instrument: Durch das schriftliche Reflektieren des Gelernten werden kognitive Prozesse angeregt, Metakognition gefördert und die Verbindung von Theorie und Praxis vertieft. Um eine Überforderung durch zu hohe Informationsdichte und übermäßige kognitive Belastung zu vermeiden, ist es essenziell, Lerninhalte in verdaubare Einheiten zu strukturieren und realistische Lernziele zu setzen.
- Der gezielte Einsatz von Elementen zur **Reduktion kognitiver Überlast** – wie etwa klare Gliederungen, Visualisierungen, Chunking oder multimodale Darstellung – unterstützt das Arbeitsgedächtnis. Die Theorie der **Cognitive Load** unterscheidet zwischen intrinsischer, extrinsischer und lernförderlicher Belastung und zeigt auf, wie durch didaktische Gestaltung unnötige Belastung vermieden werden kann. Ergänzend beschreibt die Cognitive Theory of Multimedia Learning verschiedene Prinzipien, wie zum Beispiel das Kohärenzprinzip, das Modalitätsprinzip oder das Redundanzprinzip. Diese Prinzipien zeigen, wie Lernmaterialien gestaltet werden können, um die Verarbeitung im Arbeitsgedächtnis zu erleichtern und so die kognitive Belastung zu reduzieren. Diese helfen dabei, Lernmaterialien so zu gestalten, dass die kognitive Belastung reduziert und das Lernen effektiver gestaltet wird. Die bewusste Einplanung von Pausen sowie Wiederholungs- und Anwendungsphasen unterstützt zusätzlich die mentale Verarbeitung und verhindert kognitive Überforderung.

Diese Erkenntnisse zeigen, wie sich theoretisches Wissen unmittelbar in praxisrelevante Handlungskompetenzen überführen lässt.

Wirksame Lernmethoden – aktiv, tiefgreifend und nachhaltig

Die kognitive Psychologie hat in den letzten Jahrzehnten zahlreiche lernförderliche Methoden identifiziert, die dem reinen Auswendiglernen überlegen sind. Diese Methoden aktivieren höhere Denkprozesse, fördern die Langzeitbehaltung und erleichtern den Transfer auf neue Situationen.

Wichtige Ansätze sind:

- **Retrieval Practice:** Aktives Abrufen stärkt die Gedächtnisspuren.
- **Spaced Repetition:** Zeitlich verteilte Wiederholung verhindert das Vergessen.
- **Interleaving:** Das abwechselnde Lernen verschiedener Themen erhöht die kognitive Flexibilität.
- **Fallarbeit:** Durch das Lösen realitätsnaher Fälle werden Anwendungskompetenzen trainiert.
- **Peer Learning:** Kollaboratives Lernen in Lerngruppen fördert Perspektivenvielfalt und tieferes Verständnis.
- **Reflective Journaling:** Verbindung von Theorie, Praxis und Selbstreflexion.
- **Selbstreguliertes Lernen:** Die Lernenden steuern ihren Lernprozess eigenverantwortlich durch Zielsetzung, Planung, Überwachung und Reflexion.
- **Scaffolding und Zone der nächsten Entwicklung:** Lernunterstützung erfolgt innerhalb eines individuell erreichbaren Bereichs. Dabei hilft eine kompetente Begleitung, neue Inhalte oder Fähigkeiten zunächst mit Anleitung zu bewältigen. Ziel ist es, dass der Lernende durch schrittweise Reduktion der Hilfestellung eigenständig agieren kann.

Diese Methoden sind besonders geeignet für die juristische Ausbildung, da sie nicht nur Wissen sichern, sondern auch die Fähigkeit fördern, dieses situativ angepasst anzuwenden.

Lernen mit Erfahrung: Der Lernzyklus von Kolb

David Kolbs Lernzyklus ist ein etabliertes Modell für erfahrungsbasiertes Lernen. Er beschreibt vier aufeinanderfolgende Phasen:

- **Konkrete Erfahrung:** z. B. das Bearbeiten eines Falles in der Kanzlei.
- **Reflexive Beobachtung:** Was war herausfordernd? Was ist gelungen?
- **Abstrakte Konzeptualisierung:** Theoretische Einordnung und Regelableitung.
- **Aktive Umsetzung:** Anwendung in einem neuen, vergleichbaren Fall.

Dieses Modell ist ideal für das Referendariat, da es dem natürlichen Arbeits- und Lernprozess entspricht: Theorie und Praxis greifen ineinander, Erfahrungen werden reflektiert und systematisch weiterentwickelt.

Fazit – Lernen als lebenslanger Prozess

Das Rechtsreferendariat ist mehr als Prüfungsvorbereitung – es ist ein Meilenstein auf dem Weg zur juristischen Professionalität. Wer die Herausforderungen dieser Phase mit einem reflektierten, nachhaltigen Lernansatz begegnet, schafft nicht nur die Hürde des Zweiten Staatsexamens souverän, sondern legt das Fundament für lebenslanges Lernen im juristischen Beruf.

Ein solcher Ansatz umfasst:

- Anerkennung der eigenen Erfahrungen,
- Strukturierte Lernplanung,
- Nutzung evidenzbasierter Methoden und
- Reflexion eigener Lernprozesse.

Darüber hinaus zeigt sich: Ein grundlegendes Verständnis zentraler Lerntheorien und didaktischer Modelle – wie der Andragogik, des erfahrungsbasierten Lernens nach Kolb oder der Prinzipien des selbstregulierten Lernens – kann maßgeblich dazu beitragen, das eigene Lernen gezielter, effektiver und nachhaltiger zu gestalten. Wer weiß, **wie** Lernen funktioniert, kann bewusster steuern, **was** und **wann** gelernt wird – und damit das Lernziel nicht nur effizient, sondern auch mit größerer Sicherheit erreichen.

2.20 Stressmanagement in der Examensvorbereitung

Diane D. Manz, Diplom Psychologin und Business Coach

Das Zweite Staatexamen schwebt für viele Referendare wie ein Damoklesschwert zwischen ihnen und einer positiven Zukunft. Anders als beim Ersten Staatsexamen stehen sie hier schon mit einem Bein im Beruf, müssen den Anforderungen in den Stationen gerecht werden und gleichzeitig genug Zeit für das Lernen haben. Auch die inneren und äußeren Erwartungen wiegen schwerer, da es jetzt final um ALLES geht.

Zwischen Blackout und Bestnote – Psychische Widerstandskraft in der Examensvorbereitung

Im Frühjahr 2025 wurde die Umfrage der Referendariatskommission (RefKo) des Bundesverbands rechtswissenschaftlicher Fachschaften e.V. (BRF) zum Thema »Psychischer Druck im juristischen Vorbereitungsdienst« veröffentlicht. Zum ersten Mal beschäftigte sich eine Untersuchung mit der Belastung während des Referendariats. Die Ergebnisse waren deutlich und besorgniserregend, aber leider nicht überraschend. Die psychische Belastung ist hoch: 91,8 % der Befragten gaben an, während des juristischen Vorbereitungsdienstes unter einem erheblichen psychischen Druck zu stehen. Als häufigste Ursachen für die Belastung wurden Mehrfachbelastung (33,7 %), Prüfungs- und Zeitdruck (24,1 % bzw. 23,4 %), Zukunftsängste durch die hohe Abhängigkeit vom Examensergebnis (16 %), finanzielle Sorgen (11,3 %) aber auch schlechte Organisation des juristischen Vorbereitungsdienstes (10,2 %)

genannt. 40,1 % der Befragten gaben bei der Frage nach den physischen und psychischen Auswirkungen der Belastung an, unter Schlafproblemen zu leiden, 16,7 % berichten von Angstzuständen und 9,7 % von depressiven Verstimmungen. Besonders bedenklich kommt hinzu, dass dieser Druck und die daraus resultierenden Konsequenzen nicht thematisiert werden können, lediglich 12 % der Befragten sprechen mit den Ausbildenden oder Verantwortlichen der AGs und nur 41 % können sich vorstellen, sich mit anderen Referendarskollegen dazu auszutauschen. Nicht verwunderlich, dass 27,1 % der Befragten mit dem Gedanken spielen, ihr Referendariat abzubrechen und etwas anderes zu machen.

An vielen Stellen mag der Druck überwältigend erscheinen, dennoch hat jeder einen nicht zu unterschätzenden Einfluss darauf, diese herausfordernden Bedingungen zu meistern. Es gibt zahlreiche Strategien, die sowohl dabei helfen können, die Examensvorbereitung effizient und zielführend zu gestalten, als auch die eigene mentale Widerstandskraft zu stärken. Im Folgenden werden Ansätze vorgestellt, die es ermöglichen, mit mehr Aufmerksamkeit und Klarheit durch diese anspruchsvolle Zeit zu gehen, und damit auch dem Druck widerstandsfähiger zu begegnen.

Akzeptanz kultivieren – Die Bedingungen sind herausfordernd und das ist okay

Das Referendariat und die Vorbereitung auf das zweite Staatsexamen sind anspruchsvoll und auch nicht immer fair. Nicht umsonst gibt es mittlerweile viele Initiativen, die sich mit der Verbesserung der juristischen Ausbildung beschäftigen. Die aktuell herrschenden Bedingungen führen zu einer hohen Belastung und Versagensangst: die empfundene Willkür in Prüfungen, das wenig transparente Bewertungssystem, hohe Durchfallquoten, die extreme Abhängigkeit der Realisierung des Berufswunsches von der Examensnote und nicht zuletzt ein überdurchschnittlich hoher Konkurrenzkampf. Dies zu benennen ist kein Zeichen von Schwäche! Kontrollieren kann man diese Bedingungen jedoch nicht, deshalb ist deren Akzeptanz der wichtigste Schritt zu einem gesunden Umgang mit der Belastung. Erst wenn das Hadern endet und der Blick auf die kontrollierbaren Dinge gerichtet wird – und davon gibt es einige – kann der volle Handlungsspielraum erschlossen werden. Es geht an dieser Stelle nicht um Resignation, sondern darum, den Kopf frei zu haben für das, was tatsächlich möglich ist.

Das Ziel formulieren – Ich weiß, wofür ich mich anstrenge

Eine intensive Vorbereitungsphase braucht Sinn, der über das Bestehen des Examens und gute Noten hinausgeht. Angefangen damit, dass man das Studium in der Regel aus einem bestimmten Grund begonnen hat, bis zu der Frage, was und wer man sein will, wenn man ins Berufsleben startet: Das Formulieren eines übergeordneten »Wofür« hilft, schwere Zeiten durchzustehen, insbesondere, wenn Zweifel oder Erschöpfung auftreten. Häufig ist es besonders frustrierend, dass man im Vergleich zu Studierenden anderer Studiengänge gefühlt deutlich mehr Einschränkungen im Privatleben während der Examensvorbereitung hinnehmen muss und dadurch auch oft auf Unverständnis von Menschen außerhalb der Jura-Bubble trifft. Auch hier kann ein gehaltvoller Sinn als Silberstreif am Horizont nach dem Examen die Dinge leichter machen.

Einen Plan machen – Es gibt Zeit für alles, was notwendig ist

Struktur bringt Ruhe und Kraft. Ein realistischer Lern- und Zeitplan hilft, den Überblick zu behalten und Überforderung zu vermeiden. Außerdem ermöglicht er, jederzeit nachzuvollziehen, ob man »on time« ist oder nicht. Wichtig ist hier, die Planung so detailliert wie möglich zu gestalten. Idealerweise startet man mit dem »großen« Plan, in welchen Wochen welche Inhalte gelernt werden sollen, wann und wie häufig wiederholt werden soll und wie man die letzten Wochen vor der Prüfung gestalten will. Von da aus lässt sich dann gut – idealerweise sonntags - Woche für Woche differenzierter planen. Wichtig ist hier, nicht nur

Lernzeiten aufzuschreiben, sondern auch Slots für z. B. Sport, Treffen mit wichtigen Menschen und andere Ausgleichszeiten mitaufzunehmen. Ebenso sollten Zeiten für Haushalt und andere Notwendigkeiten außerhalb der Examensvorbereitung berücksichtigt werden. Damit kann jeder Slot fokussiert und ohne schlechtes Gewissen angegangen werden, wohlwissend, dass es für alles, was es braucht, einen anderen Zeitrahmen im Plan gibt.

Prüfungssituationen simulieren – Übung macht den Meister

Klausuren schreiben, mündliche Prüfungssituationen erleben, mit Zeitdruck umgehen – je vertrauter eine Situation ist, desto weniger bedrohlich wirkt sie. Simulationen helfen, Routinen zu entwickeln, den Umgang mit Stress zu trainieren und Selbstvertrauen aufzubauen. Darüber hinaus wird hier auch deutlich, an welchen Stellen man inhaltlich noch nicht so fit ist und wo noch Wissenslücken zu füllen sind. Die Simulation und auch das gedankliche Durchspielen von Prüfungssituationen geht idealerweise über das eigentliche Klausurschreiben hinaus. Es antizipiert auch Punkte wie den Besuch des echten Prüfungsortes und ein Vertrautmachen mit räumlichen Begebenheiten. Auch vermeintliche Kleinigkeiten, wie die Anordnung der eigenen Sachen auf dem Tisch festzulegen oder verschiedenen Essensszenarien auszuprobieren, verschaffen Sicherheit. Je mehr Klarheit über sämtliche Gegebenheiten und Abläufe herrscht, umso mehr verliert der »Ernstfall« seinen Schrecken.

Selbstvertrauen festigen – Ich habe schon viel geschafft und das Zeug dazu, erfolgreich zu sein

Selbstvertrauen für Prüfungen entsteht nicht aus dem Nichts, sondern vor allem durch die bewusste Reflexion eigener bisheriger Erfolge, Stärken und Kompetenzen. Wer das erste Staatsexamen hinter sich hat, bringt bereits eine enorme Leistung mit. Statt sich von Zweifeln lähmen zu lassen, hilft es, diese positiven Dinge sichtbar zu machen, z. B. durch ein Erfolgstagebuch, in dem man regelmäßig auch kleine Erfolge und Dinge, auf die man stolz ist, einträgt. In der Reflexion werden auch häufig hinderliche Denkmuster sichtbar. Gerade Vergleichsgedanken wie »Die anderen sind besser vorbereitet als ich« oder »Ich bin die Einzige, die das als so stressig empfindet« können Selbstvertrauen massiv torpedieren. Hier hilft es, sich mit anderen auszutauschen, Sorgen zu formulieren und einen Realitätscheck zu machen. Grundsätzlich lassen sich für hinderliche Gedanken förderliche Alternativen finden, wie »Ich bin bis hierher gekommen, also werde ich auch den Rest schaffen« oder »Ich bin mehr als meine Examensnote«. Diese kann man dann z. B. auf Klebezetteln notieren, die man an gut sichtbare Stellen hängt. Bei tieferliegenden negativen Glaubenssätzen kann es hilfreich sein, sich externe professionelle Unterstützung zu holen.

Selbstfürsorge praktizieren – Weil ich es mir wert bin

In der intensiven Vorbereitungszeit gerät das eigene Wohlbefinden leicht in den Hintergrund. Doch gerade hier ist es entscheidend, gut für sich zu sorgen: Ausreichend Schlaf, regelmäßige Bewegung, bewusste Pausen und kleine Auszeiten helfen, Leistungsfähigkeit zu erhalten. Leider hält sich in vielen Köpfen gerade vor Prüfungen noch der Mythos, dass durch Pausen Zeit zum Lernen verloren geht. Viele wissenschaftliche Studien bestätigen, dass das nicht so ist. Im Gegenteil, das Gehirn ist nur begrenzt aufnahme- und funktionsfähig und arbeitet dementsprechend nach einer Pause wieder deutlich besser und effizienter. Je länger die Pause aufgeschoben wird, umso exponentiell mehr Regenerationszeit ist nötig. Selbstfürsorge ist kein Luxus, sondern eine Notwendigkeit. Daher ist es auch hier wichtig, genau zu reflektieren: »Was und wer tut mir gut und was brauche ich, um mich zufrieden und leistungsfähig zu fühlen? Wo muss ich Grenzen setzen, um meine Gesundheit zu erhalten?«. Nicht jeder braucht die gleichen Dinge, um zufrieden und leistungsfähig zu sein, daher ist auch hier ein Vergleich mit anderen meist nicht hilfreich.

Im Dialog mit anderen bleiben – Niemand muss da allein durch

Prüfungsvorbereitung kann einsam machen, besonders, wenn Unsicherheiten und Ängste nicht geteilt werden. Gerade im juristischen Umfeld sind Themen wie Stress und psychische Belastung häufig tabuisiert. Umso wichtiger ist es, sich mit Menschen zu umgeben und auszutauschen, die einem gut tun und die Verständnis für die jeweilige Situationen aufbringen können. Gerade im Gespräch mit anderen Referendaren wird man häufig überrascht sein, wie ähnlich sie sich fühlen, und erleichtert, mit diesen Gefühlen nicht allein zu sein. Gespräche mit Menschen, die das zweite Examen bereits bestanden haben, können noch hilfreiche Anregungen zur Vorbereitung geben. Wer sich öffnet, schafft Verbindungen – und genau das stärkt in herausfordernden Phasen. Und manchmal muss man – ganz im Sinne der Selbstfürsorge – auch einfach mal über etwas anderes reden als Lernen, Prüfungen und Jura. Nicht zuletzt können bei Bedarf Mentoring-, Coaching- oder andere Beratungsgespräche auch auf dem Weg zum Ziel unterstützend begleiten.

Grundsätzlich sollte man sich immer bewusst sein, dass Aufregung dazu gehört. Es geht um die Zukunft und nicht alles ist zu 100 % kontrollierbar. Eine gewisse Anspannung hilft in der Regel auch, das Beste aus sich herauszuholen.

Ausgeprägte Prüfungsangst – Im Zweifelsfall besser Unterstützung suchen

In manchen Fällen sind die Sorgen, die Prüfungen zu bestehen, aber so groß, dass sie mit den oben genannten Strategien allein nicht auf einem konstruktiven Anspannungsniveau gehalten werden können: Der Moment, in dem man in der Prüfung sitzt und genau weiß, dass man den Stoff beherrscht, ihn aber nicht abrufen kann. Der Moment, in dem man das Gebäude betritt, in dem die Prüfung stattfindet und kehrtmacht, weil man sicher ist, dass man es nicht schafft. Die Gewissheit, dass man nie genug gelernt hat, also durchfallen wird. Die übermäßige Angst vor dem Scheitern, das scheinbar zweifellos kommen und in einer Katastrophe enden wird.

Prüfungsangst in diesem ausgeprägten Sinne beschreibt einen Zustand anhaltender und deutlich spürbarer Angst in Prüfungssituationen und/oder bereits während der Vorbereitung – eine Angst, die in ihrer Intensität nicht mehr im Verhältnis zu den tatsächlichen Anforderungen steht (L. Fehm & T. Fydrich (2011). Prüfungsangst. Göttingen: Hofgrefe). Beratungsbedürftig wird sie dann, wenn sie das alltägliche Leben, den Ausbildungsverlauf oder das berufliche Fortkommen spürbar stört. Typisch dafür sind dauerhaft erhöhte psychische und körperliche Anspannung sowie begleitende Stresssymptome wie Konzentrationsschwierigkeiten, Schlafstörungen, Antriebslosigkeit, Gereiztheit sowie Verspannungen, Kopfschmerzen oder Magen-Darmprobleme. Die Angst wird häufig durch katastrophisierende und selbstabwertende Gedanken verstärkt. Auf der Verhaltensebene zeigt sich dies oft in ausgeprägtem Aufschiebe- und Vermeidungsverhalten, was in der Examensvorbereitung besonders hinderlich ist. Je früher man sich in einem solchen Fall eingestehen kann, dass Selbstmanagement hier zur Bewältigung nicht mehr ausreichend ist, umso schneller kann professionelle Unterstützung durch spezielle Angebote der Universitäten, Coaching oder Therapie helfen, die Situation zu stabilisieren und die eigene Laufbahn wieder in eine zielführende Richtung zu lenken.

Fazit

Das Referendariat bringt zweifellos Herausforderungen mit sich – fachlich wie psychisch. Doch angehende Juristen sind diesen Belastungen nicht schutzlos ausgeliefert. Wer sich mit einer realistischen Haltung, einem klaren inneren Kompass und geeigneten Strategien auf den Weg macht, kann die Vorbereitungszeit aktiv, selbstwirksam und ressourcenschonend gestalten. Unterstützungsangebote, Austausch und bewusste Selbstfürsorge eröffnen dabei weitere Spielräume, um auch in fordernden Phasen handlungsfähig und mental stabil zu bleiben.

2.21 Die Examensvorbereitung

Dr. Florian Metz, Leiter des Examensvorbereitungskurses an der Universität Speyer und Lehrbuchautor

Examensvorbereitung im Überblick: Die vier wichtigsten Fragen und Antworten im Interview.

Welche Fähigkeiten und Fertigkeiten benötigen Referendare für ein erfolgreiches Assessorexamen?

Wer sich gezielt auf das Assessorexamen vorbereiten möchte, sollte sich mit seinen intuitiven Verhaltensmustern bei der Klausurbearbeitung und mit seinen sprachlichen Techniken auseinandersetzen. Was kennzeichnet meine Herangehensweise an Examensklausuren? Wie unterscheidet sich meine Herangehensweise von der anderer Examenskandidaten? Was führt bei Prüfern zur Einordnung als durchschnittliche oder (weit) überdurchschnittliche Bearbeitung einer Examensklausur?

Viele Referendare lesen nur selten Klausurlösungen ihrer Kollegen und wissen nicht, ob und inwiefern sich ihre eigenen intuitiven Bearbeitungsmuster von denjenigen anderer Referendare unterscheiden. Unsere Analysen und Auswertungen von Examensklausuren zeigen, dass bestimmte sprachliche und strukturelle Techniken sich direkt in besseren Examensnoten niederschlagen. Hier besteht bei Referendaren das größte Verbesserungspotential und hier sollten die längerfristigen Lernziele in der Examensvorbereitung liegen.

Dagegen eignen sich Referendare das erforderliche Fachwissen automatisch bis zum Examen an und auf dieser Ebene bestehen keine allzu großen Unterschiede zwischen den Examenskandidaten. Nahezu alle Referendare lesen die gleichen Skripte und besuchen die gleichen Seminare. Unterschiedliche Bearbeitungsergebnisse – und damit die Examensnoten – ergeben sich daher nicht aus dem »Know-What«, sondern vor allem aus dem »Know-How«.

Welche Bedeutung haben eine effiziente Klausurtechnik sowie der Schreibstil für ein erfolgreiches 2. Staatsexamen?

Meine Erfahrung aus der individuellen Vorbereitung von Referendaren im Ergänzungsvorbereitungsdienst und von Verbesserungskandidaten ist, dass das kurzfristige Potential auf diesen Ebenen im schriftlichen Examensteil bei 3 Notenpunkten liegt. Examensklausuren ähneln eher einem Vortrag vor Publikum als einem mathematischen Quiz. Die Examenskandidaten haben dabei große Spielräume, ihre Stärken hervorzuheben und Schwächen unauffällig auszugleichen.

Im Zweiten Staatsexamen sind Klausurtechnik und Schreibstil noch entscheidender als im Ersten. Die Schwerpunkte der Examensklausuren sind im Zweiten Staatsexamen nicht auf bekannte Standardthemen ausgerichtet, sondern an realen Fällen aus der Praxis orientiert. Zudem dürfen Referendare im Examen die Kommentare nutzen, sodass aufgrund dieser beiden Aspekte auswendig gelerntes Standardwissen im Zweiten Examen eine geringere Rolle spielt.

Die juristische Ausbildung legt den Fokus nach wie vor auf Vermittlung standardisierten Wissens – sowohl im Ersten als auch im Zweiten Staatsexamen. Im Examen zeigt sich, dass fleißige Referendare mit umfassendem Fachwissen nicht automatisch gute Noten erzielen. Die Unterschiede liegen im Examen zumeist in weniger greifbaren Bereichen, wie der strategischen Herangehensweise an die Examensklausur und der sprachlichen Darstellung.

Was ist der richtige Zeitpunkt im Referendariat für die Auseinandersetzung mit Klausurtechnik und Schreibstil?

Referendare sollten sich möglichst frühzeitig mit ihrer Herangehensweise an Examensklausuren und sprachlichen Techniken auseinandersetzen, denn grundlegende, intuitive Verhaltensmuster werden oft erst spät – und manchmal zu spät – hinterfragt. Leider sind Referendare häufig erst dann bereit, ihre intuitiven Verhaltensmuster grundlegend zu überdenken, wenn sie das Examen bereits einmal geschrieben haben, mit der Examensnote unzufrieden sind und sich auf den Verbesserungsversuch vorbereiten.

Viele Aspekte einer erfolgreichen Bearbeitung von Examensklausuren lassen sich nicht durch reines Auswendiglernen aneignen. Wer das für sich erkannt hat, kann durch gezielte Auseinandersetzung mit verschiedenen Formulierungs- und Strukturierungsvarianten seine intuitiven Muster in der Textgestaltung besser verstehen und im Examen bewusster steuern. Juristische Texte folgen bestimmten einfachen Strukturen – wer diese beherrscht, kann auch komplexe Examensklausuren klar und überzeugend darstellen.

Allerdings ersetzt theoretisches Wissen auch in diesem Bereich keinen eigenen Erkenntnis- und Übungsprozess. Referendare sollten frühzeitig Examensklausuren unter Examensbedingungen schreiben – idealerweise Originalklausuren aus früheren Examensdurchgängen. Auch der effiziente Umgang mit Kommentaren ist eine wichtige examensrelevante Fertigkeit, die in der juristischen Ausbildung viel zu kurz kommt.

Sind diese Techniken für Referendare bundesweit relevant oder abhängig vom jeweiligen Bundesland?

Da es hier um übergeordnete Methoden der Klausurtechnik und der sprachlichen Darstellung geht, ist dies bundesweit für alle Referendare von Bedeutung. Unabhängig von regionalen Unterschieden in der Prüfungsstruktur gilt: Wer seine Klausurstrategien und sprachlichen Techniken optimiert, kann seine Gesamtnote im schriftlichen Examensteil um mindestens 3 Notenpunkte verbessern.

2.22 Überzeugende und strukturierte Klausuren im zweiten Staatsexamen

Jens Rathmann, Vorsitzender Richter am Oberlandesgericht in Frankfurt am Main

Ausgangspunkt für die Frage, wie eine gute/vollbefriedigende/befriedigende Klausur erreicht werden kann, ist die Klärung des Zwecks der Prüfung. Nach dem Bundesverwaltungsgericht (Urteil vom 9. August 1996, 6 C 3/95) gilt: Die Prüfungsaufgaben müssen insbesondere geeignet sein, die Kandidaten, die das Ausbildungsziel erreicht haben, von denen zu unterscheiden, die es nicht erreicht haben. Daher muss sich aus der Bearbeitung ergeben, dass der Kandidat in der Lage ist, den Stoff des Referendariats zu beherrschen und eine praxistaugliche Klausur abzuliefern. Damit ist schon der erste Aspekt genannt:

Praxistauglichkeit

Auch wenn es als selbstverständlich erscheint: Die Klausur muss praktisch verwertbar sein. Als Bearbeiter sollte man sich daher immer die Frage stellen: Ist das Urteil/die Anklageschrift/der Bescheid in der Praxis verwertbar? Dies ist z.B. dann nicht der Fall, wenn der Tenor nicht vollstreckbar ist, die Kostenentscheidung nicht passt oder die vorläufige Vollstreckbarkeit unzutreffend gelöst wird. Insofern ist zu beachten, dass Fehler in diesen Bereichen der prüfenden Person unmittelbar zu Beginn der Korrektur auffallen. Ähnliches gilt für anwaltliche Fragestellungen: Bietet der Lösungsvorschlag für den Mandanten eine nachvollziehbare und wirtschaftlich sinnvolle Handlungsalternative?

Der Fokus auf der Praxistauglichkeit beantwortet auch die Frage, inwieweit Meinungsstreite im zweiten Examen eine Rolle spielen. War das erste Examen noch von dem Ansatz geprägt, eine wissenschaftliche Herangehensweise in den Vordergrund zu stellen, ist das zweite Staatsexamen darauf ausgerichtet, eine in der Praxis verwertbare Lösung zu finden; diese orientiert sich in aller Regel an der Rechtsprechung, sodass Meinungsstreite, in denen sich die Rechtsprechung und hier vor allem der BGH klar positioniert hat, keiner vertieften Erörterung bedürfen.

Neben der Praxistauglichkeit kommt es aber auch darauf an, den Sachverhalt vollständig zu erfassen und in die Bearbeitung einzubeziehen, mithin ist das Ziel:

Sachverhaltsbearbeitung

Viele Klausurbearbeitungen leiden darunter, dass der Sachverhalt nicht vollständig erfasst oder unzutreffend eingeordnet wird. Hierzu gehört vor allem – in Zivilrechtsklausuren – der Vortrag der Parteien. Im Zweifel sind die von den Parteien vorgetragenen Tatsachen für die Bearbeitung wichtig; finden diese in der Klausur keine Erwähnung, spricht dies gegen eine überzeugende Lösung. Demgegenüber sollen in aller Regel die Rechtsansichten der Parteien (bzw. z. B. in der Strafrechtsklausur der Vortrag der Verteidigung) den Bearbeitern eine Hilfestellung bieten, um die wesentlichen Rechtsfragen der Klausur zu erkennen (und natürlich anzusprechen). Beide sind aber strikt voneinander zu trennen, sodass es als Fehler zu bewerten ist, wenn Tatsachen (»*er behauptet*«) und Meinungen (»*er ist der Ansicht*«) vermischt oder verwechselt werden. Vollständigkeit bedeutet aber nicht, dass jedweder denkbare Aspekt des Falls breit anzusprechen ist; hier bedarf es daher der:

Schwerpunktsetzung

In einer Klausur finden sich nicht unendlich viele anzusprechende Aspekte; vielmehr wird es in aller Regel so sein, dass es mehrere prozessuale und einige materielle Punkte gibt, die einer intensiven Bearbeitung bedürfen. Deshalb ist nicht jede denkbare Rechtsfrage anzusprechen (z. B. in Zivilrechtsklausuren immer wieder die Partei- und Prozessfähigkeit, wenn diese – etwa bei einer erwachsenen natürlichen Person oder einer GmbH – völlig unproblematisch ist). Vertiefte Ausführungen an diesen Stellen führen zum einen dazu, dass der Vorwurf der falschen

Schwerpunktsetzung im Raum steht, zum anderen kosten sie aber auch wertvolle Zeit, die für die wesentlichen Aspekte nicht mehr zur Verfügung steht. Dies gilt auch für das sture Abarbeiten von Schemata: Diese dienen lediglich dazu, das Herangehen an einen Fall zu erleichtern und sollen verhindern, dass wesentliche Prüfungsschritte verloren gehen. Keinesfalls ist ein Schema wie eine Checkliste abzuarbeiten und niederzuschreiben.

Die Schwerpunkte kann aber nur erkennen, wer vor Beginn des Schreibens (sei es elektronisch oder analog) sich dazu zwingt:

Zeitmanagement

Eine der wesentlichen Probleme, die beim Anfertigen der Klausur auftreten, ist der Kampf gegen die Zeit. Eine Klausur wird in aller Regel nur dann eine befriedigende oder bessere Note erreichen, wenn sie vollständig ist, also die Aufgabe umfassend erfüllt. Das bedeutet, dass z. B. in der zivilrechtlichen Urteilsklausur Rubrum, Tenor, Tatbestand und Entscheidungsgründe vollständig vorliegen. Aus diesem Grund sollte man sich vor Beginn der Bearbeitung klare Zeitvorgaben setzen (und sich dann auch daran halten). Zu diesen Zeitvorgaben gehören aber nicht nur die niederzuschreibenden Aspekte (s.o.), sondern auch Zeit für die Erfassung des Sachverhalts und – wichtig – das Erstellen einer Lösungsskizze. Diese sollte so konkret sein, dass aus ihr die Entscheidung bzw. das staatsanwaltschaftliche Gutachten entwickelt werden kann; sie sollte aber gleichzeitig so knapp sein, dass sie in angemessener Zeit erstellt werden kann.

Welche Zeit dafür individuell benötigt wird, lässt sich am besten durch Üben von Klausurerstellung erarbeiten. Dabei kann die Zeit für die Skizze bei der Zivilrechtsklausur durchaus länger zu bemessen sein als bei der Strafrechtsklausur, bei der eher schnell der Beginn der Fertigung des Gutachtens erfolgen sollte. Wichtig ist, dass die Skizze vollständig ist und dass diese dann auch eingehalten wird; der Wechsel der

Lösung während des Schreibens führt meistens zu einer Unwucht in der Klausur, da dann der Zusammenhalt der Argumente wegfällt.

Die in der Klausur enthaltenen und die Lösung begründenden Argumente sind – neben der Einhaltung der formalen Vorgaben der einzelnen Prüfungsleistungen – das wesentliche Charakteristikum für die Güte einer Bearbeitung; insofern gilt:

Eigenständige Begründung

Es ist allenfalls ein Gerücht, dass es in der Klausur immer nur eine wahre/wirkliche/richtige Lösung gibt. Gerade Examensklausuren bieten oft die Möglichkeit, an einzelnen Stellen in verschiedener Weise »abzubiegen«, sodass es vor allem auf die Begründung der Lösung ankommt. Hier sollten – auf Basis der praxisrelevanten Grundsätze der Rechtsprechung – eigene Argumentationsketten entwickelt werden, die sich nicht allein im Abschreiben aus dem Kommentar erschöpfen. Die Nutzung der Kommentare ist als Hilfsmittel gedacht; der Kommentar selbst kann den Fall aber nicht lösen. Die Begründung der eigenen Lösung sollte dabei auch die Gesetze der Logik beachten; so ist es z.B. unlogisch, die unergiebige Aussage eines Zeugen auf Glaubhaftigkeit und den Zeugen auf Glaubwürdigkeit zu prüfen.

Die Anfertigung von Examensklausuren ist, wie die vorgenannten Aspekte zeigen, machbar; allerdings bedarf es insofern – und das ist der vielleicht wichtigste Ratschlag – wie bei jeder anderen anspruchsvollen Tätigkeit vor allem eines:

Üben

Hier kommt es nicht darauf an, dass möglichst viele Klausuren geschrieben werden; wesentlich ist, dass eine Klausur vollständig verfasst wird (also nicht nur gegliedert) und dass die Korrektur und die entsprechenden Anmerkungen nachgearbeitet werden. Gerade dies führt zu einem Lernerlebnis, das sich dann im »echten« Examen besonders auszahlt.

2.23 Überzeugendes Argumentieren im Assessorexamen

Emanuel Benning, Rechtsanwalt und Dozent des Repetitoriums »Juristische Probeexamina«
Dr. Florian Metz, Leiter des Examensvorbereitungskurses an der Universität Speyer und Lehrbuchautor

Die Zweite Juristische Staatsprüfung (Assessorexamen) verlangt von Examenskandidaten, einen umfangreichen Aktenauszug mit 18 bis 22 Seiten innerhalb von nur fünf Stunden zu analysieren und einen überzeugenden Urteilsentwurf zu erstellen. Die Examensfälle basieren typischerweise auf aktuellen Originalentscheidungen und bewegen sich in wertenden Grenzbereichen, bei denen unterschiedliche Lösungen im zugrundeliegenden Instanzenzug von Gerichten vertreten wurden und daher im Examen ebenfalls vertretbar sind. Selbst exzellente Examenskandidaten können das von der Musterlösung favorisierte Ergebnis – ohne Kenntnis der konkret zugrunde liegenden Entscheidung – nicht mit Sicherheit identifizieren.

Ergebnis und Begründung

Prüfer im Assessorexamen betonen immer wieder, dass bei der Bewertung von Examensklausuren nicht das Ergebnis maßgeblich ist, sondern dessen Begründung. Das eigentliche Differenzierungspotential bei der Bewertung von Examensklausuren liegt daher auf Ebene der Entwicklung einer strukturierten juristischen Begründung. Dies ist ein wichtiger Unterschied zur Gerichtspraxis, bei der vor allem das Ergebnis der Entscheidung maßgeblich und Gegenstand einer Überprüfung durch die nächsthöhere Instanz ist.

Vor diesem Hintergrund sind Techniken zum Aufbau strukturierter juristischer Begründungen für ein erfolgreiches Examen essenziell und sollten von Examenskandidaten intensiv in der Examensvorbereitung trainiert werden. Wer sich stattdessen allein aufs Auswendiglernen und Reproduzieren abstrakter Definitionen und karteikartenförmiger Formulierungen verlässt, stößt bei unbekannten Examenskonstellationen schnell an seine Grenzen und hinterlässt bei Prüfern im Examen den (korrekten) Eindruck einer schematisch-oberflächlichen Arbeitsweise. Strukturiert und professionell wirkende juristische Texte und Begründungen entstehen nach bestimmten sprachlichen Mustern, die von Referendaren erkannt, trainiert und im Examen bewusst eingesetzt werden können.

Perspektive und Gegenperspektive

Die bewusste Auswahl einer zum Argumentationsziel passenden Perspektive ist eine zentrale Argumentationstechnik und zwar sowohl in alltäglichen oder politischen Diskussionen als auch bei juristischen Texten (sog. framing). In der Strafverfolgung wird aus Opfersicht argumentiert und formuliert, während die Strafverteidigung die Perspektive des einzelnen Angeklagten einnimmt. Im Zivilrecht geht es aus Verbrauchersicht um den Schutz vor arbeitsteiligen Organisationen und unfairen Vertriebsmethoden, während Unternehmen mit Vertragsfreiheit und Eigenverantwortung argumentieren.

Daraus resultierende juristische Argumentationstechniken können anhand gegenläufiger Entscheidungen mehrerer Instanzen in ein und demselben Rechtsstreit analysiert, während der Examensvorbereitung trainiert und im Examen bewusst verwendet werden. Ein Beispiel bieten die Entscheidungen des Bundesgerichtshofs (BGH, Urteil vom 4.3.2015 - VIII ZR 166/14) sowie der Vorinstanzen zur Eigenbedarfskündigung. Der auf Räumung klagende Vermieter kündigte das Mietverhältnis über die vermietete 136qm-Wohnung mit der Begründung, sein studierender Sohn solle dort gemeinsam mit einem Mitbewohner einziehen.

Bei der Beurteilung der Frage, ob die Eigenbedarfskündigung nach § 573 Abs. 2 Nr. 2 BGB wirksam ist, kamen die zur Entscheidung berufenen Gerichte in dieser Sache zu unterschiedlichen Ergebnissen. Während das Amtsgericht die Kündigung für wirksam hielt, sah das Landgericht die Kündigung als unwirksam an und hob die Entscheidung des Amtsgerichts auf. Der BGH ging wiederum von einer Wirksamkeit der Kündigung aus und hob die Entscheidung des Landgerichts auf.

Dabei legten die Gerichte zum Aufbau ihrer jeweiligen juristischen Begründung unterschiedliche Perspektiven zugrunde. Der BGH argumentierte zwecks Begründung einer Wirksamkeit der Kündigung aus Perspektive des Vermieters, wobei das Landgericht zwecks Begründung einer Unwirksamkeit der Kündigung die Perspektive des Mieters einnahm.

Die Auswahl der Perspektive beeinflusst die gesamte Argumentationslinie im Examen und zwar von der Formulierung der rechtlichen Maßstäbe über die Anordnung der Pro- und Contra-Argumente bis hin zur Auswahl einzelner Begriffe.

- **Vermieterperspektive (Bundesgerichtshof):** *Der Vermieter wird durch Art. 14 GG in seiner Freiheit geschützt, die Wohnung bei Eigenbedarf selbst zu nutzen oder durch privilegierte Angehörige nutzen zu lassen …*
- **Mieterperspektive (Landgericht):** *[D]ie Dispositionsbefugnis des Eigentümers [steht] unter dem Vorbehalt der Sozialbindung des Eigentums nach Art. 14 GG …*

Grundsatz und Ausnahme

Ein professionelles Argumentationskonzept aus der Rechtsprechungspraxis ist die Formulierung passender Grundsatz-Ausnahme-Verhältnisse. In Rechtsetzung und Rechtsanwendung werden Begründungshürden durch Grundsatz-Ausnahme-Formulierungen gesetzt. Während der Grundsatz argumentativ lediglich vor Contra-Argumenten verteidigt werden muss, bedarf die Ausnahme einer aufwendigen Begründungslinie mit gewichtigen Pro-Argumenten. Der überwiegende Teil höchstrichterlicher Entscheidungen verortet das eigene Entscheidungsergebnis als Argumentationsziel im Bereich eines Grundsatzes und senkt damit die Begründungshürde.

Bei der Formulierung von Grundsatz-Ausnahme-Verhältnissen kommen einerseits verschiedene Bezugspunkte in Betracht und es bestehen große Gestaltungsspielräume, sodass sich durch Auswahl eines geeigneten Bezugspunkts jede Ausnahme als Grundsatz formulieren lässt. Andererseits bestehen gewisse Grenzen in Gestalt kulturell etablierter Grundsatz-Ausnahme-Formulierungen, gegen die im Examen nicht evident verstoßen werden darf. Dementsprechend darf im Examen nicht einfach ein in Lehre und Rechtsprechung etablierter Grundsatz umformuliert werden.

Mit Blick auf das vorgenannte Beispiel zur Eigenbedarfskündigung bestehen verschiedene Betrachtungs- und Formulierungsoptionen. Ausgehend vom Wortlaut der konkreten Regelung in § 573 Abs. 2 Nr. 2 BGB kann der Vermieter bei Wohnraummietverhältnissen wegen Eigenbedarfs kündigen und die Möglichkeit einer Eigenbedarfskündigung ist als Regelfall einzuordnen. Ausgehend von der allgemeinen Systematik der §§ 535 ff. BGB kann der Vermieter bei Wohnraummietverhältnissen grundsätzlich nicht ordentlich kündigen und die Möglichkeit einer Eigenbedarfskündigung nach § 573 Abs. 2 Nr. 2 BGB wäre als Ausnahme einzuordnen.

Der Bundesgerichtshof und das Landgericht verwenden in den zugrundeliegenden Entscheidungen ebenfalls Grundsatz-Ausnahme-Formulierungen in ihren jeweiligen juristischen Begründungen. Dabei geht der Bundesgerichtshof von der Formulierungsperspektive des § 573 Abs. 2 Nr. 2 BGB aus, während das Landgericht eine abweichende Grundsatz-Ausnahme-Formulierung wählt:

- **Vermieterperspektive (Bundesgerichtshof):** *Dabei [ist der] Entschluss des Vermieters, die vermietete Wohnung nunmehr selbst zu nutzen oder durch den – eng gezogenen – Kreis privilegierter Dritter nutzen zu lassen, grundsätzlich zu achten ...*

- **Mieterperspektive (Landgericht):** *Dabei wurden Wohnungsgrößen ab 100 m² regelmäßig als unangemessen angesehen, wenn keine besonderen Gründe die Nutzung einer derart großen Wohnung durch eine alleinstehende Person ohne erhebliche Einkünfte rechtfertigen ...*

Positive und negative Thesen

Juristische Texte im Gutachten- und Urteilsstil setzen sich zusammen aus vielen einzelnen Thesen und den dazugehörigen Begründungen. Jede einzelne These kann im Examen positiv oder negativ formuliert werden. Die Argumentationslinie kann demnach einerseits im Examen positiv darauf ausgerichtet werden, dass bestimmte Umstände vorliegen. Andererseits kann sie negativ auf die Begründung beschränkt werden, dass bestimmte gegenläufige Umstände nicht vorliegen.

Derartige Nuancen in der Formulierung sind nicht Gegenstand der Juristenausbildung im Rahmen des Studiums oder Referendariats, obwohl sie für den Aufbau überzeugender Begründungen im Examen erhebliche Bedeutung haben. So kann beispielsweise im Rahmen der Auslegung einer Regelung im Examen zwischen den beiden folgenden und auf den ersten Blick ähnlichen Formulierungen gewählt werden:

- *Der Wortlaut von § x spricht dafür, dass die Fallkonstellation von der Regelung erfasst wird.*
- *Der Wortlaut von § x spricht nicht dagegen, dass die Fallkonstellation von der Regelung erfasst wird.*

In diesem Bereich bestehen Spannungsverhältnisse zwischen mühsam antrainierten Prüfungsschemata und vorgefertigten Textbausteinen einerseits und der erforderlichen flexiblen Handhabung im Examen andererseits. So kennen nahezu alle Referendare zum Thema Beweiswürdigung die Unterscheidung »glaubhaft« vs. »glaubwürdig«, Schemata und einzelne vorgefertigte Formulierungen zum Einstieg in die Beweiswürdigung. Nur wenige Referendare kennen die strukturellen

Unterschiede beim Aufbau positiver und negativer Beweiswürdigungen und die für den Aufbau einer überzeugenden Beweiswürdigung entscheidenden Nuancen bei der Formulierung der jeweiligen Thesen und rechtlichen Maßstäbe.

Die Begründungshürde kann im Examen auf unterschiedlichen Ebenen verschoben werden, indem von einer positiven auf eine negative These gewechselt wird. Zur Vorbereitung des Wechsels in eine negative These können im Examen die vorgestellten Grundsatz-Ausnahme-Formulierungen eingesetzt werden. Denn hierbei bedarf der Wechsel in eine negative These keiner weiteren Legitimation.

Die Eigenbedarfskündigung ist gemäß § 573 Abs. 2 Nr. 2 BGB wirksam. Nach § 573 Abs. 2 Nr. 2 BGB liegt ein zur Kündigung berechtigtes Interesse vor, wenn der Vermieter die Räume als Wohnung für einen Familienangehörigen benötigt. Dabei ist der Entschluss des Vermieters, ihm gehörenden Wohnraum durch einen Familienangehörigen nutzen zu lassen, im Grundsatz zu akzeptieren. Der Umstand, dass die Wohnfläche 136qm beträgt und der Sohn des Klägers sie gemeinsam mit einem Mitbewohner nutzen will, rechtfertigt keine andere Bewertung. Denn ...

Im Assessorexamen steht das Ergebnis eines Urteils auf der ersten Seite im Tenor und die Begründung sollte zielgerichtet darauf ausgerichtet werden, während in der Ersten Juristischen Staatsprüfung das Ergebnis im Verlauf der Bearbeitung gemeinsam mit der entsprechenden Begründung ermittelt werden konnte. Die Reproduktion erlernten Standardwissens kann daher im Assessorexamen dazu führen, dass die Begründung nicht hinreichend auf das Ergebnis ausgerichtet wird, Schwerpunkte übergangen und »Nebenkriegsschauplätze« zwecks Wissensplatzierung erzeugt werden. Dies birgt für Examenskandidaten die Gefahr, dass Entscheidungen im Examen auf in den Parteivorträgen nicht angelegte Gesichtspunkte gestützt und die dafür fehlenden Informationsgrundlagen kreativ erzeugt werden.

Das Verfassen juristischer Texte ist ein Entscheidungsprozess, der weitgehend intuitiv abläuft. Examenskandidaten entscheiden sich im

Examen für ein bestimmtes Ergebnis und damit gegen andere mögliche Ergebnisse, für einen bestimmten Textaufbau und damit gegen diverse alternative Aufbaumöglichkeiten, für eine Formulierung des Obersatzes und damit gegen andere Formulierungen sowie für einen bestimmten Argumentationsaufbau und damit gegen alternative Strukturen. Auf Grundlage vielfältiger intuitiver Entscheidungen entstehen im Examen die unterschiedlichen Bearbeitungsergebnisse und daran anknüpfend die unterschiedlichen Benotungen durch die Prüfer. Vor diesem Hintergrund ist es essenziell für den persönlichen Examenserfolg jedes Examenskandidaten, die eigenen intuitiven Verhaltensmuster beim Bearbeiten von Examensklausuren möglichst frühzeitig besser zu verstehen und den Entscheidungsprozess bewusst zu steuern und zu trainieren.

2.24 Überzeugender Urteilsstil im Assessorexamen

Emanuel Benning, Rechtsanwalt und Dozent des Repetitoriums »Juristische Probeexamina«
Dr. Florian Metz, Leiter des Examensvorbereitungskurses an der Universität Speyer und Lehrbuchautor

Prüfer in der Zweiten Juristischen Staatsprüfung betonen immer wieder, dass es bei der Bewertung von Examensklausuren nicht auf die Übereinstimmung der jeweiligen Bearbeitung mit dem vom Prüfervermerk favorisierten Ergebnis ankommt, sondern auf Schwerpunktsetzung, Überzeugungskraft und argumentative Tiefe der jeweiligen juristischen Begründung. Diese Aussagen werden durch Auswertungen von Entscheidungen zur Prüfungsanfechtung und Einsichtnahmen in Prüfervoten bestätigt. Typische negative Prüfervoten lauten: »Ergebnis richtig, ungenau begründet, entscheidende Gesichtspunkte nicht gesehen«, »seitenlange Ausführungen zu nebensächlichen Aspekten«, »keine überzeugende Begründung«, »Begründung oberflächlich« oder

»Bearbeitung fällt bei den letzten, schwierigen Punkten der Aufgabe stark ab ... oberflächlich und unvollständig«.

Die juristischen Begründungen zu den Schwerpunkten der Examensklausuren sind die zentrale Bewertungsgrundlage für die Prüfer im Examen. Anders als in der Ersten Juristischen Staatsprüfung stehen im Assessorexamen nicht allgemein bekannte Rechtsfragen aus Lehrbüchern oder Skripten im Mittelpunkt der Examensklausuren, sondern die JPA wählen bewusst neue Entscheidungskonstellationen aus. Selbst wenn ein Schwerpunkt ausnahmsweise bei allgemein bekannten Rechtsfragen liegt, kommen die Parteien in den Examensklausuren ausgehend von den dazu etablierten Rechtsprechungsgrundsätzen zu unterschiedlichen Ergebnissen bei Anwendung auf den Streitfall.

Die Schwerpunkte aktueller Examensklausuren im Assessorexamen sind daher nicht auf die Reproduktion von Standardwissen ausgerichtet und basieren mittlerweile nahezu ausschließlich auf aktuellen Entscheidungen des BGH oder der Instanzgerichte. Daher können sich Examenskandidaten nicht vom Durchschnitt der Bearbeitungen – und damit in vielen Bundesländern von einer 5,5-Punkte-Bearbeitung – abheben, indem sie im Examen möglichst viele auswendig gelernte Standardthemen aufs Papier bringen. Die in den letzten Jahrzehnten zunehmend standardisierte Referendarausbildung verleitet im Examen zur Verwendung abstrakter Wissens- und Textbausteine und führt viele Referendare daher nicht zu den gewünschten Examensnoten.

Die Schwerpunkte der Examensklausuren werden im Examen weitgehend neu und unbekannt sein – auch für diejenigen Examenskandidaten, die bis zu ihrem Examenstermin alle Repetitoriumslisten zur »aktuellen examensrelevanten Rechtsprechung« vollständig abgearbeitet haben. Damit gehen besondere Herausforderungen einher und als Hilfsmittel zur Bewältigung unbekannter Examenskonstellationen stehen im Examen umfangreiche Sammlungen etablierter Definitionen und Rechtsgrundsätze in den Kommentaren zur Verfügung. Die damit einhergehenden Herausforderungen und Unterschiede zur Ersten Juristischen Staatsprüfung sollten sich Referendare frühzeitig bewusst machen und ihre längerfristigen Lernziele darauf ausrichten.

Wer im Examen zu einer unbekannten Fallkonstellation einen 18- bis 22-seitigen Sachverhalt auswerten und in kürzester Zeit eine professionell wirkende juristische Begründung zu Papier bringen möchte, sollte die in der Rechtsprechung verwendeten Strukturen juristischer Begründungen besser verstehen. Dabei haben Begründungen des Bundesgerichtshofs in der Juristenausbildung eine Leitbildfunktion, wobei sie fürs Examen regelmäßig zu ausführlich sind und daher auf ihren jeweiligen Kerngehalt reduziert werden müssen. Insbesondere durch Gegenüberstellungen verschiedener Entscheidungen im Laufe eines Instanzenzugs können diverse Gestaltungsvarianten beim Aufbau juristischer Begründungen erkannt und der zugrundeliegende intuitive Entscheidungsprozess besser gesteuert werden.

Beispielhaft lässt sich dies an der Entscheidung des Bundesgerichtshofs (BGH, Urteil vom 30.04.2014 - VIII ZR 284/13) sowie der Vorinstanzen nachvollziehen: Die Kläger kündigten als Vermieter den beklagten Mietern wegen Eigenbedarfs mit der Begründung, ihre Tochter wolle die Wohnung gemeinsam mit ihrem Lebensgefährten beziehen. Die beklagten Mieter beriefen sich auf die Unwirksamkeit der Kündigung gemäß § 573 Abs. 3 BGB, weil das Kündigungsschreiben den Namen des Lebensgefährten nicht enthalte. Während das Amtsgericht die Kündigung für wirksam hielt, ging das Landgericht von der Unwirksamkeit der Kündigung aus und der Bundesgerichtshof hielt die Kündigung wiederum für wirksam.

Der in der Rechtsprechung überwiegend verwendete klassische juristische Begründungsaufbau ist wie folgt strukturiert:

1. Feststellung des Ergebnisses
2. Präzisierung rechtlicher Maßstäbe (sog. Definition)
3. Anwendung rechtlicher Maßstäbe (sog. Subsumtion)

1. Feststellung des Ergebnisses

Ergebnissätze sind im Examen wichtige Orientierungspunkte für die Prüfer. Mithilfe gelungener Ergebnissätze können Klausurbearbeiter im Examen eine zielstrebige Textstruktur anlegen und die Prüfer durch die eigene Klausurbearbeitung leiten. Wer im Examen mit zielstrebigen und fallbezogenen Ergebnissätzen arbeiten möchte, der sollte sich zunächst von schematischen Formulierungsvorschlägen aus Lehrbüchern und Skripten verabschieden. Denn auswendig gelernte abstrakte Ergebnissätze erzeugen im Examen bei Prüfern den (korrekten) Eindruck, dass der konkrete Einzelfall ungeachtet seiner Besonderheiten in eine vorgefertigte Schablone gepresst wird.

Die Entwicklung fallbezogener Ergebnissätze lässt sich relativ einfach trainieren. Als Gestaltungsvarianten kommen im Examen vor allem die thesenförmige Feststellung des Ergebnisses unter Verzicht auf eine Begründung, die Begründung in Gestalt einer Spiegelung der weiteren Gliederung, die Begründung in Gestalt einer Positionierung des relevanten Rechtsbegriffs sowie Sachverhaltsaspekts und eine Ausrichtung auf das Kernargument in Betracht. Dabei sollten Ergebnissätze möglichst eine Norm benennen und können im Examen aus Kläger-, Beklagten- oder Normperspektive formuliert werden.

Im Beispielsfall wählen das Amtsgericht und das Landgericht folgende typische Satzstruktur für den Einstieg in die Begründetheit, während der Bundesgerichtshof als Revisionsgericht keine entsprechende Formulierung verwendet:

» Die Klage ist [//nicht] begründet. Die Kläger haben einen [//keinen] Anspruch gegen die Beklagten auf Rückgabe der Wohnung aus § 546 BGB, denn ...«

Als Einstieg in den Schwerpunkt der Fallkonstellation verwendet das Amtsgericht einen klar vom Gesamtergebnissatz abgegrenzten Teilergebnissatz, während das Landgericht die Sätze nicht klar voneinander abgrenzt und eine komplexere Satzstruktur wählt. Der Bundesgerichtshof formuliert ebenfalls ein Teilergebnis zum Schwerpunkt, wählt dazu aber eine andere Struktur mit Aufnahme der Gegenposition:

- **Amtsgericht:** *Die Kündigung vom ... entspricht den formellen Anforderungen des § 573 Abs. 3 BGB.*
- **Landgericht:** *Die ... auf Eigenbedarf ... gestützte Kündigung ist bereits aus formellen Gründen unwirksam ...*
- **Bundesgerichtshof:** *Entgegen der Auffassung [der Beklagten] haben die Kläger den ... Eigenbedarf im Kündigungsschreiben vom ... ausreichend begründet.*

Vor dem Hintergrund der wichtigen Funktion der Ergebnissätze für die Textstruktur sollte die bewusste Auseinandersetzung mit der Formulierung von Ergebnissätzen in der Examensvorbereitung eine zentrale Rolle einnehmen. Zielsetzung im Examen ist die Entwicklung fallbezogener Ergebnissätze, die Eindrücke von Präzision und Zielstrebigkeit bei den Prüfern hinterlassen. Wer die strukturellen Gestaltungsvarianten für die Formulierung von Ergebnissätzen im Urteilsstil – sowie der korrespondierenden Obersätze im Gutachtenstil – kennt und regelmäßig übt, kann die Prüfer im Examen bereits an dieser Stelle positiv beeindrucken und sich von einer schematisch-oberflächlichen Durchschnittsbearbeitung abheben.

2. Präzisierung rechtlicher Maßstäbe (sog. Definition)

Die Funktion des Textabschnitts der sog. Definition liegt im Examen in der argumentativen Vorbereitung einer Annäherung oder Abgrenzung der Gesetzesbegriffe einerseits und andererseits der Sachverhaltsaspekte. Im Textabschnitt der Definition werden allgemeingültige Kriterien für die Anwendung des Gesetzes beschrieben. Dabei erfolgt der Einstieg in der Rechtsprechung klassischerweise über ein Regelungszitat oder eine Paraphrasierung des Regelungsgehalts, womit die Regelung bereits in die gewünschte rechtsfolgenorientierte Struktur transferiert oder auf die Schwerpunkte ausgerichtet werden kann.

Im Beispielsfall verwendet das Amtsgericht eine wörtliche Wiedergabe des Gesetzes, während das Landgericht und der Bundesgerichtshof das Regelungskonzept in eigene Worte fassen. Der Vorteil der vom Bundesgerichtshof verwendeten Paraphrasierung liegt darin, dass dem Leser die Rechtsfolge eines Verstoßes gegen § 573 Abs. 3 BGB bereits mitgeteilt wird:

- **Amtsgericht:** *[Nach § 573 Abs. 3 BGB] sind die Gründe für ein berechtigtes Interesse des Vermieters in dem Kündigungsschreiben anzugeben ...*
- **Landgericht:** *Gemäß § 573 Abs. 3 BGB hat der Vermieter die Kündigung zu begründen ...*
- **Bundesgerichtshof:** *Gemäß § 573 Abs. 3 Satz 1 BGB setzt die Wirksamkeit einer Kündigungserklärung voraus, dass die Gründe für ein berechtigtes Interesse des Vermieters an der Beendigung des Mietverhältnisses im Kündigungsschreiben angegeben sind ...*

Im Anschluss an das Regelungszitat werden im Textabschnitt der Definition in einem ersten Schritt (vermeintlich) abstrakte Kriterien mitgeteilt, aus denen im Examen in einem zweiten Schritt konkrete Schlussfolgerungen für die Fallkonstellation gezogen werden. Vor dem Hintergrund, dass es sich hierbei um ein aufeinander abgestimmtes Argumentationsmodell handelt, müssen die abstrakten Kriterien auf Definitionsebene bereits einen hinreichenden Bezug zur konkreten Fallkonstellation aufweisen. Dabei kann im Examen in mehreren Schritten mit zunehmendem Fallbezug vorgegangen werden.

Die Definition kann insbesondere in Gestalt einer Positiv- oder Negativdefinition erfolgen, die Formulierung der Regelungsfunktion hat eine wichtige Bedeutung und es kann mit prototypischen Konstellationen innerhalb oder außerhalb des Anwendungsbereichs der Regelung gearbeitet werden. Im Examen spielt für den Aufbau einer Definition mit professioneller Begründungstiefe der Kommentar eine unverzichtbare Rolle. Hier finden sich verschiedene – mehr oder weniger – etablierte Definitionsansätze aus der Rechtsprechung. Vor dem Hintergrund, dass die Definitionssammlungen im Kommentar nicht nach den unterschiedlichen Argumentationsrichtungen der zugrunde liegenden Entscheidungen geordnet sind, müssen Referendare im Examen eine gezielte Auswahl treffen.

Bei der Definition kommt es auf sprachliche Nuancen an. Im Kommentar angebotene Definitionsbruchstücke klingen oft ähnlich, können aber für den konkreten Fall zu unterschiedlichen Ergebnissen führen. Im Beispielsfall verwendet das Landgericht die Definition aus einer Entscheidung des Bundesverfassungsgerichts zur Begründung der formellen Unwirksamkeit der Kündigung, während der Bundesgerichtshof die Definition des Bundesverfassungsgerichts nicht übernimmt, sondern eine etwas andere Formulierung zur Begründung des gegenläufigen Ergebnisses verwendet:

- **Landgericht:** *Nach ... ist im Kündigungsschreiben die namentliche Benennung der Personen ... nicht notwendig, wenn sie durch eine allgemeine Bezeichnung identifizierbar sind ...*
- **Bundesgerichtshof:** *[Dem Zweck des § 573 Abs. 3 BGB] wird im Allgemeinen Genüge getan, wenn das Kündigungsschreiben den Kündigungsgrund so bezeichnet, dass er identifiziert und von anderen Gründen unterschieden werden kann ...*

Die zentrale Prüfungsleistung der Entwicklung fallbezogener Definitionen mithilfe der Kommentare sollten Referendare in der Vorbereitung auf das Examen kontinuierlich üben, die eigenen Bearbeitungsmuster genau analysieren und bis zum Examen weiterentwickeln. Auf dieser Ebene werden im Examen die Weichen gestellt für die Entwicklung professionell wirkender Begründungen und die fallentscheidenden maßgeblichen Wertungen in Sprache gefasst. Bereits kleine strukturelle Veränderungen der Herangehensweise im Textabschnitt der sog.

Definition können die durchschnittliche Examensnote themen- und rechtsgebietsübergreifend ohne Weiteres um mehr als 3 Notenpunkte verbessern.

3. Anwendung rechtlicher Maßstäbe (sog. Subsumtion)

Der Einstieg in den Textabschnitt der Subsumtion erfolgt im Examen durch eine (erneute) Feststellung des Ergebnisses. Die inhaltliche Struktur von Definition und Subsumtion kann im Examen aufeinander abgestimmt werden, indem die einzelnen Kriterien aus der Definition bei der Subsumtion in derselben Reihenfolge schlagwortartig aufgegriffen und mit konkreten Informationen verbunden werden. Vor dem Hintergrund, dass es sich bei Definition und Subsumtion um ein aufeinander abgestimmtes Argumentationsmodell handelt, lässt sich ein gewisser repetitiver Eindruck bei der Verknüpfung abstrakter Kriterien mit konkreten Aspekten nicht vermeiden.

Im Beispielsfall formuliert der Bundesgerichtshof den Textabschnitt zur Anwendung der rechtlichen Maßstäbe wie folgt:

» Nach diesen Maßstäben war es … nicht erforderlich, den Lebensgefährten in dem Kündigungsschreiben namentlich zu benennen. Das Begründungserfordernis soll gewährleisten … Insoweit reicht die Angabe, dass die Tochter in die größere Wohnung der Beklagten ziehen wolle, um dort mit ihrem Lebensgefährten einen gemeinsamen Hausstand zu begründen. Weiterer Angaben bedurfte es … nicht. Soweit [die Beklagten] …«

Zusammenfassend lässt sich festhalten, dass die Entwicklung überzeugender juristischer Begründungen zu den Schwerpunkten der Examensklausuren die zentrale Prüfungsleistung ist. Wer im Examen unter hohem Zeitdruck eine strukturierte und professionell wirkende juristische Begründung entwickeln möchte, sollte sich nicht auf seine Intuition verlassen, sondern sich bewusst an typischen juristischen Begründungsmustern orientieren. Im dominierenden klassischen Begründungsmodell folgt auf die Feststellung des Ergebnisses eine Präzisierung des Regelungsgehalts (sog. Definition). Im Anschluss werden aus den angelegten argumentativen Bezugspunkten einzelne Schlussfolgerungen für die konkrete Fallkonstellation gezogen (sog. Subsumtion).

Im Textabschnitt der sog. Definition werden die Weichen für eine überzeugende Begründungslinie im Examen gestellt. Die Feinabstimmung von Definition und Subsumtion erfordert einen Prozess ständigen Übens und der Selbstreflexion. Anhand konkreter Fall- und Bearbeitungsbeispiele und mithilfe von Schreibübungen können individuelle Verhaltensmuster und Schwächen bei der Umsetzung identifiziert werden. Auch Gegenüberstellungen konkreter Bearbeitungsbeispiele sowie Analysen von BGH-Entscheidungen spielen eine wichtige Rolle, um sich von schematisch-oberflächlichen Bearbeitungsmustern zu verabschieden und die eigenen Verhaltensmuster und Herangehensweisen bis zum Examen weiterzuentwickeln und zu flexibilisieren.

Fazit

Vor diesem Hintergrund sollten die längerfristigen Lernziele in der Examensvorbereitung für Examenskandidaten auf Ebene einer bewussten Steuerung des intuitiven Schreib- und Entscheidungsprozesses im Examen liegen. Dazu sollten Examenskandidaten zunächst verschiedene Gestaltungsmöglichkeiten auf allen Textebenen erkennen. Denn Grundlage jeder bewussten Entscheidung ist ein Verständnis der verschiedenen Entscheidungsoptionen im Examen. Nur dann können Examenskandidaten beginnen zu verstehen, wo bewertungsrelevante Unterschiede verschiedener Bearbeitungen einer Examensklausur liegen und wie Menschen dieselben auswendig gelernten Wissensbausteine aus Skripten und Seminaren in einer unbekannten Examenskonstellation auf unterschiedliche Art und Weise einsetzen.

2.25 Goldene Regeln für die Zivilklausur

Horst Kaiser, Gründer der Kaiserseminare
Tom Blawatt, juristischer Mitarbeiter der Kaiserseminare

Wie man etwas sagt, ist fast so wichtig wie das, was man sagt – vor allem in der Zivilklausur. Der Urteilsstil ist nicht zu unterschätzen und kann ein echter Noten-Booster sein. Im nachfolgenden Text finden Sie hierfür die wichtigsten Tipps und Regeln. Dabei geht es primär um den Urteilsstil in zivilrechtlichen Klausuren. Urteilsklausuren werden aber – je nach Bundesland – auch im Straf- und im öffentlichen Recht gestellt.

Was man grundsätzlich wissen muss

Nur weil eine Lösung rechtlich richtig ist, heißt das noch lange nicht, dass sie in der Klausur die volle Punktzahl bekommt. Warum? Weil es darauf ankommt, **wie** man sie aufschreibt. Der Korrektor muss den Eindruck haben: »*Das Urteil könnte ich so unterschreiben.*« Wenn der Stil beim Tatbestand schon wichtig ist, dann ist er bei den Entscheidungsgründen absolut entscheidend. Es kommt immer wieder vor, dass Examensklausuren wegen »schwacher Ausdrucksweise« oder »mangelndem Urteilsstil« abgewertet werden. Zwei Klausuren mit inhaltlich gleichem Ergebnis können sich in der Note um zwei Stufen unterscheiden – nur wegen des Stils. Besonders bei der Frage, ob es für ein »vollbefriedigend« reicht oder nicht, spielt der Gesamteindruck eine große Rolle. Und der hängt maßgeblich vom Schreibstil ab.

Was macht also einen guten Urteilsstil aus? In erster Linie: sauberes, korrektes und gut lesbares Deutsch. Keine gestelzten Formulierungen, keine Satzmonster, keine Grammatik- oder Zeichensetzungsfehler. Klar, präzise, lesbar – das ist das Ziel. Wer denkt, gute Formulierungen müssten möglichst komplex sein, ist auf dem Holzweg.

Urteilsstil ≠ Gutachtenstil

Ein häufiger Fehler ist es, beim Schreiben der Entscheidungsgründe in den – lange Jahre an der Universität antrainierten – Gutachtenstil zurückzufallen. Das darf im Assessorexamen nicht mehr passieren, denn jetzt geht es um **Urteilsstil**. Was heißt das konkret? Ganz einfach: Ergebnis zuerst, Begründung danach. Rechtlicher Anker dafür ist § 313 Abs. 3 ZPO:

> »Die Entscheidungsgründe enthalten eine kurze Zusammenfassung der Erwägungen, auf denen die Entscheidung in tatsächlicher und rechtlicher Hinsicht beruht.«

Mit anderen Worten: Nicht zur Entscheidung hinführen, sondern ein bereits gefundenes Ergebnis **erklären**. Und ganz wichtig: Formulierungen wie »somit«, »daher«, »folglich«, »mithin« haben hier nichts verloren. Sie stammen aus dem Studium und kosten in der Assessorklausur sofort Punkte.

Aufbau der Entscheidungsgründe (Urteilsstil)

- Ergebnis mit Norm oder Rechtssatz
- Definition der Norm/des Rechtssatzes
- Zwischenergebnis
- Subsumtion

Ein Beispiel: Dem Kläger steht der geltend gemachte Anspruch aus § 894 BGB zu. Danach darf unter anderem derjenige, der durch eine nicht bestehende Belastung im Grundbuch beeinträchtigt ist, im Falle der Unrichtigkeit des Grundbuchs von demjenigen die Zustimmung zur Berichtigung verlangen, dessen Recht dadurch betroffen ist. Diese Voraussetzungen sind erfüllt: *Das Grundbuch ist unrichtig ... Der Kläger ist dadurch beeinträchtigt, dass ... Der Beklagte ist von der Berichtigung betroffen, ... usw.*

Im vierten Schritt muss unter jede anspruchsbegründende Voraussetzung unter Berücksichtigung des Verteidigungsvorbringens des Beklagten subsumiert werden. Die Schwerpunktsetzung hängt vom Klausurtyp ab:

- **Typ 1:** Es wird nur über Rechtsfragen gestritten. Fokus der Entscheidungsgründe: Rechtliche Erwägungen.
- **Typ 2:** Es gibt Streit über Tatsachen, aber keine relevanten. Dann kann man sie knapp abhandeln (*ob ... ist nicht von Belang, da ...*) und sich auf das Rechtliche konzentrieren.
- **Typ 3:** Die Parteien stellen entscheidungserhebliche Tatsachen unterschiedlich dar. Dann müssen Sie darstellen, was das Gericht für bewiesen hält – und warum. In diesen Klausuren geht es häufig um Beweislastfragen oder es hat eine Beweisaufnahme stattgefunden. Es gewinnt dann in der Regel derjenige, der mit seinem Tatsachenvortrag durchdringt, weil die rechtliche Lösung dann »klar« ist.

Stil-Tipp: Zwischenergebnisse nicht monoton darstellen

Vermeiden Sie ständiges »*Diese Voraussetzungen liegen vor*«. Das ist zwar formal richtig, langweilt den Leser (der Ihnen die Note gibt!) aber unheimlich. Ein paar Alternativen:

- *»So liegt der Fall hier.«*
- *»Diese Voraussetzungen sind erfüllt.«*
- *»Dies trifft hier zu.«*
- *»So auch hier.«*
- *»Dies ist der Fall.«*

Acht goldene Regeln für einen soliden Urteilsstil

1. Halten Sie sich an das Grundschema (Ergebnis, Definition, Zwischenergebnis, Subsumtion).

Wenn Sie das Schema verlassen, verlieren Sie die Struktur. Wenn Sie z.B. zur Schmerzensgeldhöhe direkt mit der Verletzungsdauer beginnen, ohne vorab die Anspruchsgrundlage (§ 253 Abs. 2 BGB iVm § 287 ZPO) und die zu berücksichtigenden Kriterien zu nennen, fehlt Ihrer Argumentation der rechtliche Rahmen. Sie argumentieren dann ins Blaue hinein – das kostet in der Klausur Punkte. Außerdem bringt man durch ordentliche Obersätze mehr zu Papier und es sieht so aus, als hätte die Klausur mehr Substanz, wenn Obersätze wie »*Die Höhe des zuzuerkennenden Betrages bemisst sich nach stRspr im Wege der gerichtlichen Schätzung nach § 287 I I ZPO an den beiden Aufgaben des Schmerzensgeldes, der Ausgleichs- und der Genugtuungsfunktion*« regelmäßig zu lesen sind.

Gleichzeitig sollten Sie unbedingt der Versuchung widerstehen, in den alten Gutachtenstil aus Studienzeiten zurückzufallen, der sich vor allem in zusammenfassenden Endergebnissen ausdrückt. Formulierungen wie »*Nach alledem* ...« oder »*Somit ist abschließend festzuhalten* ...« gehören in kein Zivilurteil!

2. Jeder Satz muss den Tenor stützen.

   Ihr Urteil muss in sich tragen, was Sie entschieden haben. Wenn Sie einen Anspruch aus § 280 Abs. 1 BGB bejahen, müssen Sie nicht noch seitenlang schreiben, warum § 823 Abs. 1 BGB aber nicht einschlägig war – das stützt Ihr Ergebnis ja gerade nicht. Hat die Klage Erfolg, dann beginnen Ihre Entscheidungsgründe mit »*Die Klage ist zulässig und begründet*«, denn genau dieser Satz stützt Ihren Tenor. Und auch danach dürfen Sie nicht von dem strengen Begründungsschema »*Warum denn?*« abweichen.

3. Denken Sie wie in einem Gespräch: Jeder Satz beantwortet eine stillschweigende Frage.

   Stellen Sie sich vor, Sie erklären das Urteil als Anwalt Ihrem Mandanten, der verloren hat. Der Mandant ist kein Jurist und fragt natürlich nach, wie das denn passieren konnte. Gehen Sie also so vor, als ob Sie die naheliegenden Fragen Ihres Mandanten beantworten. Die

Fragen bleiben ungeschrieben, bilden aber das gedankliche Bindeglied. Sie werden feststellen, dass diese Fragen auf der Hand liegen, ja sich fast zwingend aus der vorangehenden Aussage ergeben. Fragen Sie selbst, was Sie als unterlegene Partei gerne gewusst hätten:

- Wenn eine Norm genannt wird, will der Mandant doch wissen: »*Was steht da denn drin?*«
- Wenn ihm die Norm erläutert worden ist, fragt er wahrscheinlich: »*Und das soll so gewesen sein?*«
- Sobald ein nicht alltäglicher Rechtsbegriff bemüht wird, will er wissen: »*Was ist das denn?*«
- Sobald Sie eine von seinem Vortrag abweichende Tatsachengrundlage nennen, fragt er: »*Wie kommt das Gericht denn darauf?*«
- Wenn er liest: »*Das steht nach der Beweisaufnahme fest*«, fragt er: »*Was hat sie denn ergeben?*«
- »*Das Gericht folgt den Aussagen des Zeugen A*« führt zu der Frage: »*Wieso glaubt es ihm denn?*«

Hier ein Beispiel für richtiges Frage- und Antwortspiel zwischen Anwalt (A) und Mandant (M) bei einem vollen Erfolg des Klägers:

A: Die zulässige Klage ist begründet.

M: Warum das denn?

A: Dem Kläger steht der geltend gemachte Anspruch aus § 985 BGB zu.

M: Was steht da drin?

A: Nach dieser Vorschrift kann der Eigentümer vom Besitzer die Herausgabe seiner Sache verlangen, sofern der Besitzer kein Recht zum Besitz hat.

M: Und das soll alles so sein?

A: Diese Voraussetzungen liegen vor.

M: Warum denn?

A: Der Kläger ist Eigentümer der Sache.

M: Weiß ich, weiter! (So bei unstreitigen Punkten)

A: Der Beklagte ist auch Besitzer.

M: Kommen Sie zur Sache! (s. oben)

A: Der Beklagte hat auch kein Recht zum Besitz.

M: Was verstehen Juristen denn darunter?

A: Ein Recht zum Besitz ist ...

M: Und das habe ich nicht, oder was? Und mein Mietvertrag?

A: Der zwischen den Parteien geschlossene Mietvertrag ist unwirksam.

M: Wieso das denn?

A: Der Kläger hat den Vertrag wirksam angefochten.

M: Wie will er das denn gemacht haben?

A: Gemäß § ...

M: Was steht da denn drin?

Und so weiter und so weiter.

Lassen Sie bei diesem Frage- und Antwortspiel die fett gedruckten Fragen weg und Sie haben den perfekten Anfang Ihrer Entscheidungsgründe. Wer so schreibt, bleibt automatisch im richtigen Stil.

4. Ihre Begründung ist erst komplett, wenn es auf »Warum?« oder »Warum nicht?« keine Antwort mehr braucht.

   Das heißt aber nicht, dass Sie Selbstverständlichkeiten erklären müssen, d.h. Sie müssen natürlich nicht das kleine Einmaleins des Zivilrechts herunterbeten. »*Ein Vertrag kommt durch zwei übereinstimmende Willenserklärungen zustande*« brauchen Sie also nicht extra erwähnen. Aber wenn Sie z. B. von Verwirkung oder teleologischer Reduktion sprechen, sollten Sie erklären, was das heißt und warum es hier relevant ist. Eine weitere Ausnahme bildet die Begründung der prozessualen Nebenentscheidungen am Schluss der Entscheidungsgründe. Hier müssen Sie in der Regel nur die Vorschrift, auf die die Nebenentscheidung gestützt wird, anführen. Nur in Sonderfällen (z. B. bei übereinstimmenden Teilerledigungserklärungen) müssen Sie etwas ausführlicher werden.

5. Keine Tatbestandswiederholungen.
   Was im Tatbestand steht, gehört nicht nochmal wörtlich in die Entscheidungsgründe. Da es Referendaren erfahrungsgemäß schwerfällt, diesen Grundsatz zu befolgen, sollten Sie zur Vermeidung von »Tatbestandssätzen« in den Entscheidungsgründen jeden Subsumtionssatz daraufhin überprüfen, ob er – isoliert betrachtet – dem Tatbestand entnommen sein könnte. Wenn das der Fall ist, wissen Sie, dass der Satz so, wie Sie ihn formuliert haben, nicht in die Entscheidungsgründe gehört.
   Statt: »*Der Kläger forderte den Beklagten mit Schreiben vom ... zur Zahlung auf ... Dadurch ist der Beklagte mit Wirkung vom ... in Verzug geraten*«, besser: »*Durch das Schreiben vom ... geriet der Beklagte in Verzug.*«
6. »Zwar-Aber«-Sätze nur sehr sparsam einsetzen.
   Die Versuchung ist groß, erstmal nett zu klingen und dann umso schärfer zu widersprechen. Aber: Der Zwar-Teil trägt das Urteil strenggenommen nicht im Sinne von § 313 III ZPO. Dennoch ist es in Entscheidungsgründen oft schwer vermeidbar, Zwar-Teile zu verwenden, um etwa auf unzutreffende Argumentationen einer Partei einzugehen oder die Begründung einer Analogie einzuleiten. Deshalb »zwar« kein Verbot von Zwar-Sätzen, aber: Wenn Sie dieses Stilmittel nutzen, dann bitte bewusst, kurz, und der »Aber«-Teil muss klar überwiegen.
7. Kommen Sie direkt auf den Punkt.
   Entscheidungsgründe sind kein Ort für rechtliche Spielereien oder die Zurschaustellung des eigenen Wissens, im Gegenteil sind Prüfer häufig genervt davon. Alles, was nicht auf das Ergebnis hinausläuft, gehört nicht rein. Beispiel: Nicht erst zehn Seiten lang prüfen, warum § 280 BGB nicht passt – sondern schreiben: »*Es kann offenbleiben, ob ... jedenfalls fehlt es an einem Schaden.*«
   Freunden Sie sich möglichst früh mit § 313 III ZPO an, um die guten Seiten dieser Vorschrift zu erkennen. Im Studium war es doch auch

nervig, die ersten fünf Merkmale einer Norm seitenlang zu prüfen, obwohl man ohnehin sofort wusste, dass das sechste Merkmal eindeutig nicht vorliegt. Genau das ist jetzt nicht mehr erforderlich, es ist sogar falsch. Eine gute, an § 313 III ZPO orientierte Darstellung würde (angelehnt an das Frage-Antwort-Schema oben) etwa wie folgt lauten:

Die zulässige Klage ist unbegründet.

(Warum denn?)

Dem Kläger steht der geltend gemachte Anspruch nicht zu.

(Warum denn nicht?)

Es kann dahinstehen, ob ein möglicher Anspruch des Klägers aus ... oder ... oder ... herzuleiten ist.

(Warum das denn?)

Dem Kläger ist kein ersatzfähiger Schaden entstanden, was Voraussetzung aller in Betracht kommenden Anspruchsgrundlagen ist.

(Ach so! Und warum nicht?)

8. Auch Tatsachen müssen, wo erforderlich, begründet werden.
   Gerade in Typ-3-Klausuren (vgl. oben) mit Beweislast oder Beweisaufnahme müssen Sie darstellen, warum Sie welcher Darstellung oder welchem Zeugen glauben. Einfach nur schreiben »*Die Aussage war glaubhaft*« reicht nicht – begründen Sie das!
   Ein Beispiel: Wenn sich der wegen eines Auffahrunfalls in Anspruch genommene Beklagte mit dem Vortrag verteidigt, nicht er sei aufgefahren, sondern der Kläger habe zurückgesetzt, wird es ihn nicht interessieren, dass derjenige, der auffährt, Schadenersatz leisten muss. Das weiß er auch ohne Ihre Erläuterungen. Ihn interessiert nahezu ausschließlich, warum er mit seinem Vortrag, der Kläger sei rückwärtsgefahren, nicht gehört worden ist, und warum der Kläger mit seinem ebenfalls unbewiesenen Vortrag durchgedrungen ist. (Antwort: prima facie!)

Weitere Hinweise

- **Keine Gutachtenformeln mehr:** Weil es so häufig vorkommt, nochmal: Sätze wie »*Nach alledem ergibt sich* ...« oder »*Somit ist festzuhalten* ...« gehören in den Gutachtenstil. In den Entscheidungsgründen haben sie nichts verloren.
- **»Dahinstehen lassen« – nur mit Bedacht:** Diese Formulierung eignet sich gut, wenn die Prüfung einer Frage umfangreich wäre, das Ergebnis aber ohnehin nicht darauf beruht. Ein Beispiel: »*Ob ein Anspruch aus § 280 BGB besteht, kann dahinstehen. Jedenfalls fehlt es an einem ersatzfähigen Schaden.*« Aber: Den Satz »*Es kann dahinstehen, ob* ...« nur dann verwenden, wenn eine vollständige Prüfung der Norm tatsächlich Raum einnehmen würde. Wenn die fragliche Norm mit zwei Sätzen abgehandelt wäre, lieber kurz darlegen, warum die Norm nicht passt, statt sie offen zu lassen.
- **Alles Überflüssige streichen:** Wenn Sie merken, dass Sie eine Passage nur schreiben, um zu zeigen, dass Sie etwas wissen – lassen Sie es weg. Alles, was nicht das Urteil trägt, macht den Text schlechter. Niemand will wissen, was **nicht** einschlägig ist – das steht nicht zur Debatte.
- **Sprache – klar, aber nicht langweilig:** Vermeiden Sie ständige Wiederholungen, besonders bei den Zwischenergebnissen. Variieren Sie ein wenig, solange Sie sachlich bleiben. Das macht Ihr Urteil lesbarer und angenehmer.

Fazit:

Ein guter Urteilsstil ist keine Raketenwissenschaft. Wer sich an Struktur, Relevanz und Lesbarkeit hält, schreibt automatisch besser. Und besser geschriebene Klausuren bekommen mehr Punkte.

2.26 Die Besonderheiten einer Arbeitsrechtsklausur

Dr. Michael R. Fausel, Partner bei BLUEDEX PartG mbB
Kristin Drobnak, Rechtsanwältin für Arbeitsrecht

In der gerichtlichen Arbeitsrechtsklausur im Zweiten Staatsexamen wird besonders Wert auf die Unterschiede zur allgemeinen gerichtlichen Zivilrechtsklausur gelegt. Bereits die Formalien des Urteils unterscheiden sich von denen eines Urteils eines allgemeinen Zivilgerichts.

Nebenentscheidungen

Zwar wird das Urteil genauso aufgebaut wie ein allgemeines zivilrechtliches Urteil und untergliedert sich daher in Rubrum, Tenor, Tatbestand, Entscheidungsgründe und Unterschrift. Unterschiede gibt es jedoch bereits im Rahmen des Tenors hinsichtlich der Nebenentscheidungen: Urteile des Arbeitsgerichts sind nach § 62 Abs. 1 ArbGG kraft Gesetzes vorläufig vollstreckbar, ohne dass es einer Sicherheitsbefugnis bedarf. Demnach erfolgt im Tenor keine Entscheidung über die vorläufige Vollstreckbarkeit. Darüber hinaus wird im Tenor des arbeitsgerichtlichen Urteils der Streitwert festgesetzt, § 61 Abs. 1 ArbGG. Hierbei müssen die Referendare – ist eine Streitwertfestsetzung in der Klausur nicht erlassen – gewisse Streitwerte kennen. Wichtig sind insbesondere die folgenden Streitwerte:

- Kündigungsschutzklage und Befristungskontrollklage: 3 Bruttomonatsgehälter
- Weiterbeschäftigungsantrag: 1 Bruttomonatsgehalt
- Schleppnetzantrag (Allgemeiner Feststellungsantrag, dass das Arbeitsverhältnis auch nicht durch andere Beendigungstatbestände aufgelöst worden ist, um zukünftigen Kündigungen entgegenzuwirken): Kein zusätzlicher Streitwert
- Qualifiziertes Zeugnis: 1 Bruttomonatsgehalt
- Einfaches Zeugnis: 10 v.H. des Bruttomonatsgehalts

In den Nebenentscheidungen ist zuletzt über die Zulassung der Berufung zu entscheiden, §§ 64 Abs. 3a, 64 ArbGG, wobei dies den Referendaren durch den Bearbeitervermerk oft erspart bleibt. In der Regel ist die Berufung in der Klausur nicht gesondert zuzulassen.

Es ist zudem zu beachten, dass beim Arbeitsgericht die Kammer durch einen Richter am Arbeitsgericht als Vorsitzenden und zwei ehrenamtliche Richter entscheidet, §§ 6 Abs. 1 16 Abs. 1 ArbGG. Das Urteil wird jedoch nur vom Vorsitzenden unterschrieben, § 60 Abs. 4 Satz 1 ArbGG.

Darüber hinaus gibt es vor allem im ArbGG besondere Vorschriften, die die allgemeinen ZPO-Vorschriften modifizieren. Auch diese werden gerne und häufig abgeprüft. Insbesondere sollten die Referendare die folgenden Regelungen kennen:

- § 59 ArbGG: Einwöchige Einspruchsfrist gegen ein Versäumnisurteil
- § 46a Abs. 2 ArbGG: Einwöchige Widerspruchsfrist gegen einen Mahnbescheid

Zulässigkeit und der Begründetheit

Auch hinsichtlich der Zulässigkeit und der Begründetheit der Klage ergeben sich im Arbeitsrecht besondere Prüfungspunkte. Die Prüfung der Zulässigkeit beginnt im Arbeitsrecht anders als im allgemeinen Zivilrecht mit der Prüfung des Rechtswegs zu den Arbeitsgerichten, welche sich nach den §§ 2 ff. ArbGG richtet. Demnach sind die Gerichte für Arbeitssachen ausschließlich für die in § 2 ArbGG genannten Streitigkeiten, insbesondere für bürgerliche Rechtsstreitigkeiten zwischen Arbeitnehmern und Arbeitgebern aus dem Arbeitsverhältnis, über das Bestehen oder Nichtbestehen eines Arbeitsverhältnisses, aus Verhandlungen über die Eingehung eines Arbeitsverhältnisses und aus dessen Nachwirkungen, aus unerlaubten Handlungen, soweit diese mit dem Arbeitsverhältnis im Zusammenhang stehen, über Arbeitspapiere, zuständig. Um eine solche Angelegenheit bejahen zu können, muss zunächst geprüft werden, ob es sich um einen Arbeitnehmer i.S.d. § 611a

BGB handelt. Arbeitnehmer ist danach, wer im Dienste eines anderen zur Leistung weisungsgebundener, fremdbestimmter Arbeit in persönlicher Abhängigkeit verpflichtet ist. Das Weisungsrecht kann Inhalt, Durchführung, Zeit und Ort der Arbeitstätigkeit betreffen. Weisungsgebunden ist, wer nicht im Wesentlichen frei seine Tätigkeit gestalten und seine Arbeitszeit bestimmen kann.

Ist die Arbeitnehmereigenschaft streitig, so müssen in der Urteilsklausur im Rahmen der Zuständigkeit der Arbeitsgerichte drei Fallgruppen unterschieden werden:

1. Stützt der Arbeitnehmer den gerichtlich geltend gemachten Anspruch auf eine arbeitsrechtliche Anspruchsgrundlage, auf die sich nur ein Arbeitnehmer berufen kann, ist der Rechtsweg zu den Arbeitsgerichten eröffnet. Die Arbeitnehmereigenschaft ist in dieser Konstellation eine doppelt relevante Tatsache und muss für die Bejahung des Rechtswegs zu den Arbeitsgerichten sowie die Begründetheit der Klage vorliegen. In diesem Fall genügt für die Zuständigkeit der Arbeitsgerichte die Behauptung des Klägers, Arbeitnehmer zu sein (sog. Sic-non-Fall). Beispiele hierfür sind die Zahlung von Urlaubsabgeltung oder Entgeltfortzahlung.
2. Kann der gerichtlich geltend gemachte Anspruch hingegen entweder auf eine arbeitsrechtliche Anspruchsgrundlage oder eine allgemeine Anspruchsgrundlage aus dem Bürgerlichen Gesetzbuch gestützt werden, so ist der Rechtsweg zu den Arbeitsgerichten eröffnet, wenn der Kläger die Arbeitnehmereigenschaft schlüssig vorgetragen hat (sog. Aut-aut-Fall).
3. Dies gilt auch für den Fall, dass der Anspruch auf eine arbeitsrechtliche und bürgerlich-rechtliche Anspruchsgrundlage gestützt werden kann (sog. Et-et-Fall).

In den letzten zwei Fallgruppen ist also die Behauptung der Arbeitnehmereigenschaft bereits in der Zulässigkeit auf ihre Schlüssigkeit hin zu überprüfen.

Im Rahmen der Prüfung der örtlichen Zuständigkeit des Gerichts gibt es in § 48 Abs. 1a ArbGG einen speziellen Gerichtsstand, welcher bei der örtlichen Zuständigkeit neben § 46 Abs. 2 ArbGG i.V.m. §§ 12 ff. ZPO anzuführen ist.

Da auf Seiten des Arbeitgebers oft eine Personen- oder Kapitalgesellschaft steht, ist im Rahmen der Partei- und Prozessfähigkeit gemäß §§ 50, 51 ZPO auf die Partei- und Prozessfähigkeit der jeweiligen Gesellschaft einzugehen. So ist beispielsweise bei einer GmbH auf die §§ 13 Abs. 1, 35 Abs. 1 Satz 1 GmbHG abzustellen und anzuführen, dass die Gesellschaft durch ihre(n) Geschäftsführer vertreten wird.

Besondere Klagearten

Im Arbeitsrecht gibt es zudem besondere Klagearten, die dem Referendar bekannt sein sollten. Zu nennen sind hier beispielsweise die Kündigungsschutzklage, die Befristungskontrollklage und die Statusfeststellungsklage.

Kündigungsschutzklage

Häufig geht es um die Feststellung des Fortbestands des Arbeitsverhältnisses, die sog. Kündigungsschutzklage. In dieser gibt es in der Begründetheit eine Vielzahl festgeschriebener Prüfungspunkte. Zuerst ist im Rahmen der Begründetheit an § 7 KSchG zu denken, nach welchem eine Kündigung als von Anfang an rechtswirksam gilt, wenn die Kündigungsschutzklage nicht rechtzeitig im Sinne der §§ 4, 5, 6 KSchG erhoben wird. Aufgrund der materiell-rechtlichen Folge der Wirksamkeit der Kündigung ist dieser Prüfungspunkt im Rahmen der Begründetheit und nicht im Rahmen der Zulässigkeit zu prüfen, worauf Prüfer besonderen Wert legen. § 7 KSchG gilt für alle Kündigungsschutzklagen, unabhängig davon, ob das KSchG selbst anwendbar ist, sodass die Voraussetzungen für die Anwendbarkeit des KSchG (Arbeitsverhältnis von länger als sechs Monaten und mind. zehn Arbeitnehmer §§ 1 Abs. 1, 23 Abs. 1 KSchG) erst im Rahmen der sozialen Rechtfertigung der Kündigung zu prüfen sind. Die Wirksamkeitsfiktion des § 7 KSchG betrifft allerdings nur die Wirksamkeit einer schriftlichen Kündigung, eine nicht schriftlich erfolgte Kündigung ist auch ohne rechtzeitige Klageerhebung unwirksam. Ebenfalls unberührt von der Wirksamkeitsfunktion bleibt die ausgesprochene Kündigungsfrist, sodass eine zu kurz bemessene Kündigungsfrist nicht durch § 7 KSchG geheilt werden kann. Sollte die Klage zu spät erhoben worden sein, ist die Prüfung der §§ 5, 6 KSchG angezeigt.

Im Übrigen ist dann die Kündigung auf ihre Wirksamkeit hin zu überprüfen, wobei insbesondere an die Anhörung des Betriebsrats, einen ggf. einschlägigen Sonderkündigungsschutz, sowie die soziale Rechtfertigung der Kündigung zu denken ist. Auch eine außerordentliche Kündigung mit der Besonderheit des wichtigen Grundes im Sinne des § 626 BGB kann im zweiten Staatsexamen durchaus drankommen. Hier ist insbesondere an die Fallkonstellation der Verdachtskündigung zu denken.

Hat eine Kündigungsschutzklage Erfolg, so kann gegebenenfalls noch über ein Weiterbeschäftigungsanspruch nach §§ 611, 241 Abs. 2 BGB i.V.m. Art. 1, 2 GG zu entscheiden sein.

Befristungskontrollklage

In der Befristungskontrollklage nach § 17 TzBfG geht es um die Überprüfung der Wirksamkeit einer Befristung des Arbeitsverhältnisses. Auch im Rahmen der Begründetheit der Befristungskontrollfrage ist nach § 17 TzBfG i.V.m. §§ 5 bis 7 KSchG die Erhebung der Klage innerhalb dreier Wochen zu prüfen, da bei Nichteinhaltung der Klagefrist die Befristung wirksam ist. Im Rahmen der Befristungskontrollfrage ist sodann insbesondere zu prüfen, ob die Befristung in Schriftform erfolgt ist und ob die Befristung materiell im Sinne einer Sachgrundbefristung oder einer sachgrundlosen Befristung gemäß § 14 Abs. 1, Abs. 2 TzBfG wirksam ist. Im Falle einer Kettenbefristung ist hierbei nur die Wirksamkeit der letzten Befristung zu überprüfen.

Statusfeststellungsklage

In der sog. Statusfeststellungsklage geht es hingegen um die Feststellung, dass ein Arbeitsverhältnis besteht und es sich bei dem Kläger gerade um einen Arbeitnehmer und nicht um einen selbstständigen Arbeiter handelt. Diese erhebt der Kläger i.d.R., um die Vorteile aus einem Angestelltenverhältnis (Urlaub, Entgeltfortzahlung etc.) durchsetzen.

Fazit

Der Referendar sollte sich im Rahmen der arbeitsrechtlichen Examensvorbereitung zudem die typischen Antrags- und Tenorformulierungen aneignen. Dies gilt insbesondere für die Kündigungsschutzklage und den Schleppnetzantrag.

Materiell-rechtlich geht es in arbeitsrechtlichen Klausuren – ähnlich wie im ersten Staatsexamen – i.d.R. um die Wirksamkeit einer Kündigung oder Befristung (s.o.), um Entgeltfortzahlung im Krankheitsfall, Annahmeverzug, innerbetrieblichen Schadensausgleich, Ansprüche aus einer Betrieblichen Übung oder um einen Urlaubsanspruch des Arbeitnehmers. In eher seltenen Fällen kann sich eine Klausur auch um mögliche Ansprüche wegen einer Diskriminierung im Sinne des AGG drehen.

Im Rahmen von Kautelarklausuren ist es zudem durchaus möglich, dass ein Arbeitsvertrag, Geschäftsführervertrag o.ä. gefordert wird. Hierfür ist es für Referendare von Vorteil, sich einen Muster-Arbeitsvertrag vor den schriftlichen Prüfungen wiederholt anzusehen.

2.27 Fehlerquellen im zweiten Staatsexamen

Prof. Dr. Henning Müller, Präsident des Sozialgerichts Frankfurt am Main

Der juristische Vorbereitungsdienst hat die Funktion, die juristische Ausbildung abzuschließen und auf den Beruf im Rechtswesen vorzubereiten. Ungeachtet dieser ehrenwerten Funktion gilt aber, dass vor dem Licht am Ende des Tunnels der Ausbildung vor allem eine große Hürde steht: das zweite Staatsexamen. Das Referendariat gilt es deshalb von vornherein und mit großer Konsequenz so zu gestalten, dass diese Hürde erfolgreich gemeistert werden kann.

Das Lernen (neu) lernen

Schließt sich das Referendariat unmittelbar an das erste Staatsexamen an, ist es nicht ungewöhnlich, dass noch eine gewisse Erschöpfung aus dieser Prüfungsphase vorhanden ist. Vor allem aber haben Rechtsreferendare großes materielles Wissen angehäuft und oft auch noch gut präsent, ferner haben sie das Lernen gelernt. Es gibt unterschiedliche Lerntypen. Wer aber das schwierige erste Staatsexamen gemeistert hat, hat bewiesen, seinen Lerntyp erkannt zu haben.

Das zweite Staatsexamen fügt den Herausforderungen der Ersten Staatsprüfung aber weitere Schwierigkeitsgrade hinzu. Dies beginnt bereits bei der Methodik der Wissensvermittlung. Denn während der Ausbildungsbetrieb an den Universitäten schließlich »Kerngeschäft« ist, üben die Ausbilder im Vorbereitungsdienst die Wissensvermittlung fast ausschließlich in Nebentätigkeit aus. Manchmal fehlt hier deshalb die Struktur. Mehr noch als in den mittlerweile recht verschulten juristischen Studiengängen, liegt es deshalb am Referendar, sich selbst – unter Berücksichtigung der in den Prüfungsordnungen vorgegebenen Prüfungsinhalten – Lernziele und Lernetappen zu setzen. Es sollte das Ziel sein, am Ende jeder Ausbildungsstation sämtliche Prüfungsinhalte verstanden zu haben. Beherrscht werden müssen sie erst zum Prüfungszeitpunkt, nur in der passenden Station gibt es aber die barrierefreie Möglichkeit, dem AG- oder Einzelausbilder Verständnisfragen zu stellen.

Die größte Herausforderung des Referendariats dürfte aber darin liegen, dass die materiell-rechtliche Lernstofffülle nicht geringer wird. Das nahezu identische materiell-rechtliche Wissen wie beim Ersten Staatsexamen bleibt auch für die Zweite Staatsprüfung maßgeblich – wohl mit Ausnahme der siebten, selten vertretenen Idee zur dogmatischen Herleitung des Erlaubnistatbestandsirrtums. Trügerisch ist die (nur) auf den ersten Blick bestehende Beruhigung, auch in Klausuren einen Kommentar nutzen zu dürfen – in der Klausurpraxis zeigt sich, dass ohne materiell-rechtliches Systemverständnis der beste Kommentar nicht zu vielen Notenpunkten verhelfen kann. Das materiell-rechtliche Wissen muss deshalb »warmgehalten« werden.

Mit dem Prozessrecht kommen aber neue Wissensbausteine hinzu. Der ohnehin gewaltige Stoffumfang wird daher nochmals größer. Diese neuen Lerngegenstände müssen nach dem gleichen Muster gelernt werden wie das materiell-rechtliche Wissen im Ersten Staatsexamen. Es spricht nach einem erfolgreichen Ersten Staatsexamen viel dafür, die dort geübte Lernstrategie je nach Lerntypus (Karteikarten, Fälle, Klausuren, Lerngruppen...) beizubehalten. Was beim Ersten Staatsexamen funktioniert hat, wird auch beim Zweiten Staatsexamen helfen.

Dies alleine reicht aber nicht, denn neben die Menge der Lerninhalte tritt ein ungewohnter Zeitdruck. Der Prüfungszeitpunkt selbst kann nicht geschoben werden, Einzelausbilder setzen Abgabefristen. All das ist machbar, setzt aber Disziplin und Lernstruktur voraus, orientiert an den Bedürfnissen des ganz eigenen Lerntypus. Hier hilft nur dranbleiben.

Wie schon beim Ersten Staatsexamen gilt, dass Einzelkämpfer sich auch um alles alleine kümmern müssen. Lerngruppen bieten dagegen nicht nur freundschaftliche Motivationshilfe, sondern auch die größere Gewähr, nichts zu übersehen, zweckmäßiger zu strukturieren und sich beim Lernen gegenseitig zu unterstützen. Lerngruppen sollten nicht zu klein sein (Ausfallsicherheit!), aber auch nicht zu groß (Gruppendynamiken!).

Erkenntnisquellen

Die wichtigsten Erkenntnisquellen im Referendariat sind die jeweilige Arbeitsgemeinschaft und Einzelausbilder. Beide Quellen sollten so umfangreich wie möglich genutzt werden. Einen AG-Termin zu versäumen, heißt einen Lerninhalt zu versäumen. Es gilt deshalb, die AG möglichst immer zu besuchen. Wird ein Termin versäumt, muss nachgefragt werden, was Gegenstand der AG-Stunde war – und diese Lerneinheit muss gewissenhaft nachgeholt werden. Auch hier hilft die Lerngruppe, wenn die Lernpartner »in Vertretung« mitschreiben.

Die größte Wissensdatenbank mit dem niedrigschwelligsten Zugang ist der Einzelausbilder. Von ihm gibt es »automatisch« vor allem Arbeitsaufträge. Es liegt am Referendar, mehr aus der Einzelausbildung herauszuholen, indem Fragen gestellt sowie Muster und Feedback erbeten werden. Hiervon umfangreich Gebrauch zu machen, freut nicht nur den Einzelausbilder und zeigt Interesse, sondern führt ganz nebenbei regelmäßig zu erheblich besseren Ausbildungszeugnissen.

Ebenfalls ganz nebenbei bietet die Einzelausbildung die Möglichkeit, den jeweiligen Beruf des Einzelausbilders näher kennenzulernen. Das Referendariat soll auf die Praxis vorbereiten und auch bei der späteren Berufswahl unterstützen. Die Einzelausbildung bietet hierfür einen besonders wertvollen Einblick – aber auch dies oft nur auf Nachfrage. Es sollte deshalb z. B. darum gebeten werden, auch die Dezernatsarbeit zu sehen, überobligatorische Aufgaben zu erfragen (»*Kann ich Sie bei XY unterstützen?*«) und ins Gespräch zu kommen. Jedenfalls für die mündliche Prüfung kann dies sogar examensrelevant sein, denn nicht selten werden hier als »warm up« eher faktische Fragen gestellt (»*Sie bekommen die Akte auf den Schreibtisch, was machen Sie als nächstes?*«, »*Ihr Computer ist ausgefallen, wie verhalten Sie sich?*«, »*Woher wissen Sie, dass Sie hierfür zuständig sind?*«).

Das Referendariat ist kein Marathon – sondern mehrere

Dass die juristische Ausbildung kein Sprint ist, ist eine Binsenweisheit. Das Referendariat mit seinen verschiedenen Ausbildungsabschnitten ist aber auch nicht einfach nur ein Marathon, sondern es sind mehrere Langstreckenläufe hintereinander. Kein Leistungssportler würde aber auf die Pausen zwischen den Wettkämpfen verzichten.

Nach allem oben Gesagten ist klar, dass nicht viel Luft zum Durchschnaufen bleibt. Nehmen muss man sich die Pausen aber und zwar idealerweise nicht einfach nur Lernpausen, sondern tatsächlich beantragten Urlaub. Ein Tapetenwechsel sollte eine Zeit ohne Paragraphen, Akten und Gesetze beinhalten sowie einige Tage mit viel Schlaf (wichtig für das Gedächtnis!) und Ablenkung, Sonne, vielleicht einem spannenden Buch.

Work smart not hard

Lerntypus, Talent, Fähigkeiten, Ausdauer und Lebenssituationen sind unterschiedlich. Den eigenen Wissens- und Lernstand objektiv zu reflektieren zeigt, wo Hilfe benötigt wird. Diese Hilfe können bereits Lerngruppen bieten. Es kann auch sein, dass ein Lehrbuchwechsel sinnvoll ist. Manch einer kann sich gut in Ausbildungszeitschriften vertiefen. Vielleicht fehlt die Klausurenpraxis – dagegen helfen nur Klausurenkurse. Das ist aber ganz unterschiedlich und individuell. Auch ein Repetitorium ist keine Kapitulation vor dem Lernstoff, sondern es kann eine sinnvolle Ergänzung sein. Die Teilnahme an einem Repetitorium erfordert aber, dass nicht nur die (teure) Unterrichtsstunde abgesessen wird, sondern Vor- und Nachbereitung – auch hier idealerweise wieder in Lerngruppen. Sachgerecht ist aber jede Unterstützung, die man in der durchaus extremen Situation des Referendariats für zweckmäßig hält. Jeder muss für sich selbst entscheiden, welche Unterstützung hier die richtige ist. Ein richtig oder falsch gibt es nicht, auch keinen Weg, für den man sich schämen müsste.

Typische Fehler in Klausuren

Die Aktenauszüge der schriftlichen Klausuren sind echten Fällen entnommen, manchmal angereichert durch zusätzliche Standardprobleme. Mit dem (neuen) Fokus des Referendariats wird hier oft ein übergroßer Schwerpunkt auf das Prozessrecht gelegt, das neu gelernt worden ist.

Tatsächlich ist der in den Lösungsskizzen vorgesehene Schwerpunkt der Klausuren aber ganz überwiegend im materiellen Recht.

Die Klausurkorrektoren kommen für die Zweite Staatsprüfung fast ausschließlich aus der Praxis. Sie haben deshalb auch den praktisch-routinierten Blick auf den Fall. Vielmehr als bei der Ersten Staatsprüfung wird deshalb vorausgesetzt, dass die äußere Form sicher beherrscht wird. Dies betrifft insbesondere die Tenorierung. Ein nicht vollstreckbarer Tenor fällt einem Praktiker sofort ins Auge. Die Richtigkeit der Formulierung ist deshalb viel Ausschlaggebender für die Bepunktung als das eigentliche Ergebnis.

Selbstredend gibt es aber die meisten Punkte auf den Lösungsweg. Auch hier gilt es zunächst die Formalia zu wahren, z. B. die Zeitformen im Tatbestand, den Urteilsstil oder auch, dass Tatsachen, die zur Begründung herangezogen werden, in der Sachverhaltsschilderung vorkommen müssen.

Am Ende gilt aber, was auch schon im Ersten Staatsexamen Punkte gebracht hat: Bei der Auslegung unbestimmter Rechtsbegriffe, bei Abwägungsentscheidungen, Meinungsstreits und Ermessensbegründung muss geliefert werden. Dies bedeutet insbesondere eine kreative, abgewogene, juristische Argumentation.

In der Darstellung sollte – sofern es noch kein E-Examen ist – auf die Lesbarkeit der Handschrift geachtet werden. Zudem auch darauf, dass der Korrigierende jedenfalls eine faire Chance hat, die Gedanken zu verstehen. Es sollte deshalb eine klare Aufbaustruktur gewählt werden, Zwischenüberschriften, genaue Paragraphenbezeichnung und eindeutige Ergebnisse.

Alle Akteninhalte sind wichtig. Es kann nicht sein, dass in der Akte Tatsachen geschildert oder Rechtsmeinungen genannt werden, die in der Klausurlösung nicht benötigt werden. Wenn dies beim Schreiben auffällt, sollte unbedingt ein »Hilfsgutachten« bzw. eine »Hilfsbegründung« verfasst werden. Das ist dann sicher nicht »die richtige« Lösung, rettet aber wertvolle Punkte.

Nach der Klausur ist vor der Klausur

Nach der Klausur ist (bis zur letzten Klausur) vor der Klausur. Sobald die Klausur abgegeben ist, sollte sie abgehakt werden. Ein großer Fehler ist es, nach der Klausur mit anderen Kandidaten über die Klausur zu sprechen. Gemartert durch (vielleicht nur eingeredete) schwere Fehler in der zurückliegenden Klausur leidet die dringend notwendige Erholung zwischen den Klausuren und hierdurch die Ausdauer und Souveränität für die anstehenden Klausuren.

Die Wahl der Wahlstation

Die Wahlstation sollte so gewählt werden, dass sie den tatsächlichen Neigungen entspricht. Nicht selten kann sie den Weg in den Berufseinstieg ebnen, weil hier wichtige Kontakte geknüpft werden können. So verlockend gerade exotische Wahlstationen sind, muss dennoch bedacht werden, dass noch die mündliche Prüfung folgt. Dies betrifft bereits die Auswahl der Wahlstation, denn in den meisten Bundesländer kommt der Aktenvortrag aus dem Rechtsgebiet der Wahlstation – und die Prüfenden in der mündlichen Prüfung erwarten, dass hier überdurchschnittliches Wissen präsent ist. Ferner darf nicht das Wissen vergessen werden, das für die Klausuren erarbeitet worden ist. Kontinuierlich zu wiederholen, ist während der Wahlstation deshalb Pflicht.

Andererseits kann sich die Prüfungsvorbereitung in der Wahlstation viel klarer fokussieren. Neben den üblicherweise kaum vorbereitbaren Prüfungsgesprächen im Zivilrecht, Strafrecht und öffentlichen Recht ist die wesentliche Prüfungsleistung der Aktenvortrag. Letztlich kann man sich auch nur auf den Aktenvortrag vertieft vorbereiten. Oberste Pflicht in der Wahlstation muss es deshalb sein, so viel wie möglich »realistische« Aktenvorträge zu halten, d.h. unter Examensbedingungen (je nach Bundesland mit kurzer Vorbereitungszeit und innerhalb der hierfür zur Verfügung stehenden Vortragszeit, üblicherweise 10 Minuten). Der Aktenvortrag kann in Lerngruppen geübt werden, sollte aber auch mit dem Wahlstationsausbilder und echten Akten oder Fällen trainiert werden. Praktisch jede Aufgabe, auch solche, die nicht in Form von Gerichtsakten vorliegen, lassen sich in der äußeren Form eines Aktenvortrags präsentieren.

Typische Fehler in der mündlichen Prüfung

Der mündlichen Prüfung kann viel gelassener entgegengesehen werden als den Klausuren, etwa die Atmosphäre in der Prüfungssituation ist weniger furchteinflößend. Andererseits muss die Vorbereitung ernst genommen werden. Nach nicht zu langer Erholungspause nach den Klausuren sollte kontinuierlich über die gesamte Wahlstation das materiell-rechtliche und prozessrechtliche Wissen »warmgehalten« werden. Zudem muss das Recht aus dem Bereich der Wahlstation unbedingt vertieft beherrscht werden. Dies wird von den Prüfenden (zu Recht) erwartet.

Beim Aktenvortrag gilt es, aus der Übung Routine und damit Souveränität für die mündliche Prüfung zu erlangen. Auch deshalb ist es sinnvoll, nicht nur im geschützten Umfeld der Lerngruppe, sondern auch im weniger bekannten Umfeld der Wahlstationsausbildung zu üben, um die eigene Nervosität während des Vortrags kennenzulernen. Eine knappe Checkliste für die Vortragsinhalte kann sinnvoll sein (»*Sehr geehrte Prüfungskommission*«, Einleitungssatz, unstreitiger und streitiger Sachverhalt, Anträge, Prozessgeschichte, Entscheidungsvorschlag, Begründung, Nebenentscheidungen, Tenor). Es muss bereits vor der Prüfung viel Routine für Formulierungen, Inhalte und »wo sagt man was«, vorhanden sein, damit in der Stresssituation der Prüfung nicht nur nichts vergessen wird, sondern auch für vorplanbare Fragen keine unnötige Zeit zu vergeuden.

In den Prüfungsgesprächen selbst ist die Situation zumeist sehr viel entspannterer. Sie bieten die Chance (aber auch die Gefahr), durch den eigenen Beitrag das Gespräch in eine bestimmte Richtung zu lenken. Wissen abzuladen ist hier nicht nur erlaubt, sondern geradezu erwünscht. Es ist ein Prüfungsgespräch im Wortsinne. Will der Prüfer in eine andere Richtung, wird er es sagen oder einem anderen Kandidaten das Wort erteilen. Der schlimmste Fehler ist, nichts zu sagen oder tief versunken im Gesetz zu blättern. Besser ist, zu formulieren: »*Ad hoc meine ich, dass... Ich würde das aber gerne nochmal im Gesetz nachschlagen.*« Entweder wird der Prüfer dann hierfür die notwendige Zeit gewähren oder das präsente Wissen belohnen.

Zusammengefasst geht es bei der mündlichen Prüfung also um praktisches, präsentes Wissen, vernetztes Systemverständnis, letztlich auch um die Souveränität im Auftritt und der Argumentation, die für juristische Berufe typisch ist.

Niemand will Ihnen etwas Böses

Das zweite Staatsexamen verlangt den Referendaren viel ab. Wer dort prüft, macht dies aber aus überobligatorischem Engagement und will zum Abschluss einer guten Ausbildung beitragen. Die Prüfenden wollen den Referendaren nichts Böses. Jeder Prüfer gibt lieber viele als wenige Punkte und freut sich ehrlich mit erfolgreichen Kandidaten. Mit diesem Wissen kann gerade die Situation in der mündlichen Prüfung als Chance betrachtet werden, zum krönenden Abschluss der Ausbildung noch ein letztes Mal alles geben und danach verdient die Früchte der langjährigen Bemühungen zu ernten.

Es gibt eigentlich nur einen schweren Fehler

Zusammenfassend gibt es deshalb nur einen echten schweren Fehler auf dem Weg zum Zweiten Staatsexamen, nämlich es nicht zu machen. Wer das Referendariat nicht antritt oder abbricht, verliert nicht nur zahlreiche berufliche Optionen, sondern belässt auch die juristische Ausbildung unvollständig. Vor allem aber wird ein nahezu intimer Blick aus mannigfaltigen Perspektiven verschenkt: Wer nicht Richter wird, kann außer im Referendariat die Richterbank nie von hinten sehen. Wer nicht Rechtsanwalt wird, sieht sie vermutlich nie von vorne. Das Referendariat ist damit gleichzeitig notwendige Berufsqualifikation und wertvolle

Horizonterweiterung. Diese beiden Seiten aus dem Lebensabschnitt herauszuholen, liegt in der Hand des Referendars. Gelingt es, war es selbstredend eine anstrengende Zeit, aber eine hoffentlich erfolgreiche und in jedem Fall (auch bei jedem Notenergebnis) eine Herausforderung, auf die man zu Recht stolz sein darf.

Kapitel 3
Nach dem Referendariat

Teil I Jobperspektiven

3.1 Orientierungshilfe für versicherungsrechtliche Themen

Nico Weichsel, beratend tätig in einem Versicherungsmaklerunternehmen

Das Ende des Referendariats und der Berufseinstieg bringen viele Veränderungen mit sich. Hierbei müssen ebenfalls Versicherungs- und Finanzfragen bedacht werden. Als Jurist stehen Ihnen viele Wege und ganz unterschiedliche Arten der Berufstätigkeit offen, daher sollten Sie sich möglichst frühzeitig mit den versicherungsrechtlichen Themen, vor allem mit Schwerpunkt auf Haftung, Krankheit und Alter, auseinandersetzen. Die schier unendlichen Möglichkeiten der juristischen Tätigkeit können kaum umfassend abgedeckt werden, nachfolgend soll aber als Orientierungshilfe auf die üblichsten Wege eingegangen werden.

Regelungen für die typischen juristischen Berufe

Selbstständiger Rechtsanwalt mit eigener Kanzlei

Haftung: Ein selbstständiger Rechtsanwalt mit eigener Kanzlei unterliegt umfassenden Haftungsrisiken. Die wichtigste Absicherung stellt regelmäßig die Berufshaftpflichtversicherung, auch Vermögensschadenhaftpflicht genannt, dar. Sie ist gesetzlich durch § 51 BRAO vorgeschrieben und deckt Vermögensschäden ab, die Mandanten infolge fehlerhafter anwaltlicher Tätigkeit entstehen. Ergänzend sollte eine Betriebshaftpflichtversicherung abgeschlossen werden, um sich gegen Personen- und Sachschäden abzusichern – etwa, wenn ein Mandant in der Kanzlei verunfallt oder Schäden im Rahmen der Berufsausübung entstehen.

Hinzu kommen Versicherungen, die den Kern einer Kanzlei absichern, wie der Inventarschutz und die Elektronikversicherung. In Zeiten zunehmender Digitalisierung und hybrider Gefahren in Europa gewinnt zudem die Cyberversicherung an Bedeutung, die bei Hackerangriffen greift.

Altersvorsorge: Selbstständige Rechtsanwälte sind in der Regel Pflichtmitglieder im anwaltlichen Versorgungswerk ihres Bundeslandes. Dieses bietet eine Grundversorgung im Alter sowie bei Berufsunfähigkeit oder im Todesfall. Da das Versorgungsniveau jedoch meist nicht dem angestrebten Lebensstandard entspricht, ist die private Altersvorsorge von immenser Bedeutung. Hier bieten sich insbesondere steuerlich geförderte Modelle wie die Rürup-Rente oder die private Rentenversicherung an.

Angestellter Rechtsanwalt in einer Kanzlei

Haftung: Für den angestellten Rechtsanwalt besteht Versicherungsschutz über die Kanzlei.

Altersvorsorge: Angestellte Rechtsanwälte in Kanzleien unterliegen ebenfalls der Pflichtmitgliedschaft im Versorgungswerk. Die Versorgung erfolgt damit nicht über die gesetzliche Rentenversicherung, sondern über das berufsständische System. Auch hier gilt: Für eine auskömmliche Altersvorsorge ist es ratsam, durch private und betriebliche Vorsorgeangebote zusätzliche Rücklagen zu bilden.

Angestellter Rechtsanwalt in einem Unternehmen (Syndikusrechtsanwalt)

Haftung: Ein Syndikusrechtsanwalt haftet im Regelfall nicht gegenüber externen Mandanten, sondern nur gegenüber dem eigenen Arbeitgeber, wenn er im Rahmen seiner anwaltlichen Tätigkeit schuldhaft Pflichtverletzungen begeht. Da er Arbeitnehmer ist, gelten im Innenverhältnis jedoch die Grundsätze der Arbeitnehmerhaftung mit innerbetrieblichem Schadensausgleich. Die klassische anwaltliche Berufshaftpflicht entfällt somit in vielen Fällen. Für Tätigkeiten im Unternehmen ist in der Regel die Betriebshaftpflichtversicherung des Arbeitgebers zuständig. Falls der Syndikusrechtsanwalt zusätzlich als niedergelassener Anwalt tätig sein sollte, ist für diese freiberufliche Tätigkeit eine eigene Berufshaftpflichtversicherung zwingend erforderlich.

Altersvorsorge: In Bezug auf die Altersvorsorge kommt es auf den Status an: Wird der Syndikusrechtsanwalt von der Deutschen Rentenversicherung als »anwaltlich tätig« anerkannt, bleibt die Pflichtmitgliedschaft im anwaltlichen Versorgungswerk bestehen. Andernfalls erfolgt die Pflichtversicherung in der gesetzlichen Rentenversicherung. Bei Pflichtzugehörigkeit zur gesetzlichen Rentenversicherung ist es wichtig, über die betriebliche Altersvorsorge und private Rentenversicherungen zusätzliche Absicherungen zu treffen, da die gesetzliche Rente für Akademiker meist nicht auskömmlich ist.

Beamter

Haftung: Beamte haften grundsätzlich nur bei vorsätzlichem oder grob fahrlässigem Fehlverhalten gegenüber dem Dienstherrn. Dennoch ist eine Diensthaftpflichtversicherung dringend erforderlich. Sie schützt vor finanziellen Regressforderungen, wenn der Dienstherr den Beamten im Innenverhältnis für Schäden verantwortlich macht.

Altersvorsorge: Beamte haben Anspruch auf die staatlich garantierte Versorgung im Ruhestand – die Beamtenpension. Diese orientiert sich an der letzten Besoldung und kann jedenfalls bei Erreichen der vollen Dienstzeit bis zu 71,75 % der letzten Bezüge betragen. Dennoch kann es zu Versorgungslücken kommen, etwa bei verspätetem Eintritt in den Dienst, Teilzeitphasen oder längeren Beurlaubungen. Eine zusätzliche private Vorsorge ist daher oft notwendig, um den Lebensstandard im Alter zu sichern. Zu beachten ist zudem, dass die Erhöhungen der Pension hinter der Inflation regelmäßig zurückbleibt.

Krankenversicherung für Rechtsanwälte und Beamte

Rechtsanwälte und Beamte gehören grundsätzlich zu den Berufsgruppen, die sich privat krankenversichern können. Sie unterliegen nicht der Versicherungspflicht in der gesetzlichen Krankenversicherung (GKV), wie es bei abhängig beschäftigten Personen zunächst der Fall ist.

Selbstständige Rechtsanwälte sind nicht gesetzlich versicherungspflichtig und können frei zwischen gesetzlicher und privater Krankenversicherung (PKV) wählen. Aufgrund der oft höheren Beiträge in der GKV – da kein Arbeitgeberanteil gezahlt wird – entscheiden sich viele für die PKV, da diese leistungsstärker und häufig günstiger sein kann. Wichtig ist jedoch, die langfristige Beitragsentwicklung und das Risiko im Alter zu bedenken.

Angestellte Rechtsanwälte, etwa in Kanzleien oder Unternehmen, unterliegen bis zur sogenannten Jahresarbeitsentgeltgrenze (2026: 77.400 €) der gesetzlichen Versicherungspflicht. Verdienen sie mehr, können sie sich ebenfalls privat versichern. Die PKV bietet hier oft bessere Leistungen, während die GKV – mit Stand April 2026 – durch Familienversicherung für Partner und Kinder finanzielle Vorteile bieten kann.

Beamte erhalten von ihrem Dienstherrn eine Beihilfe zu ihren Krankheitskosten – abhängig vom Bundesland zwischen 50 und 70 %. Die Beihilfe deckt jedoch nur einen Teil der Kosten ab, weshalb Beamte dringend eine private Restkostenversicherung abschließen müssen, die die verbleibenden Anteile übernimmt. Die gesetzliche Krankenversicherung ist für Beamte meist finanziell unattraktiv, da sie dort keinen Anspruch auf Beihilfe haben und die Beiträge voll selbst tragen müssten.

Berufsunfähigkeitsversicherung – sinnvoll schon im Studium und Referendariat

Die Berufsunfähigkeitsversicherung gehört zu den wichtigsten Absicherungen für Juristen, denn wer aus gesundheitlichen Gründen seinen Beruf nicht mehr ausüben kann, steht ohne Absicherung vor existenziellen finanziellen Problemen. Besonders sinnvoll ist es, die Berufsunfähigkeitsversicherung bereits im Studium, spätestens im Referendariat, abzuschließen: Man versichert sich in einem guten Gesundheitszustand – mit keinen oder weniger Vorerkrankungen, die bei späterem Abschluss zu empfindlichen Ausschlüssen oder Beitragsaufschlägen führen. Weiter sind die Beiträge in jungen Jahren meist deutlich günstiger. Auch bei zunächst geringen finanziellen Möglichkeiten kann man so eine Grundabsicherung erreichen, die sich später aufstocken lässt – ohne, und darum geht es, erneute Gesundheitsprüfung! Dies ist vor allem ereignisabhängig: bei Berufseintritt, Gehaltserhöhung, Heirat oder Immobilienkauf.

Für den Rechtsanwalt ist die private Berufsunfähigkeitsversicherung immanent, da das Versorgungswerk erst dann leistet, wenn die Zulassung zurückgegeben wird.

3.2 Jobperspektive: Compliance Officer

Peter Petrat, Chief Compliance Officer bei der GRAMMER AG und Vorstandsmitglied des VdRH

Das Berufsbild des Compliance Officers kann sich stark unterscheiden, insbesondere zwischen stark regulierten (Finanzdienstleistungssektor, Medizinsektor) und nicht-regulierten Unternehmen. Die nachfolgenden Ausführungen beziehen sich auf ein Industrieunternehmen außerhalb eines regulierten Sektors.

Je nach Unternehmensgröße (und Konzernzugehörigkeit) hat sich folgende grobe Hierarchieebene etabliert: Grundsätzlich wird zwischen Manager (Sachbearbeiter bis Fachexperte) und Officer (Entscheidungsträger, Führungskraft) unterschieden. Je nach Unternehmensstruktur können weitere regionale oder geschäftsbereichspezifische Ebenen eingezogen werden. Ein einzelner Compliance Officer wird oftmals auch als Compliance Beauftragter bezeichnet. In großen Unternehmen steht ein Chief Compliance Officer an der Spitze der Compliance-Organisation.

Voraussetzungen

- **Examensnoten:** Compliance als Unternehmensdisziplin ist eine Mischung aus Betriebswirtschaftslehre (Management) und Jura. Ein zweites Staatsexamen ist daher nicht zwingend erforderlich. Als Compliance Manager sind auch komplett andere Spezialisierungen wie etwa Psychologie, Informatik oder Finanzen anzutreffen. Mit steigender Hierarchie sind Volljuristen aber gewünscht – in großen Unternehmen meist auch mit konkreten Anforderungen an die Examensnote.
- **Zusatzqualifikationen:** Je nachdem, ob man aus der Betriebswirtschaftslehre oder den Rechtswissenschaften kommt, sind Zusatzqualifikationen aus dem jeweils anderen Gebiet wünschenswert. Bei Juristen ist dies meist ein Master of Laws, ein MBA oder ein Doktor-Titel. Ideal wäre natürlich ein Abschluss mit Schwerpunkt Compliance, z. B. ein Master in Risikomanagement und Compliance.
- **Vorerfahrungen:** Es ist von Vorteil, bereits ein Verständnis von der Arbeit in einem Unternehmen zu haben, idealerweise aus derselben Branche. Sowohl Anwalts- als auch Wahlstation bieten sich hierfür an. Frühere Einblicke als Werkstudent sind ebenfalls von großem Vorteil. Stationen oder Nebentätigkeiten in einer Unter-

nehmensberatung oder Großkanzlei sind hilfreich, insbesondere um erste Erfahrungen mit Umsetzungsprojekten zu sammeln.

- **Soft-Skills:** Es ist grundlegend wichtig, komplexe Sachverhalte einfach, verständlich und auf das wesentliche begrenzt zielgruppengerecht vermitteln zu können. Damit hängt auch zusammen, dass es sehr wichtig ist, Menschen überzeugen zu können (u.a. von Risiken oder dem Sinn und Zweck unpopulärer Maßnahmen). Es ist zudem wichtig, Entscheidungen auf unzureichender Datengrundlage treffen zu können.
- **Weitere Anforderungen:** Stressresistenz und Hartnäckigkeit sind ebenso wichtig wie etwas (unternehmenspolitisches) Feingefühl – immerhin sind zusätzlicher Arbeitsaufwand, komplizierte Vorschriften, interne Untersuchungen und Verstöße per se keine sonderlich beliebten Themen bei den Kollegen.

Im Job

Der Einstieg

Als Berufseinsteiger beginnt man wahrscheinlich als Compliance Manager in einem größeren Unternehmen oder als Compliance Officer (als »Einzelkämpfer« bzw. Stabsstelle). Steigt man als Compliance Manager ein, hat man die Chance, sich fachlich stark zu spezialisieren und kann sich am vorhanden Compliance Officer orientieren. Dieser übernimmt dann die Einarbeitung, steht als Sparrings-Partner zu Verfügung und übergibt dann – abhängig vom Erfolg – nach und nach Themengebiete inklusive entsprechender Verantwortung.

Ein Einstieg als Compliance Officer ist zumeist die Variante, wenn das Unternehmen den Bereich Compliance erst aufbauen möchte. In diesem Fall kann der Einstieg deutlich fordernder sein, da man sich nicht nur materiell, sondern auch prozessual noch in das Unternehmen integrieren muss. Hier ist der enge Kontakt mit bereits vorhandenen verwandten Abteilungen sinnvoll, etwa Rechtsabteilung, Revision oder Qualitätsmanagement.

Arbeitsalltag

Aufgrund der Vielfältigkeit des Jobs und den unterschiedlichsten Themenfeldern unterscheiden sich die Arbeitstage mitunter deutlich. Zu den klassischen Aktivitäten eines Compliance Managers bzw. Compliance Officers gehören u.a. das Planen und Durchführen von Mitarbeiterschulungen, die Berichterstattung an Geschäftsleitung, Aufsichtsrat oder Betriebsrat, die Bearbeitung von Hinweisen über das Hinweisgebersystem und die anschließende interne Ermittlung, das Überarbeiten von internen Vorgaben, die Beratung von anderen Abteilungen (inklusive Geschäftsleitung), die Beantwortung von Fragen von Kollegen, die Leitung und Umsetzung von Projekten, die eigene Weiterbildung und der regelmäßige Austausch mit anderen Fachabteilungen.

Verantwortung

Auch wenn sich die strafrechtliche Garantenstellung für den Compliance Officer nicht durchgesetzt hat, trägt man als Compliance Officer dennoch eine große Verantwortung im Unternehmen. Man bekommt von der Geschäftsleitung die Aufgabe übertragen, deren Verantwortung für die Regeltreue des Unternehmens und all seiner Mitarbeiter effektiv umzusetzen und dadurch das Risiko für Verstöße und ein Organisationsverschulden zu minimieren.

Als Compliance Manager (bzw. in großen Unternehmen auch als Compliance Officer) verantwortet man eigene Teilbereiche der Compliance-Organisation. Als Chief Compliance Officer trägt man die Gesamtverantwortung. Je nach Unternehmen kommt Personal- und Budgetverantwortung hinzu. Man übt jedenfalls einen wesentlichen Einfluss auf die strategische Ausrichtung des Unternehmens aus und trägt Verantwortung für die Reduzierung rechtlicher Risiken.

Als Compliance-Abteilung trägt man die Verantwortung für rechtlich, ethisch und moralisch korrektes Verhalten und muss stets ein Vorbild für korrekte Arbeitsweise, Integrität, Objektivität und Fairness sein – und das nicht nur im Rahmen von internen Ermittlungen.

Herausforderungen im Tagesgeschäft

Vom Arbeitgeber wird erwartet, dass Sie in kurzer Zeit Antworten auf praktische und rechtliche Fragen finden und dabei den Sachverhalt möglichst umfassend verstehen, auch wenn meistens nicht alle relevanten Informationen proaktiv geliefert oder man zu spät eingebunden wird. Da Compliance in den meisten Fällen die neueste Abteilung im Unternehmen sein wird, muss man jeden Tag aufs Neue beweisen, dass man trotz aller Vorschriften pragmatisch und business-orientiert agiert.

Die größten Herausforderungen sind jedoch die internen Ermittlungen. Zusätzlich zu allen Herausforderungen staatlicher Ermittlungsbehörden kommt, dass es an hoheitlichen Befugnissen fehlt. Die Sachverhaltsermittlung gestaltet sich daher besonders kompliziert und manchmal auch frustrierend. Gleichzeitig ist besondere Sorgfalt gefragt, um Erkenntnisse in einem späteren Verfahren (zumeist Kündigungsschutzverfahren) verwenden zu können. Nicht zuletzt ist aber auch besondere Sensibilität gefragt, um die Interessen aller Betroffenen bei einer internen Ermittlung zu wahren und ein generelles Vertrauen in die Objektivität, Fairness und Qualität der internen Ermittlung zu schaffen.

Gehaltsmöglichkeiten

Die Gehaltsmöglichkeiten unterscheiden sich stark nach Unternehmensgröße, Branche, Hierarchieebene, Berufserfahrung und Zusatzqualifikationen. Grob bewegt sich der Spielraum zwischen 35.000 € (Compliance Manager, Berufseinsteiger ohne Zusatzqualifikationen) und 250.000 € (Chief Compliance Officer, Zusatzqualifikationen und 10+ Jahre Berufserfahrung, C-Suite-Level).

Vereinbarkeit von Beruf und Privatleben

Arbeitsbelastung und Vereinbarkeit von Beruf und Privatleben sind in einem Unternehmen tendenziell eher geregelt und gut machbar. Wesentlich hängt das von der Hierarchieebene und der Unternehmensgröße ab. Grundsätzlich gilt, dass die Arbeitszeiten an den internen Mandanten, also die Mitarbeiter, Führungskräfte und Organe, auszurichten sind.

Soweit man als Compliance Manager fachlich bei internen Ermittlungen beteiligt ist, kann in kritischen Fällen auch punktuell hohe Flexibilität und Arbeitsbereitschaft gefordert sein. Ebenso sind ungewöhnliche Arbeitszeiten möglich, wenn man in Krisenteams eingebunden ist oder fachliche Verantwortung für andere Ländern oder Regionen trägt. Als Compliance Officer kommen internationaler Austausch und Berichterstattung dazu, bei der man sich z. B. an späten Vorstandssitzungen orientieren muss. Hinzu kommen Dienstreisen, je nach Internationalität auch über längere Distanzen und Zeiten.

Grundsätzlich ist auch mobiles Arbeiten möglich. Es gibt ausreichend Arbeit, bei der Ruhe förderlich ist, allerdings ist Kommunikation der Schlüssel bei so einem heiklen Thema. Daher ist insbesondere als Compliance Officer die regelmäßige Präsenz und Sichtbarkeit zwingend. Der Ausgleich von Mehrarbeit nach aufwendigen Projekten ist entsprechend der Unternehmensvorgaben möglich. Inwieweit Überstunden und Belastungsspitzen abzufeiern sind, kann sich je nach Hierarchielevel unterscheiden.

Weiterentwicklung, Karriere und Perspektive

Weiterbildung

Die fachliche Weiterbildung ist besonders wichtig. Je nach Aufgabenschwerpunkt können Weiterbildungen insbesondere zu rechtlichen Themen nötig sein. Dazu kommen Weiterbildungen für Methoden und Softskills, z. B. für die Durchführung von internen Ermittlungen,

Change Management oder Projekt Management. Zudem ist ein tiefes Verständnis der eigenen Prozesse und Produkte des Unternehmens notwendig, um angemessen und sinnvoll organisieren und beraten zu können. Daher erzeugen interne Fortbildungen einen großen Mehrwert. Je nach Internationalität ist der Ausbau von Fremdsprachkenntnissen und interkultureller Kompetenz wichtig.

Karriere

Üblicherweise entwickelt man sich entlang der Hierarchie, abhängig auch von den Führungsfähigkeiten: Junior/Senior Compliance Manager, Compliance Officer, Chief Compliance Officer. Eine rein fachliche Laufbahn ist ebenfalls möglich, wenn man sich in einem bestimmten Teilbereich weiter spezialisiert (z. B. Geldwäscheprävention, Korruptionsprävention, Datenschutz, Richtlinienmanagement). Je größer die Compliance-Organisation, umso stärker die Differenzierung zwischen Experten- und Führungslaufbahn. Aber auch ein horizontaler Wechsel in eine andere Abteilung ist möglich. Üblich sind solche Seitenwechsel von Kontroll- auf Entscheiderseite in Richtung Projektmanager, Revision, Rechtsabteilung und sogar Geschäftsführung.

Besonderheiten

Digitalisierung

Durch die zunehmende externe Regulatorik und zeitgleich einer erhöhten Anforderung an Effizienz steigt die Notwendigkeit für digitalisierte Prozesse. Zu den typischerweise digitalisierbaren Compliance-Prozessen gehören z. B. ein digitales Zuwendungsregister, eine Datenbank für Spenden, ein datenbankgestütztes Einwilligungsmanagement, sowie forensische Datentools bei internen Ermittlungen. Da sich auch alle anderen Prozesse stark digitalisieren, ist zunehmend ein hohes IT-technisches Verständnis notwendig.

KI

Künstliche Intelligenz hat als regulierter Bereich mit vielen rechtlichen Risiken und ungeklärten Fragen eine hohe Relevanz und ist daher Gegenstand von Compliance in Unternehmen. Hier gibt es internen Regelungsbedarf, Beratungsbedarf, Schulungsverpflichtungen und Strukturen zu schaffen, um die daraus resultierenden Compliance-Risiken zu minimieren. Gleichzeitig sind Compliance-Abteilungen selbst Nutzer von KI-Funktionalitäten. Hier gibt es viel Potential, z.B. für das Richtlinienmanagement (Lesbarkeit erhöhen, in verständliche Sprache umformulieren, auf Widersprüche überprüfen) oder interne Ermittlungen (Analyse großer Datenmengen, Erkennen von ungewöhnlichen Transaktionen).

Persönliche Erfahrungen

Ich liebe die Herausforderung, pragmatische Lösungen bei der internen Umsetzung von komplexen externen Vorgaben zu finden.

3.3 Jobperspektive: Rechtsanwalt im Datenschutzrecht

Robert Weinhold, Counsel bei Orrick, Herrington & Sutcliffe LLP

Voraussetzungen

- **Examensnoten:** Die Anforderungen bei Orrick, Herrington & Sutcliffe LLP sind, wie bei vergleichbaren Kanzleien, recht hoch und die Examensnoten spielen gerade in einem so innovativen Bereich eine wichtige Rolle bei der Bewerbung. Zwei Prädikatsexamina sind in der Regel erwünscht. Sie unterstreichen die hohe Leistungsfähigkeit und das Engagement des Bewerbers. Das zweite Staatsexamen ist zwingend erforderlich, da es die Befähigung zum Anwaltsberuf bestätigt und die Fähigkeit zur selbständigen Bearbeitung komplexer juristischer Fragestellungen nachweist.

- **Zusatzqualifikationen:** Zusatzqualifikationen können entscheidend sein, um sich als spezialisierter Tech-Anwalt in einer Großkanzlei zu differenzieren. Eine Promotion im Bereich Datenschutz, künstliche Intelligenz oder anderen innovativen Gebieten sowie ein Master of Laws (LL.M.) im Ausland werden gerne gesehen, da sie die internationale Ausrichtung und das vertiefte Fachwissen des Bewerbers unterstreichen. Die Bedeutung beider Titel hat jedoch in der Praxis für viele Großkanzleien stark abgenommen. Der von vielen angestrebte Fachanwaltstitel spielt in der späteren Praxis in diesem Bereich eine klar nachgeordnete Rolle, da das Tätigkeitsfeld häufig Spezialkenntnisse und Erfahrungen erfordert, die über die formalen Anforderungen für den Erhalt eines Fachanwaltstitels hinausgehen. Interessanter – aber auch nicht erforderlich – sind Zertifikate der International Association of Privacy Professionals (IAPP) wie der Certified Information Privacy Professional (CIPP) oder Artificial Intelligence Governance Professional (AIGP). Diese Zertifikate bescheinigen fundierte Fachkenntnisse und sind international anerkannt, was sie für die Arbeit in einem globalen Wirtschaftsumfeld besonders wertvoll macht. Sprachkenntnisse, insbesondere in Englisch, sind unerlässlich, um mit internationalen Mandanten und Kollegen effektiv kommunizieren zu können.
- **Vorerfahrungen:** Besondere Vorerfahrungen sind nicht erforderlich. Vorteilhaft ist jedoch ein Interesse an technischen Sachverhalten, da diese im Technologiebereich oft sehr abstrakt sind und ein grundlegendes Verständnis der zugrundeliegenden Technologien insbesondere bei der kompetenten Beratung von Mandanten hilfreich ist. Ein technisches Verständnis unterstützt zudem die Zusammenarbeit mit IT-Experten und fördert die Entwicklung praxisnaher Lösungen. Sinnvolle Vorerfahrungen können insbesondere aus Praktika oder aus dem Engagement neben Uni und Referenda-

riat stammen – sei es die Gründung des eigenen Start-Ups oder die Unterstützung eines LegalTech-Vereins.

- **Soft-Skills:** Besonderen Wert liegt auf Kommunikationsstärke und analytischem Denken. Kommunikationsstärke ist essenziell, um komplexe rechtliche und technische Sachverhalte verständlich zu vermitteln und effektiv mit Mandanten, Kollegen und interdisziplinären Teams zu interagieren. Analytisches Denken ermöglicht es, komplexe Themen zu durchdringen und praxisorientierte Lösungen zu entwickeln. Insbesondere an der Schnittstelle von Technik und Recht sind diese Fähigkeiten besonders gefragt.
- **Weitere Anforderungen:** Neben den vorgenannten Anforderungen sollte man die Fähigkeit haben, sich schnell neuen rechtlichen Entwicklungen und technologischen Veränderungen anpassen zu können. Da der Bereich kontinuierlich im Wandel ist, anders als in anderen Bereichen, ist die stetige eigene Fortentwicklung von besonderer Bedeutung. Außerdem fordert der Bereich ein höheres Maß an Eigeninitiative, um proaktiv Lösungen zu entwickeln und sich in einem dynamischen Umfeld zu behaupten.

Im Job

Der Einstieg

Onboarding gleicht einem Sprung ins kalte Wasser, wird jedoch von allen Seiten professionell begleitet. Neue Mitarbeiter durchlaufen ein umfassendes Onboarding-Programm, das sowohl personelle als auch organisatorische Aspekte abdeckt. Im ersten Jahr als Associate liegt der Schwerpunkt auf der Integration in das Team und die gesamte Kanzlei, der fachlichen Einarbeitung und dem schrittweisen Aufbau des Mandantenkontakts. So begleitet man als Associate von Anfang an Mandantengespräche und nimmt an internen Besprechungen teil. Bei Orrick, Herrington & Sutcliffe LLP pflegen wir eine ausgeprägte Feedbackkultur, da wir der Meinung sind, dass dies für die Weiterentwicklung und eine offene Kommunikation unerlässlich ist.

Unterstützt wird dies durch Mentoring-Programme und umfangreiche Fortbildungsangebote, die den Einstieg durch persönliche Betreuung und gezielte Förderung durch erfahrene Anwälte zusätzlich begleiten. Diese strukturierte Einführung erleichtert den Übergang zur selbstständigen und eigenverantwortlichen Mandatsarbeit, ohne dass besondere Qualitätssicherungsmaßnahmen wie das Vier-Augen-Prinzip vernachlässigt werden.

Arbeitsalltag

Der Berufsalltag gestaltet sich vielseitig und dynamisch. Der Tag startet flexibel - entweder im Büro oder im Homeoffice -, unterstützt durch eine moderne IT-Infrastruktur, die ortsunabhängiges Arbeiten ermöglicht. Der Morgen beginnt oft mit administrativen Aufgaben wie der Zuordnung von Zeiterfassungen und E-Mails zu den richtigen Projekten. Die internationale Zusammenarbeit, insbesondere mit Kollegen in den USA, bringt aufgrund der Zeitverschiebung sowohl Herausforderungen als auch Vorteile mit sich, da eine nahtlose Übergabe von Aufgaben möglich ist.

Sobald die Prioritäten festgelegt sind, beginnt die inhaltliche Arbeit, die häufig durch Telefonkonferenzen mit Mandanten oder teamübergreifende Meetings ergänzt wird. Diese Besprechungen sind wichtig, um dringende Fragen zu klären und den Fortschritt laufender Projekte zu besprechen. Die Arbeit umfasst ein breites Spektrum an Rechtsgebieten, insbesondere die Vorschriften aus dem Datenschutzrecht, dem IT-Recht und dem gewerblichen Rechtsschutz. In jüngster Zeit sind viele neue europäische Regelungen hinzugekommen, wie z. B. der Data Act, der AI Act oder die NIS 2 Richtlinie.

Die typischen Aufgaben umfassen eine breite Palette, angefangen von Compliance-Projekten, dem Entwurf und der Verhandlung unterschiedlichster Verträge, der Beratung bei Rechtsstreitigkeiten oder auch der Unterstützung der Corporate Kollegen bei Unternehmenstransaktionen. Durch das breite Aufgabenspektrum und die unterschiedlichsten Anfragen arbeitet man mit vielen anderen Bereichen zusammen. So arbeitet man insbesondere mit Kollegen aus dem Arbeitsrecht, Corporate oder Litigation zusammen, z. B. bei Unternehmenstransaktionen, Rechtsstreitigkeiten oder im Rahmen von Arbeitsverträgen oder der Vorbereitung von Unternehmensentscheidungen, die der Zustimmung des Betriebsrates bedürfen. Früher oder später kommt man mit fast allen Fachbereichen in Kontakt.

Die Mittagspause bietet eine willkommene Gelegenheit zur Erholung, sei es durch sportliche Aktivitäten mit Kollegen oder durch ein gemeinsames Mittagessen in Umgebung des zentral gelegenen Büros. Gestärkt und erholt geht es am Nachmittag weiter mit der Bearbeitung von Projekten, die oft in enger Zusammenarbeit mit Partnern durchgeführt werden. Diese Zusammenarbeit fördert nicht nur den Lerneffekt, sondern auch das Teambuilding. Bedingt durch die Zeitverschiebung und viele Projekte mit internationalen Kunden finden viele Telefonate am späten Nachmittag und frühen Abend statt.

Gegen Ende des Arbeitstages bleibt Raum für nicht-juristische Aufgaben, wie z. B. die Organisation von Veranstaltungen für Nachwuchsjuristen, die eine angenehme Abwechslung zur juristischen Arbeit darstellen.

Verantwortung

Die Karriere beginnt typischerweise unter der Betreuung eines erfahrenen Partners, der die Arbeit junger Kollegen begleitet und fördert. Die enge Zusammenarbeit ermöglicht es, von der Expertise der Partner zu profitieren und sich in die komplexe Materie dieses umfassenden Rechtsbereichs einzuarbeiten. Die Verantwortung steigt sukzessive, wobei es nicht unüblich ist, dass junge Kollegen frühzeitig direkten Kontakt mit Mandanten haben. Dies fördert das Vertrauen in die eigene Fähigkeit, rechtliche Beratung zu leisten und Mandantenbeziehungen zu pflegen. Mit der Zeit wachsen die Aufgaben. Bereits in einer frühen Phase können junge Associates die Leitung kleinerer Projekte bis hin zur Steuerung internationaler Anfragen übernehmen. Dazu gehört auch die Koordination von Local Counsel bei grenzüberschreitenden Mandaten. Diese schrittweise Zunahme der Verantwortung ermöglicht eine kontinuierliche persönliche und berufliche Entwicklung und bereitet auf zukünftige Führungsrollen innerhalb der Kanzlei vor.

Herausforderungen im Tagesgeschäft

Der Arbeitsalltag ist geprägt von einer Reihe von Herausforderungen, die sowohl fachliche als auch organisatorische Kompetenzen erfordern. Ein zentraler Aspekt ist das sich ständig verändernde Rechtsgebiet. Neue gesetzliche Bestimmungen und technologische Entwicklungen erfordern eine kontinuierliche Weiterbildung und Anpassung der Rechtsstrategien.

Orrick, Herrington & Sutcliffe LLP legt besonderen Wert auf gesellschaftliches Engagement und fördert aktiv soziale Projekte. Alle Anwälte sind angehalten, eine bestimmte Anzahl an Stunden pro Jahr für Pro-Bono-Mandate aufzuwenden, um einen positiven Beitrag für die Gesellschaft zu leisten. Dadurch hatte ich z.B. die Möglichkeit, im Rahmen eines zweiwöchigen Secondments Geflüchtete im Asylprozess direkt in Griechenland vor Ort zu unterstützen. Eine außergewöhnliche Erfahrung, die nicht nur einen besonderen sozialen Impact hat, sondern mich auch persönlich geprägt hat.

Ein wesentlicher Aspekt der Tätigkeit liegt in der globalen Zusammenarbeit: Die Betreuung internationaler Mandate erfordert neben Fremdsprachenkenntnissen auch ein tiefgreifendes Verständnis unterschiedlicher Rechtssysteme und kultureller Gepflogenheiten. Entscheidend für den Projekterfolg ist dabei die Fähigkeit, über verschiedene Zeitzonen hinweg effektiv zu kommunizieren und länderübergreifende Teams zu koordinieren.

Darüber hinaus erwarten Mandanten aus der Wirtschaft, dass ökonomische Perspektiven in der Beratung berücksichtigt werden. Gerade für junge Juristen stellt dies eine zusätzliche Herausforderung dar, da betriebswirtschaftliche Aspekte im juristischen Studium nur am Rande behandelt werden. Gerade deshalb ist der Master of Business Administration auch für Juristen im wirtschaftlichen Umfeld eine sinnvolle Zusatzqualifikation.

Diese Herausforderungen machen den Beruf anspruchsvoll, bieten aber auch die Möglichkeit, sich ständig weiterzuentwickeln und in einem dynamischen Umfeld zu wachsen.

Gehaltsmöglichkeiten

Die Gehälter sind in der Regel sehr attraktiv und spiegeln die hohe Nachfrage nach Experten in diesem Bereich wider. Einstiegsgehälter sind oft weit überdurchschnittlich und liegen deutlich über den Gehältern in Unternehmen oder im Staatsdienst. Zusätzlich zum Grundgehalt werden leistungsabhängige Boni gezahlt. Die hohen Gehälter kommen jedoch mit der Erwartung eines überdurchschnittlichen Arbeitseinsatzes.

Vereinbarkeit von Beruf und Privatleben

Die Vereinbarkeit von Berufs- und Privatleben ist ein immer wiederkehrendes Thema, wenn es um die Arbeit in einer Großkanzlei geht. In diesem dynamischen Umfeld, in dem wir internationale Mandanten betreuen, gibt es Zeiten, in denen wir besonders gefordert sind – beispielsweise, wenn ein Mandant von einem Cybervorfall betroffen ist. Die Kanzlei unterstützt ihre Mitarbeiter mit flexiblen Arbeitsmodellen, einschließlich Teilzeitoptionen und der Möglichkeit, von zu Hause aus zu arbeiten. Dies hilft, die eigene Familienplanung mit der Karriere in Einklang zu bringen und eine ausgewogene Work-Life-Balance zu fördern. Die Arbeitsbelastung kann phasenweise hoch sein, insbesondere bei großen internationalen Projekten oder dringenden Anfragen. So es inzwischen üblich, dass nach intensiven Arbeitsphasen Freizeitausgleich gewährt wird oder zusätzliche Boni ausgezahlt werden, um die Erholung der Mitarbeiter zu fördern. Eine ausgewogene Work-Life-Balance wird zunehmend als wichtiger Faktor für die langfristige Zufriedenheit und Produktivität der Mitarbeiter erkannt, und viele Kanzleien arbeiten aktiv daran, diese Balance zu unterstützen.

Weiterentwicklung, Karriere und Perspektive

Weiterbildung
Orrick, Herrington & Sutcliffe LLP legt großen Wert auf die kontinuierliche Weiterbildung seiner Associates und ermutigt sie aktiv, die vielfältigen Weiterbildungsangebote zu nutzen. Dazu gehören sowohl interne als auch externe Programme, die ein breites Spektrum an Entwicklungsmöglichkeiten bieten. Associates werden bei der Promotion ebenso unterstützt wie bei der Ausbildung zum Fachanwalt oder Steuerberater. Auch wirtschaftswissenschaftliche Zusatzausbildungen werden gefördert, um ein umfassendes Verständnis für rechtliche und wirtschaftliche Zusammenhänge zu gewährleisten.

Die Möglichkeit, wissenschaftliche Publikationen zu verfassen, wird ebenfalls unterstützt und hilft den Associates, sich als Experten in ihrem Fachgebiet zu etablieren. Trainingsprogramme und teaminterne Fortbildungsveranstaltungen, wie die regelmäßigen Lunch Lectures, bieten Gelegenheit zur Vertiefung juristisch relevanter Themen. Ein besonderes Highlight sind die Associate Academies in New York und San Francisco, die ein siebentägiges internationales und büroübergreifendes Programm »Becoming a Trusted Advisor« für Senior Associates beinhalten. Dieses Full-Bridge-Programm ist als Mini-MBA konzipiert und vermittelt Führungskompetenzen, Kommunikationsfähigkeiten und betriebswirtschaftliches Wissen.

Karriere

Der Karriereweg bei Orrick, Herrington & Sutcliffe LLP ist klar strukturiert und bietet Associates die Möglichkeit, sich über mehrere Stufen bis zur Partnerschaft zu entwickeln. Dieser Weg umfasst die Positionen Associate, Managing Associate, Senior Associate, Counsel, Local Partner und schließlich Equity Partner. Der Fortschritt entlang dieser Stufen ist leistungsabhängig und wird im Rahmen eines standardisierten Personal Development Programms gefördert. Counsel und Local Partner sind auch als langfristige Optionen gedacht, sollte dies angesichts persönlicher Wünsche oder dem (noch) fehlenden hinreichenden Business Case besser entsprechen. Einmal im Jahr wird die persönliche Entwicklung und das fachliche Fortkommen jedes Associates bewertet und in einem ausführlichen Gespräch reflektiert.

Dabei wird großen Wert auf Flexibilität im Karriereweg gelegt und Bewerbern die Möglichkeit geboten, ihre berufliche Laufbahn individuell zu gestalten. Das »Talent Model« der Kanzlei ermöglicht es, den Karriereweg und die Arbeitsbelastung entsprechend den persönlichen Bedürfnissen und Fähigkeiten anzupassen. Dies schließt Optionen wie Elternzeit und Teilzeitmodelle ein, um eine ausgewogene Work-Life-Balance zu unterstützen.

Diese flexible Herangehensweise an die Karriereentwicklung fördert nicht nur die berufliche Zufriedenheit, sondern ermöglicht es den Rechtsanwälten auch, ihre Karriereziele in Einklang mit ihren persönlichen Lebensumständen zu erreichen. Die Unterstützung durch regelmäßige Feedbackgespräche und die Möglichkeit, sich in verschiedenen Rollen und Verantwortungsbereichen zu beweisen, tragen dazu bei, dass Associates ihr volles Potenzial entfalten können.

Besonderheiten

Digitalisierung

Der Arbeitsalltag hat sich in den letzten Jahren rasant verändert. Der Einsatz digitaler Technologien ermöglicht es, effizienter zu arbeiten und komplexe Datenmengen schneller zu analysieren. Elektronische Aktenführung, digitale Kommunikationsmittel und spezialisierte Softwarelösungen mit KI-Unterstützung sind aus dem Arbeitsalltag nicht mehr wegzudenken. Diese Technologien unterstützen nicht nur die tägliche Arbeit, sondern verbessern auch die Zusammenarbeit in internationalen Teams, indem sie den Informationsaustausch über Ländergrenzen hinweg erleichtern. Orrick, Herrington & Sutcliffe LLP fördert aktiv den Einsatz digitaler Tools und bietet seinen Anwälten umfassende Schulungen an, um sicherzustellen, dass sie mit den neuesten Technologien und Softwarelösungen vertraut sind. Diese digitale Kompetenz ist entscheidend, um Mandanten in einer zunehmend vernetzten Welt effektiv beraten und den hohen Anforderungen des modernen Rechtsmarktes gerecht werden zu können.

KI

Den größten Einfluss auf den juristischen Berufsalltag hatte in den letzten Jahren der breite Durchbruch von KI-Technologien. Dies betrifft nicht nur die Entstehung eines neuen Beratungsfeldes, sondern auch die Art und Weise, wie Aufgaben heute bearbeitet werden. KI-Technologien ermöglichen die Automatisierung von Routineaufgaben wie der Analyse von Verträgen und der Durchführung von Due Diligence-Prüfungen, wodurch mehr Zeit für komplexe und strategische Beratungsleistungen bleibt.

Die Berührungspunkte mit KI sind vielfältig. Als Technologieanwalt muss man nicht nur die rechtlichen Rahmenbedingungen für den Einsatz von KI verstehen, sondern auch die ethischen und rechtlichen Herausforderungen, die mit ihrer Anwendung verbunden sind. Dies erfordert ein tiefes Verständnis der Technologie und ihrer Auswirkungen. Orrick, Herrington & Sutcliffe LLP unterstützt seine Anwälte bei der Weiterbildung in diesem sich schnell entwickelnden Bereich und bietet Schulungen und Ressourcen an, um die KI-Kompetenz zu stärken. Die Kanzlei fördert den Einsatz von KI als Instrument zur Verbesserung der Effizienz und Genauigkeit juristischer Dienstleistungen bei gleichzeitiger Einhaltung höchster Datenschutzstandards.

Der Wandel des Berufsbildes durch KI eröffnet Anwälten neue Möglichkeiten, sich als Experten in einem innovativen und zukunftsorientierten Rechtsgebiet zu positionieren und ihre Mandanten bei der Bewältigung der komplexen Herausforderungen der digitalen Transformation zu unterstützen.

Persönliche Erfahrungen

Auch nach mehr als sieben Jahren bei Orrick macht die Arbeit immer noch Spaß. Neben dem tollen Team ist es vor allem das Rechtsgebiet, das mich jeden Tag aufs Neue ins Büro zieht. Was zu Beginn meiner Karriere die Datenschutzgrundverordnung war, ist heute die KI-Verordnung und die Datenverordnung – die Arbeit wird nie langweilig und fordert jeden Tag aufs Neue heraus.

3.4 Jobperspektive: externer Datenschutzbeauftragter

Florian Groothuis, Rechtsanwalt und externer Datenschutzbeauftragter bei der Kanzlei ByteLaw

Voraussetzungen

- **Examensnoten:** Während überdurchschnittliche Examensnoten den Einstieg erleichtern können, ist die Note im Bereich der Datenschutzberatung keineswegs das alleinige oder ausschlaggebende Kriterium. Von vergleichbarem Gewicht ist das Vorliegen eines vorhandenen Grundverständnisses über die Funktionsweise von IT-Systemen. Um als Datenschutzbeauftragter tätig zu sein, ist es nicht zwingend, das zweite Staatsexamen abgelegt zu haben. In der Praxis wird die Stellung des Datenschutzbeauftragten oftmals von Rechtsanwälten, Assessoren, Diplomjuristen oder IT-Spezialisten übernommen. Die Anforderungen, die ein Datenschutzbeauftragter erfüllen muss, werden von Art. 37 DSGVO vorgegeben. Danach hat dieser auf dem Gebiet des Datenschutzrechts und der Datenschutzpraxis über entsprechendes Fachwissen und eine entsprechende berufliche Qualifikation zu verfügen.

- **Zusatzqualifikationen:** Da der Datenschutzbeauftragte an der Schnittstelle zwischen Recht und IT tätig ist, sind Zusatzqualifikationen im Bereich der Informationstechnologie von Vorteil, aber kein Muss. Zumindest sollte ein Berufseinsteiger mit juristischem Hintergrund seine IT-Affinität plausibel darlegen können. Ob das durch ein Zertifikat als Datenschutzbeauftragter oder selbst angeeignete Kenntnisse in einer Programmiersprache geschieht, ist zunächst zweitrangig.
- **Vorerfahrungen:** Jegliche Vorerfahrungen im Bereich des Datenschutzes sind vorteilhaft, beispielsweise durch Seminare mit Bezug zum Datenschutz oder eine Station während des Referendariats bei einer Datenschutzaufsichtsbehörde.
- **Soft-Skills:** Datenschutzbeauftragte müssen in der Lage sein, komplexe rechtliche Vorgaben und technische Details fachfremden Personen zu erklären. Eine präzise Kommunikation hilft dabei, Missverständnisse zu vermeiden und sorgt dafür, dass alle Beteiligten die Anforderungen an den Datenschutz richtig umsetzen.
- **Weitere Anforderungen:** Da es vorkommen kann, dass die von Unternehmen vorgeschlagenen Projekte nicht ohne weitere Anpassungen datenschutzkonform umsetzbar sind, sollte ein Datenschutzberater bereit sein, alternative – technische – Lösungsan-

sätze zu erarbeiten, die die datenschutzkonforme Umsetzung des geplanten Projekts ermöglichen.

Im Job

Der Einstieg

In der Kanzlei ByteLaw erfolgt der Einstieg als Anwalt im Datenschutz direkt am Mandat. Nur so kann gewährleistet werden, dass Berufsanfänger ein Gespür für die datenschutzrechtlichen und technischen Zusammenhänge bekommen. Da vor allem die Vielzahl von zu berücksichtigenden technischen und organisatorischen Maßnahmen zum Schutz personenbezogener Daten überwältigend sein können, werden Berufsanfänger von einem erfahrenen Anwalt als Mentor begleitet. Parallel steht jeder Kollege als Gesprächspartner bereit, um Hilfestellung zu geben.

Arbeitsalltag

In der Regel begleitet man als Datenschutzbeauftragter verschiedene – datengetriebene – Projekte von Unternehmen und verfasst die datenschutzrechtliche Dokumentation oder unterstützt die IT- bzw. Compliance-Abteilung dabei. Das betrifft beispielsweise die Erstellung eines Verarbeitungsverzeichnisses, die Prüfung einer Datenschutzerklärung oder die Durchführung einer Datenschutz-Folgenabschätzung. Begleitet wird der Arbeitsalltag regelmäßig von ad hoc Anfragen der Mandanten und die Teilnahme an projektbezogene Besprechungen.

Da der Datenschutz eine Querschnittsmaterie ist, setzt man sich regelmäßig mit unterschiedlichen Fachrichtungen auseinander. So sind Betriebsvereinbarungen regelmäßig Gegenstand von Gesprächen mit der Geschäftsführung oder dem Betriebsrat eines Unternehmens. Zudem befasst man sich bei der Beratung von Unternehmen im Life Science Sektor regelmäßig mit den Vorgaben des SGB und weiteren bereichsspezifischen Gesetzen, zum Beispiel aus dem Bereich der Forschung.

Verantwortung

Auf Grund der hohen Bußgelder ist der Datenschutz in das Bewusstsein von Unternehmen gerückt und beeinflusst den Entscheidungsprozess in Unternehmen bei der Einführung neuer Technologien nicht unerheblich. Daher hat sich der Datenschutzbeauftragte immer seiner Verantwortung bewusst zu sein, dass die Beratung regelmäßig in das Geschäftsmodell eines Unternehmens eingreift. Bevor ein IT-Projekt als nicht datenschutzkonform markiert wird und gestoppt werden muss, hat der Datenschutzbeauftragte risikominimierende Maßnahmen im Blick zu haben, damit das Geschäftsmodell des Unternehmens datenschutzkonform fortgesetzt werden kann.

Herausforderungen im Tagesgeschäft

Die Herausforderung im Tagesgeschäft ist die kontinuierliche Fortbildung, und zwar sowohl im Bereich des Datenschutzes und der Datensicherheit als auch hinsichtlich der Funktionsmöglichkeiten verbreiteter IT-Anwendungen.

Gehaltsmöglichkeiten

Datenschutzbeauftragte haben ein breites Spektrum an Gehaltsmöglichkeiten, das von verschiedenen Faktoren abhängt. Dazu zählen beispielsweise die Berufserfahrung, die Branche sowie die Unternehmensgröße und der Verantwortungsbereich.

Vereinbarkeit von Beruf und Privatleben

Da die Ansprechpartner eines externen Datenschutzbeauftragten oftmals einen IT-Hintergrund haben und selbst flexible Arbeitszeitmodelle sowie Homeoffice-Möglichkeiten wahrnehmen, wirkt sich diese Arbeitsmentalität tendenziell auch auf die eigene Arbeitsweise aus. In der

Kanzlei ByteLaw kann jeder seine Arbeitszeiten für sich einteilen und im Homeoffice arbeiten. Das erleichtert die Vereinbarkeit von Familie und Beruf immens. Vor allem, wenn mein Kind mal krank oder die Kita plötzlich geschlossen ist, führt das nicht zu einem organisatorischen Kollaps. Die Arbeit erfolgt flexibel von zu Hause, und die für die Kinderbetreuung benötigte Zeit kann am Abend ausgeglichen werden. Diese flexiblen Arbeitszeiten erfordern aber auch ein hohes Maß an Verantwortungsbewusstsein und Selbstorganisation, damit die Vereinbarkeit funktioniert.

In der Regel ist die Arbeitszeit als Datenschutzbeauftragter gut planbar, außer es kommt zu einem Datenschutzvorfall, zu dem man hinzugezogen wird. Ist ein Unternehmen, für das man als externer Datenschutzbeauftragter benannt wurde, Opfer eines Cyberangriffs durch einen Hacker und es kommt zu einem Datenabfluss, sind innerhalb kurzer Zeit Risikoabwägungen vorzunehmen und unter Umständen Meldefristen einzuhalten. Das kann zeitweise zu einer hohen Arbeitsbelastung führen, wird allerdings durch Zeiten mit geringer Arbeitsbelastung ausgeglichen.

Weiterentwicklung, Karriere und Perspektive

Weiterbildung

Die Weiterbildungsmöglichkeiten eines Datenschutzbeauftragten sind vielfältig. Dabei sollte man immer die zahlreichen Stellungnahmen und Orientierungshilfen der nationalen Aufsichtsbehörden und des Europäischen Datenschutzausschusses im Blick haben, ebenso die Rechtsprechung deutscher Gerichte und die des EuGH. Besonders hervorheben können sich Berufseinsteiger durch Weiterbildungen im Bereich der IT-Sicherheit, da Kenntnisse in dieser Materie unter Juristen oft noch als exotisch wahrgenommen werden.

Karriere

Die Karrieremöglichkeiten sind vielfältig und hängen vor allem davon ab, ob man als Anwalt in einer Kanzlei, Referent in einer Behörde oder Syndikusrechtsanwalt in einem Unternehmen tätig ist. Mit steigender Erfahrung hat man die Möglichkeit, als Abteilungsleiter aufzusteigen bzw. Partner in einer Kanzlei zu werden, sofern man sich entsprechend bewährt hat. Ebenso hat man auch als Jurist die Chance, seine Kenntnisse in der IT-Sicherheit zu vertiefen, um die Position eines Information Security Officer in einem Unternehmen zu übernehmen.

Besonderheiten

Digitalisierung

Aufgrund der Beratung von IT-Unternehmen und IT-Abteilungen wird eine digitale Arbeitsweise als selbstverständlich vorausgesetzt. Die Mandanten stellen regelmäßig Testzugänge bereit, damit man als Datenschutzbeauftragter das digitale Produkt vor dem Go-Live-Termin aus datenschutzrechtlicher Perspektive überprüfen kann und mögliche Risiken frühzeitig erkannt sowie behoben werden können.

KI

Als Datenschutzbeauftragter ist man zum einen mit Anwendungen konfrontiert, die Künstliche Intelligenz enthalten. Seien es KI-basierte Chatbots, Transkriptionssoftware oder Suchfunktionen, stets stellt sich die Frage, ob und in welchem Maße personenbezogene Daten verarbeitet werden. Zugleich ist der Einsatz von KI-Anwendungen ein nützliches Hilfsmittel, um komplexe – technische – Sachverhalte effizient zu recherchieren. Das hat meines Erachtens den Vorteil, dass die dadurch freigewordene Zeit in das eigentliche Beratungsgespräch mit dem Mandanten einfließen kann, sodass beide Seiten hiervon profitieren.

3.5 Jobperspektive: Staatsanwalt im Bereich Cybercrime

Jana Ringwald, Oberstaatsanwältin bei der Zentralstelle zur Bekämpfung der Internetkriminalität

Voraussetzungen

- **Examensnoten:** Für den Eintritt in den höheren Justizdienst eines Landes werden grundsätzlich überdurchschnittliche juristische Examina verlangt. Hessen fordert aktuell mindestens 15 Punkte aus beiden Prüfungen, davon mindestens 7,5 Punkte in der zweiten Staatsprüfung. Im begründeten Einzelfall kann eine Bewerbung auch abweichend von diesen Notenwerten berücksichtigt werden, wobei für das zweite Staatsexamen 7,0 Punkte und eine Gesamtsumme von 15 Punkten nicht unterschritten werden dürfen. Das zweite Staatsexamen ist zwingend notwendig, denn nur sog. »Volljuristen« können in den höheren Justizdienst aufgenommen werden.
- **Zusatzqualifikationen:** Hohes Maß an Engagement, Flexibilität und Belastbarkeit sowie die Fähigkeit, sich schnell in neue Rechtsgebiete einzuarbeiten, Verhandlungsgeschick, Überzeugungskraft, Entscheidungsfreude sowie Durchsetzungsvermögen und sicheres Auftreten, Einfühlungsvermögen, Kommunikations-, Konflikt- und Teamfähigkeit, Verständnis für wirtschaftliche und gesellschaftliche Zusammenhänge.
- **Vorerfahrungen:** Berufliche Vorerfahrungen werden nicht gefordert. Wiederkehrend wählen Absolventen nach dem zweiten Staatsexamen zunächst den Weg in eine Kanzlei oder ein Unternehmen, um erst danach dem Staatsdienst beizutreten.
- **Soft-Skills:** Einfühlungsvermögen, Kommunikations- und Konfliktfähigkeit

- **Weitere Anforderungen:** Bewerber dürfen zum Zeitpunkt der Einstellung in vielen Ländern ein gewisses Alter nicht überschreiten. In Hessen liegt dieses aktuell bei 45 Jahren. Die Dienstfähigkeit aus amtsärztlicher Sicht muss ebenso bestätigt werden und ist Voraussetzung für die spätere Ernennung auf Lebenszeit.

Im Job

Der Einstieg

Angehende Staatsanwälte absolvieren zunächst eine mehrjährige Probezeit, während der sie mit verschiedenen staatsanwaltschaftlichen Aufgaben betraut werden. Oftmals erfolgt der Einstieg in einem Dezernat für allgemeine Kriminalität. In dieser Zeit werden sie gegengezeichnet, das bedeutet, dass sie mehrere Monate verfahrensleitende Entscheidungen nur nach Durchsicht eines Vorgesetzten treffen dürfen. Die Zeit der Gegenzeichnung verleiht Berufseinsteigern die notwendige Sicherheit in der Entscheidungsfindung. Innerhalb weniger Monate erweitern sich die Befugnisse.

In Staatsanwaltschaften herrscht eine Kultur der gegenseitigen Unterstützung. Neben der Abteilungsleitung stehen erfahrenere Kollegen in der Abteilung den Berufseinsteigern bei allen Fragen zur Seite. Nach erfolgreichem Ablauf der Probezeit erfolgt die Ernennung zum Staatsanwalt auf Lebenszeit. Ein Richtwert hierfür sind etwa drei Jahre.

Arbeitsalltag

Der Alltag in einem staatsanwaltlichen Dezernat bestimmt sich nach den zu treffenden Entscheidungen in den Verfahren, dem Sitzungsdienst bei Gericht und weiteren Einsätzen, etwa bei Vernehmungen und Durchsuchungen. Üblicherweise beginnt der Tag damit, sich einen Überblick über anstehende Entscheidungen zu verschaffen, wobei Haftsachen stets eine herausgehobene Stellung einnehmen, weil hier der besondere Beschleunigungsgrundsatz gilt. Eilige Entscheidungen etwa über die Notwendigkeit von Durchsuchungen oder die vorläufige Festnahme sind im Bereitschaftsdienst zu treffen. Staatsanwälte können sich ihre Arbeit selbst einteilen. Eine Kontrolle erfolgt über sog. »6-Monats-Listen«, in denen der Dezernent kurz begründen muss, warum ein Verfahren nach sechsmonatiger Verfahrensdauer noch nicht abgeschlossen ist, was bei der Strukturierung der eigenen Aufgaben durchaus hilfreich ist.

Staatsanwaltschaften unterhalten neben Abteilungen für allgemeine Kriminalität solche für Betäubungsmittel-, Wirtschafts-, Jugend-, Verkehrs- und Staatsschutzrecht, für Sexual- und Kapitaldelikte sowie für die internationale Rechtshilfe und organisierte Kriminalität. Es sind regelmäßig auch Umwelt- und Tierschutzdezernate eingerichtet. Internetkriminalität wird in vielen Ländern von zentralen Abteilungen oder Dienststellen bearbeitet, da hier besondere technische Herausforderungen bestehen. Im Bereich der Wirtschaftskriminalität wird von den Dezernenten gefordert, sich während der Tätigkeit in wirtschaftlichen Zusammenhängen, dem Steuerstrafrecht und Bilanzwesen, in speziellen Fällen auch im Wertpapierhandelsrecht fortzubilden. In diesem Bereich unterstützen erfahrene Wirtschaftsreferenten und die Steuerfahndungsstellen die Ermittlungen.

Verantwortung

Staatsanwälte treffen eigenverantwortlich Entscheidungen und leiten die Ermittlungen. Sie sind der Polizei gegenüber weisungsbefugt. Sobald die Zeit der Gegenzeichnung in den ersten Berufsmonaten abgeschlossen ist, sind nur noch vereinzelte Entscheidungen der Abteilungsleitung vorzulegen. Eine Vielzahl von strafprozessualen Maßnahmen erfordert richterliche Beschlüsse. Bei Eingriffen in Rechte des Beschuldigten, insbesondere wenn es etwa um Hausdurchsuchungen, Abhörmaßnahmen oder Untersuchungshaft geht, ist die staatsanwaltliche Verantwortung durch die richterliche Beschlussfindung begrenzt.

Als »Herrin des Verfahrens« gibt die Staatsanwaltschaft den Takt und Verlauf des Verfahrens vor. Ob eine Person in den Beschuldigtenstatus gerät, ob gegen diese Anklage erhoben oder Untersuchungshaft beantragt wird – über all das entscheidet der Staatsanwalt. Der Eingriff in empfindliche Freiheitsrechte der Bürger wird von keiner Behörde so sehr ausgeübt wie von der Staatsanwaltschaft und den Strafverfolgungsbehörden, weswegen Staatsanwälte ein besonders sensibles gesetzliches Mandat wahrnehmen.

Herausforderungen im Tagesgeschäft

Staatsanwaltschaften erreicht täglich eine hohe Anzahl von Strafanzeigen. Die Arbeitslast ist hoch, nicht selten sind die Verfahrensinhalte emotional belastend. Die Justiz befindet sich wie die Gesellschaft insgesamt in der digitalen Transformation und aktuell noch immer in der Umstellung auf die elektronische Akte und das datenbasierte Arbeiten, was Herausforderung und Chance zugleich ist. Im Bereich der Massenverfahren sind Schritte hin zur Verfahrensökonomie erforderlich und zu erwarten.

Persönlich kann das kontroverse Moment des Strafprozesses, etwa in Auseinandersetzung mit der Verteidigung oder den Gerichten, ein hohes Maß an emotionaler Resilienz erfordern. Das berufliche Umfeld ist inhaltlich konfliktträchtig, die Fälle sind dabei nicht selten rechtlich anspruchsvoll. Mit der Zeit bildet sich über all diese Herausforderungen die Fähigkeit, in der Tatsachenfindung und rechtlichen Bewertung gedanklich flexibel zu werden. Dies hilft insbesondere beim Einsatz bei Gericht, da dort der »Rückzug ins Büro« nicht möglich ist.

Gehaltsmöglichkeiten

Staatsanwälte erhalten Dienstbezüge nach dem Besoldungsgesetz des jeweiligen Landes in der Besoldungsordnung »R«. Damit werden sie besoldungsrechtlich deutschlandweit Richtern gleichgesellt. Der Berufseinstieg als Staatsanwalt erfolgt als Richter auf Probe in der Besoldungsgruppe R 1, wobei die Besoldung mit zunehmender Berufserfahrung stufenweise ansteigt und sich durch Zuschläge – z. B. einen Familienzuschlag – erhöhen kann. In Krankheitsfällen besteht ein Anspruch auf Beihilfe sowie auf Versorgung nach beamtenrechtlichen Grundsätzen. Im Falle der Beförderung richtet sich die jeweilige Besoldung nach dem Beförderungsamt.

Vereinbarkeit von Beruf und Privatleben

Allgemein lässt sich sagen, dass die Vereinbarkeit von Beruf und Familie in der Justiz gut bis sehr gut vorhanden ist. Ob individuelle Arbeitszeitmodelle, flexible Arbeitszeiten, Förderung von Teilzeit oder mobile Arbeit: Es besteht eine große Bandbreite an Möglichkeiten. Ein bis zwei Tage in der Woche aus dem Homeoffice zu arbeiten, ist seit einigen Jahren zum Standard in deutschen Staatsanwaltschaften geworden. Staatanwälte arbeiten regelmäßig in Gleitzeit. Das bedeutet, dass die fachliche Erreichbarkeit in einer Kernarbeitszeit gewährleistet sein muss. Urlaub ist nach Absprache mit den Abteilungsmitgliedern zu nehmen.

Weiterentwicklung, Karriere und Perspektive

Weiterbildung

Ein speziell auf die Bedürfnisse von Berufseinsteigern zugeschnittenes Fortbildungsprogramm begleitet den Start bei der Justiz. Die Justizverwaltungen der Länder unterhalten eigene Justizakademien, die Deutsche Richterakademie bietet bundesweit Fortbildungen an, und das European Judical Training Network (EJTN) fördert den fachlichen Austausch innerhalb der EU.

Staatsanwälte können sich auf verschiedene Einsatzgebiete spezialisieren, wie beispielsweise in Sonderabteilungen für Cyberkriminalität oder Waffen- und Drogenhandel, Wirtschafts- oder Umweltstrafsachen. Es besteht die Möglichkeit, Kenntnisse durch Abordnungen und Hospitationen bei anderen Behörden und Gerichten – national wie international – zu erweitern. Neben der staatsanwaltschaftlichen Tätigkeit können Dezernenten zusätzliche Aufgaben in der Justizverwaltung – z. B. als Pressesprecher – oder im Rahmen der Referendarausbildung übernehmen.

Karriere
Bei entsprechender Eignung, Befähigung und fachlicher Leistung kann eine Beförderung zum Oberstaatsanwalt erfolgen. In der Regel leiten diese eine Abteilung mit mehreren Staatsanwälten bei einer Staatsanwaltschaft. In Ausnahmefällen werden Beförderungen zum Leitenden Oberstaatsanwalt ausgesprochen.

Besonderheiten

Digitalisierung
Seit Inkrafttreten des Gesetzes zur Einführung der elektronischen Akte in der Justiz und zur weiteren Förderung des elektronischen Rechtsverkehrs am 01.01.2018 sind die Landesjustizen damit befasst, die elektronische Akte einzuführen. Avisiert ist der Abschluss der Digitalisierung der gesamten Justiz bis 2026 durch verbindliche Einführung der elektronischen Aktenführung auch in den übrigen Verfahrensordnungen.

Die elektronische Akte stellt jedoch nur einen Teil der Digitalisierung der Justiz dar. Mit der zunehmenden Digitalisierung der Gesellschaft werden Datenspuren in allem Kriminalitätsbereichen immer relevanter, weswegen das datenbasierte und datenverständnisorientierte Arbeiten zum zentralen Bestandteil auch der allgemeinen Kriminalitätsbekämpfung geworden ist. Der Umgang mit Providern, Kryptowährungen und der Begehungsweise über das Internet erfordert von den Dezernenten die stete Fortbildung in diesen Bereichen. Gleichzeitig bietet das »Denken in Daten« auch eine gewaltige Chance für die Justiz, gerade wenn es um Massenkriminalitätsphänomene im digitalen Raum geht.

KI

Künstliche Intelligenz (KI) bietet der Justiz verschiedene Einsatzmöglichkeiten, hier seien nur einige genannt. Bei allgemeinen Vorermittlungen kann KI z. B. helfen, Einbruchsserien frühzeitig zu erkennen und dagegen vorzugehen. Sie leitet aus polizeilichen Datenbeständen räumliche und zeitliche Schwerpunkte zu Wohnungseinbrüchen ab und erkennt damit Verhaltensmuster von sogenannten reisenden Tätern. KI-gestützte biometrische Methoden in der Cyberforensik können es erleichtern, zuverlässig kinderpornographisches Material zu identifizieren. Große Datenmengen lassen sich zudem mit KI strukturieren. Im Bereich der juristischen Assistenz bieten die Formulierung von Textbausteinen, das Herausfiltern unstreitiger Sachverhalte in der Akte und der Vergleich von verschiedenen Schriftsätzen zur Vorbereitung einer Entscheidung weitere Anwendungsfelder von KI in der Justiz.

Persönliche Erfahrungen

Staatsanwältin zu sein, ist eine spannende, vielseitige und zugleich erfüllende Tätigkeit. Meine Spezialisierung zu Cyberstaatsanwältin ermöglicht es mir zudem, im Bereich des datenbasierten Arbeitens und der Sicherstellung von Kryptowährungen Neuland zu betreten und die Justiz der Zukunft mitzugestalten.

3.6 Jobperspektive: Inhouse Syndikusrechtsanwalt

Stefan Feistenauer, juristischer Ausbilder in einem Unternehmen der Automobilzulieferindustrie

Als Syndikusrechtsanwalt in einem Unternehmen der Automobilzulieferindustrie ist der Alltag sehr abwechslungsreich. Die Stelle vereint juristische Expertise mit unternehmerischem Denken und benötigt eine Vielzahl von Fähigkeiten, um den verschiedenartigen täglichen Herausforderungen gerecht zu werden.

Voraussetzungen

- **Examensnoten:** Zunächst einmal sind – wie überall - gute Examensnoten im ersten und idealerweise zweiten Staatsexamen von Vorteil. Denn diese Noten vermitteln nicht nur das juristische Wissen, sondern auch die Fähigkeit, komplexe Sachverhalte schnell zu erfassen. Insbesondere letztere Eigenschaft ist in einem Unternehmen von entscheidender Bedeutung. Grundsätzlich ist jedoch die Bereitschaft, sich in unbekannte Materien einzuarbeiten und sich darauf einzulassen sowie Strukturiertheit und Zielorientiertheit in seiner Arbeitsweise wichtiger als die Abschlussnote an sich. Denn als Jurist im Unternehmen ist man immer auch Unternehmer und hat stets die kommerzielle Seite im Blick. Kaum ein Sachverhalt ist nur mit der juristischen Expertise allein zu lösen. Soweit man keine Tätigkeit als Syndikusrechtsanwalt anstrebt, sind Juristen in Unternehmen auch mit einem Bachelor- oder Master- Abschluss gern gesehen. Der Aufgabenbereich unterscheidet sich kaum.
- **Zusatzqualifikationen:** Ein Master of Laws (LL.M.) oder ggf. abgeleistete Fachanwaltslehrgänge mit wirtschaftlichem Hintergrund sind stets hilfreich. Auch eine wirtschaftswissenschaftliche Zusatzausbildung oder ein fachspezifische Fremdsprachenausbildung, vornehmlich Englisch und eine weitere Fremdsprache, sind vorteilhaft. Dies trifft besonders bei international tätigen Unternehmen zu. Die Zusatzqualifikationen eröffnen oftmals auch die Möglichkeit, im Management des Unternehmens aufzusteigen. Die gewählten zusätzlichen Qualifikationen sollten in der Regel zum jeweiligen Betrieb passen, um auch einen Mehrwert für das Unternehmen darzustellen.
- **Vorerfahrungen:** Praktika oder Referendariate in Unternehmen oder wirtschaftsorientierten Kanzleien bieten natürlich wertvolle Einblicke in die Arbeitsweise und die Gepflogenheiten eines Unternehmens, sind aber keine unabdingbaren Voraussetzungen für den Einstieg in den Beruf. Wenn man sich mit dem Gedanken trägt, sich

zu spezialisieren, z. B. im Arbeitsrecht, können einschlägige Vorerfahrungen im Referendariat, als Werkstudent oder als Nebenjob von Vorteil sein für die eigene Karriereplanung. Insofern gibt es per se keinen pauschalen alleinigen »richtigen« Weg. Je nach Stellenzuschnitt sind deshalb auch Juristen ohne Vorerfahrungen für einen Eintritt ins Berufsleben geeignet.

- **Soft-Skills:** Als Soft Skills sind Neugier auf interdisziplinäre Zusammenarbeit mit nicht-juristischen Fachabteilungen, Kommunikationsfähigkeit und Bereitschaft zur Teamarbeit unerlässlich, um seine Expertise zum Wohle des Unternehmens einbringen zu können.
- **Weitere Anforderungen:** Ein Unternehmensjurist ist immer auch Projektmanager und muss viele Dinge gleichzeitig zu steuern in der Lage sein, da stets mehrere verschiedene Unternehmensabteilungen mit teils unterschiedlichen Interessen untereinander involviert sind, welche es in Übereinstimmung zu bringen gilt, um Sachverhalte akkurat herauszuarbeiten. Insofern sind schnelle Auffassungsgabe, analytisches Denken, Flexibilität und Anpassungsfähigkeit gepaart mit Kreativität von entscheidender Bedeutung. Mit der zunehmenden Digitalisierung im Rechtsbereich ist es zudem wichtig, technologische Tools und Software effektiv nutzen zu können. Dazu gehört auch ein Verständnis für Datenschutz- und IT-Recht. Schließlich ist die Fähigkeit, potenzielle Risiken frühzeitig zu erkennen und Strategien zur Risikominderung zu entwickeln, für die rechtliche Beratung innerhalb eines Unternehmens von großer Bedeutung.

Im Job

Der Einstieg

Der Einstieg als Syndikusrechtsanwalt erfolgt häufig direkt nach dem Referendariat oder über Trainee-Programme. Junge Nachwuchsjuristen werden eng begleitet von Senior-Juristen, welche als Mentoren und

Ausbilder fungieren. Damit die Ausbildung effizient gestaltet werden kann, ist in der ersten Zeit ein Mix aus »dabei sein« bei Verhandlungen und Erstellen von juristischen Gutachten einschließlich der Nutzung von juristischen Recherchetools unabdingbar. Dabei wird grundsätzlich auf eigenständige Arbeitsweise Wert gelegt, welche im Rahmen von regelmäßigen Besprechungen mit den Mentoren verfeinert wird. Die Entwicklung des Berufsanfängers steht dabei im Vordergrund, damit dieser in die Lage versetzt wird, im Laufe der Zeit mehr und mehr Themen eigenverantwortlich zu betreuen.

Arbeitsalltag

Der Arbeitsalltag ist abwechslungsreich: Vertragsprüfungen, rechtliche Beratung für verschiedene Unternehmensbereiche wie Einkauf, Vertrieb, Forschung und Entwicklung sowie Unterstützung des Vorstands bei strategischen Entscheidungen gehören zum täglichen Geschäft. Meistens kommen ungefiltert unternehmensinterne Anfragen per E-Mail an die juristische Abteilung, welche von den zuständigen Juristen entsprechend abgearbeitet werden.

Zudem werden Besprechungen, virtuell oder in Präsenz, angesetzt, um Sachverhalte und Hintergründe zu klären, damit alle Beteiligten auf dem gleichen Stand sind oder um abgestimmte Entscheidungen herbeizuführen. Oftmals obliegt es dann der juristischen Abteilung, die Absprachen zu dokumentieren und die Umsetzung einzuleiten. Davon unabhängig zu sehen sind Sonderthemen, welche zur täglichen Arbeit hinzukommen können, wie z.B. Merger & Acquisition Projekte, Finanzierung oder auch gesellschaftsrechtliche Umstrukturierungen, die ihrerseits in den Arbeitsalltag strukturiert einzugliedern sind.

Als Unternehmensjurist ist man in gewisser Weise Projektsteuerer, welcher als Bindeglied funktioniert sowohl zwischen den internen Abteilungen als auch, insbesondere bei größeren Projekten oder juristischen Auseinandersetzungen, zu externen Anwälten, deren Tätigkeiten man koordiniert und als Ansprechpartner für die Anwälte aber auch für die Unternehmensleitung fungiert. Aufgrund der berufsbedingten Überschneidungen gibt es auch große Schnittstellen zu den Fachbereichen Compliance, Internal Audit und Risikomanagement.

Verantwortung

Als Jurist trägt man generell Verantwortung, da unternehmerische Entscheidungen in der Regel auch auf der juristischen Expertise beruhen. Insofern hat man das unternehmerische Interesse stets im Blick zu haben. Denn mit der Verantwortung einher geht die Minimierung von rechtlichen Risiken und die Verpflichtung, stets sicherzustellen, dass das Unternehmen alle gesetzlichen Vorgaben einhält und keine Schäden im Geschäftsverkehr erleidet.

Die Verantwortung lässt sich insoweit am besten mit einem selbständigen Anwalt vergleichen, der seine Mandanten stets mit dem »sichersten Weg« berät, nur, dass der Inhouse-Jurist/ Syndikusrechtsanwalt nur einen Mandanten, sein Unternehmen, hat. Und dieses verlässt sich auf die Expertise seiner Juristen bei seinen mitunter weitreichenden Business-Entscheidungen. Somit erfordert der mit dem Job eröffnete Verantwortungsbereich ständige Weiterbildung und Anpassung an neue rechtliche Rahmenbedingungen.

Herausforderungen im Tagesgeschäft

Nicht verwunderlich: Eine der größten Herausforderungen ist der Zeitdruck. Oftmals müssen rechtliche Fragen oder Vertragsverhandlungen innerhalb kürzester Zeit gelöst werden. Dies kann zu eine hohen Arbeitsintensität führen und erfordert effizientes Zeitmanagement sowie die Fähigkeit, Prioritäten zu setzen. Dabei ist die multidisziplinäre Zusammenarbeit im Unternehmen zugleich Fluch und Segen.

Gehaltsmöglichkeiten

Die Gehaltsmöglichkeiten für Syndikusrechtsanwälte variieren je nach Unternehmensgröße erheblich. In großen Unternehmen kann das Gehalt im oberen fünfstelligen Bereich liegen, in kleineren Unternehmen tendenziell weniger. Grundsätzlich lässt sich sagen, dass sich die Verdienstmöglichkeiten in einem Unternehmen sich an der bisherigen Ausbildung als Jurist orientieren und als attraktiv zu bezeichnen sind. Berufsanfänger können mit einem 40-Stunden-Vertrag rechnen mit der Möglichkeit, in außertarifliche Vergütungsstrukturen aufzusteigen.

Vereinbarkeit von Beruf und Privatleben

Die Vereinbarkeit von Beruf und Privatleben ist ein weiterer wichtiger Aspekt des Jobs und kann im Berufsfeld Unternehmensjurist sehr gut abgebildet werden. Denn viele Unternehmen fördern flexible Arbeitsmodelle, was es ermöglicht, Familie und Beruf besser miteinander zu vereinbaren. Homeoffice-Optionen bieten entsprechende zusätzliche Flexibilität. Somit ist die Work-Life-Balance ein Asset, welches Unternehmen grundsätzlich gewähren, um versierte Nachwuchskräfte anzuwerben.

Im Normalfall sind – anders als in der Anwaltschaft – die Wochenenden und die Abende frei. In Projekthochphasen ist aber sicherlich mit Mehrarbeit zu rechnen. Es besteht dann die Möglichkeit, je nach Tarifvertrag, Freizeitausgleich zu erhalten. Arbeitnehmer erhalten grundsätzlich 30 Arbeitstage Urlaub, welcher innerhalb eines Kalenderjahres zu nehmen ist.

Weiterentwicklung, Karriere und Perspektive

Weiterbildung

Fachliche juristische Lehrgänge oder spezielle Schulungen/ Webinare in neuen Rechtsgebieten sind als Unternehmensjurist zur Vertiefung des eigenen Wissens notwendig. Viele Unternehmen gewähren Zuschüsse oder übernehmen bei entsprechendem Budget hierfür gänzlich die Kosten, bieten aber auch interne Fortbildungen unternehmenseigenen

Bildungsakademien an, die neben fachspezifischem Wissen auch Social- und Soft-Skills wie die Ausbildung von Führungspersonal anbieten.

Karriere

Die Karriere eines Unternehmensjuristen bietet vielfältige Möglichkeiten zur Weiterentwicklung und Spezialisierung. Ob durch vertikale Aufstiege in Führungspositionen oder horizontale Wechsel in andere Fachbereiche – die Kombination aus juristischer Expertise und unternehmerischem Denken eröffnet zahlreiche Wege für eine erfolgreiche berufliche Laufbahn. In multinationalen Unternehmen gibt es oft Möglichkeiten für internationale Einsätze oder Projekte im Ausland, was nicht nur die berufliche Entwicklung fördert, sondern auch persönliche Erfahrungen bereichert.

Viele Juristen wechseln in andere Bereiche des Unternehmens, wie z. B. Compliance, Risikomanagement oder sogar in operative Funktionen wie Projektmanagement oder Business Development. Diese interdisziplinären Erfahrungen erweitern das Verständnis für das Unternehmen und erhöhen die Karrierechancen. Dem eigenen Karriereaufstieg sind bei entsprechender Qualifikation und Performance bei entsprechender strategischer Planung keine Grenzen gesetzt.

Besonderheiten

Digitalisierung

Mit der zunehmenden Digitalisierung im Rechtsbereich ist es wichtig, technologische Tools, Datenbanken und Software, z. B. beck-online oder juris, effektiv nutzen zu können. Dazu gehört auch ein grundlegendes Verständnis für Datenschutz- und IT-Recht. So können beispielsweise im Rahmen eines M& A-Projekts bei der Durchsicht großer Datenmengen (z. B. im Rahmen von Rechtsstreitigkeiten) spezialisierte Softwarelösungen helfen, relevante Informationen schneller zu identifizieren. Die Digitalisierung verändert den Arbeitsalltag von Unternehmensjuristen fundamental, indem sie Effizienzsteigerungen ermöglicht, Routineaufgaben automatisiert und neue Kommunikationswege eröffnet. Gleichzeitig bringt sie Herausforderungen mit sich, insbesondere im Hinblick auf Datenschutz und Cybersecurity. Um in dieser digitalen Landschaft erfolgreich zu sein, müssen Unternehmensjuristen bereit sein, sich kontinuierlich weiterzubilden und neue Technologien zu adaptieren.

KI

Künstliche Intelligenz wird in Unternehmen zunehmend eingesetzt, um Routineaufgaben wie Vertragsanalysen zu automatisieren oder rechtliche Recherchen effizienter zu gestalten. Dies ermöglicht mehr Zeit für strategische Überlegungen und kreative Problemlösungen. Zudem kann KI eingesetzt werden im Rahmen von Schulungen und Weiterbildungen, um auf E-Learning Plattformen Mitarbeiter zielgerichtet schulen zu können. Auch kann KI den gesamten Lebenszyklus eines Vertrags – Contract Lifecycle Management (CLM) – überwachen, angefangen von der Erstellung von Entwürfen über die Verhandlung bis hin zur Erfüllung und Archivierung. Zudem ist das CLM geeignet, um Fristüberwachungen durchzuführen.

Grundsätzlich steht der Bereich »KI im Unternehmen für Juristen« erst am Anfang und wird sicherlich die nächste Zeit einen exponentiellen Aufstieg erfahren. Für die Zukunft wird wichtig sein, dass geeignete Tools ausgewählt werden, welche den spezifischen Bedürfnissen des jeweiligen Unternehmens entsprechen.

Persönliche Erfahrungen

Der Abwechslungsreichtum mit unterschiedlichen Themenfeldern in der täglichen Arbeit ist auf der einen Seite herausfordernd, aber auf der anderen Seite auch erfüllend. Schließlich schärft der direkte interdisziplinäre Kontakt mit Kollegen jedes Mal die juristischen Sinne und man erfährt zugleich sinnstiftende Bestätigung seiner eigenen juristischen

Arbeit, wenn im Kollegenkreis auf den juristischen Ratschlag vertraut wird. Zusammenfassend lässt sich sagen: Der Beruf des Syndikusrechtsanwalts bietet spannende Perspektiven in einem dynamischen Umfeld mit vielfältigen Entwicklungsmöglichkeiten – sowohl persönlich als auch beruflich.

3.7 Jobperspektive: Syndikusrechtsanwalt in der Rechtsabteilung einer Bank

Martin Wucherpfennig, Syndikusrechtsanwalt bei der DZ Bank
Fabian Löw, Syndikusrechtsanwalt bei der DZ Bank

Ein Syndikusrechtsanwalt ist ein Rechtsanwalt, der bei einem nicht-anwaltlichen Arbeitgeber angestellt ist und für diesen anwaltlich tätig ist (vgl. § 46 Abs. 2 BRAO). Er berät grundsätzlich im Unterschied zum klassischen Rechtsanwalt nur bei Rechtsangelegenheiten seines Arbeitgebers. Außerdem ist seine Vertretungsbefugnis vor Gerichten beschränkt.

Für die Tätigkeit als Syndikusrechtsanwalt bedarf es ebenfalls einer Zulassung zur Rechtsanwaltschaft (vgl. § 46a BRAO). Hierzu müssen die allgemeinen Zulassungsvoraussetzungen zum Beruf des Rechtsanwalts vorliegen und die anwaltliche Tätigkeit muss beim Arbeitgeber eigenverantwortlich und fachlich unabhängig ausgeübt werden. Die Zulassung als Syndikusrechtsanwalt führt zur Pflichtmitgliedschaft in einer Rechtsanwaltskammer. Als Mitglied einer Rechtsanwaltskammer hat der Syndikusrechtsanwalt einen jährlichen Kammerbeitrag zu zahlen. Außerdem führt diese Pflichtmitgliedschaft grundsätzlich zur Pflichtmitgliedschaft im örtlich zuständigen Rechtsanwaltsversorgungswerk. Ein Syndikusrechtsanwalt hat ebenfalls ein besonderes elektronisches Postfach zu führen.

Voraussetzungen

- **Examensnoten:** Das zweite Staatsexamen ist für die Syndikuszulassung unerlässlich. Außerhalb des Rechtsbereichs der DZ BANK (z. B. Datenschutz, Compliance, Treasury) sind Positionen mit juristischen Bezügen auch mit anderem Hintergrund, z. B. erstes Staatsexamen, Wirtschaftsrechtsstudium etc., möglich. Die Examensnoten spielen in Rechtsabteilungen von Banken u.a. aufgrund der kompetitiven Gehaltsmöglichkeiten unter den juristischen Berufen weiterhin keine unerhebliche Rolle, auch wenn nicht zwingend stets ein Prädikatsexamen gefordert wird. Die DZ BANK fordert für eine Einstellung in ihren Rechtsbereich derzeit grundsätzlich mindestens ein Prädikatsexamen.
- **Zusatzqualifikationen:** Sehr gute Englischkenntnisse sind aufgrund der – je nach Herkunft der Parteien oder dem allgemeinen Marktstandard – oftmals englischsprachigen Vertragsdokumentation sowie der Prüfung von z. B. neuen europäischen Gesetzesvorhaben wichtig. Ein wirtschaftliches Grundverständnis ist notwendig. Promotion und LL.M. sind vorteilhaft.
- **Vorerfahrungen:** Vorerfahrungen durch Praktika, wissenschaftliche Mitarbeit, Referendarsstationen oder eine vorausgehende Tätigkeit als Volljurist in banknahen Rechtsgebieten (z. B. Gesellschaftsrecht, Kapitalmarktrecht, Bank- und Finanzrecht, Insolvenzrecht) bzw. Wirtschaftskanzleien sind äußerst hilfreich, ihr Nutzen hängt aber auch von der konkreten Stelle ab. Banken stellen je nach Position sowohl Berufsanfänger als auch Juristen mit Berufserfahrung ein. So auch die DZ BANK.
- **Soft-Skills:** Die adressatengerechte Vermittlung von juristischen Themen und Hintergründen an Nichtjuristen ist eine wesentliche Fähigkeit und Herausforderung, welche der Alltag des Syndikusanwalts mit sich bringt. Es sollte eine klare Serviceorientierung vorhanden sein, gepaart mit einem ausgeprägtem Lösungsgeschick. Eine grundsätzliche Offenheit für wirtschaftliche Themen und tech-

nische Neuerungen ist unerlässlich, um die rechtlichen Fragestellungen zu durchdringen.

- **Weitere Anforderungen:** Als grundlegende Anforderungen verlangt die Tätigkeit engagiertes und eigenverantwortliches Arbeiten, sichere Entscheidungsfreudigkeit, Überzeugungs- und Kooperationsfähigkeit sowie eine hohe Teamfähigkeit.

Im Job

Der Einstieg

Üblicherweise werden ein Onboarding-Prozess (Vorstellung, Schulungen etc.) durchlaufen und Einführungsveranstaltungen besucht. Von Anfang an besteht – bei der DZ BANK – direkter Kontakt zu den (internen) Mandanten und ein hohes Maß an eigenverantwortlicher Tätigkeit. Dies ist ein wesentlicher Unterschied zur Arbeit in vielen Großkanzleien, bei welchen eher eine Zuarbeit zu erfahreneren Kollegen stattfindet.

Arbeitsalltag

Ein üblicher Arbeitstag gestaltet sich unter anderem aus einer Mischung aus kurzen und langen, internen und externen Calls, Recherchen, kurzen und längeren E-Mails, kürzeren Memos, Vertragskommentierungen und Unterstützung bei Vertragsentwürfen. Der Arbeitsalltag ist geprägt von interdisziplinärer Zusammenarbeit mit verschiedenen Berufsgruppen, was auch den Reiz der Syndikustätigkeit ausmacht.

Die konkreten Rechtsgebiete hängen von der Stelle und dem jeweiligen Team im Rechtsbereich (dieser ist intern in Abteilungen und diese sind in der Regel wiederum in Gruppen gegliedert) ab. Durch die verschiedenen rechtsberatenden Teams ist eine gewisse Spezialisierung gefordert. In Frankfurt existieren bei der DZ BANK Teams mit den folgenden Schwerpunkten:

- Kredit-, Kreditsicherungs- und Insolvenzrecht;

- Gesellschafts- und Wertpapierrecht;
- Derivaterecht;
- Bankaufsichtsrecht, Zahlungsverkehrsecht sowie allgemeine Rechtsfragen (Wettbewerbsrecht, Datenschutzrecht etc.).

Am Standort in Düsseldorf besteht ein weiteres Team. Dieses beschäftigt sich ebenfalls mit kreditrechtlichen Themen und betreut darüber hinaus Rechtsfragen im Zusammenhang mit der Wertpapierverwahrung und dem Gebäudemanagement der DZ BANK.

Verantwortung

Jeder Syndikusrechtsanwalt kümmert sich eigenständig um die internen Mandate und trägt hierfür die Verantwortung. Führungsverantwortung besteht abgesehen von der Betreuung von Nachwuchskräften ab Teamleiterebene.

Herausforderungen im Tagesgeschäft

Wie bereits beim Punkt Soft-Skills erwähnt, ist die wesentliche Herausforderung im Tagesgeschäft dem juristisch unterschiedlich vorgebildeten Adressaten in der Bank teilweise sehr komplexe juristische Themen in einer Weise aufzubereiten, damit dieser eine sinnvolle wirtschaftliche Entscheidung treffen kann. Dabei bedarf es stets eines serviceorientierten Ansatzes, bei welchem ein gesundes Maß an Pragmatismus zielführender ist als die überbordende Darstellung verschiedener juristischer Ansichten. Die Prüfung juristischer Fragen im Hintergrund erfordert hingegen stets kein geringeres Maß an Sorgfalt als die rechtsanwaltliche Tätigkeit in einer Kanzlei.

Gehaltsmöglichkeiten

Je nach Berufserfahrung und Seniorität ergeben sich auch unterhalb der Führungsebene sechsstellige Verdienstmöglichkeiten (Fixum inkl. Bonus). Hinzu kommen üblicherweise weitere Arbeitgeberleistungen, z.B.

betriebliche Altersvorsorge, Übernahme des Deutschland-Tickets, diverse Vergünstigungen bei Kultureinrichtungen und Onlineshops, etc.

Vereinbarkeit von Beruf und Privatleben
Im Gegensatz zu Großkanzleien bietet eine Tätigkeit als Syndikusrechtsanwalt in der DZ BANK planbarere Arbeitszeiten von ca. 40-45 Stunden pro Woche und ermöglicht dadurch ein höheres Maß an Work-Life-Balance. Unterhalb der Führungsebene und bestimmten Gehaltsgrenzen verfügen die Syndikusrechtsanwälte über einen 39-Wochenstunden-Vertrag mit Überstundenausgleich, sodass über Gleitzeit- bzw. Langzeitkonten Freizeitausgleich möglich ist. Mitarbeitende der DZ BANK erhalten 30 Urlaubstage sowie Sonderurlaubstage bei bestimmten Anlässen.

Weiterentwicklung, Karriere und Perspektive

Weiterbildung
Der Rechtsbereich ermöglicht die Teilnahme an individuellen, internen und externen Weiterbildungsprogrammen, Fachveranstaltungen und Seminaren. Darüber hinaus existieren Fortbildungsveranstaltungen zu juristischen und nichtjuristischen Themen auf Teamebene. Ebenfalls besteht Zugriff auf das allgemeine Fortbildungsprogramm der DZ BANK. Hierzu zählt beispielsweise die Plattform Masterplan, bei welcher sowohl bank- und finanzspezifische Themen erörtert werden als auch die Möglichkeit besteht, sich zu diversen anderen Themengebieten (z.B. IT und Digitalisierung, Verhandlungsmanagement, Psychologie oder Gesundheit) fortzubilden.

Abschließend unterhält die Bank das sogenannte Potenzialförderprogramm für engagierte Mitarbeitende, welche durch den Vorschlag einer Führungskraft oder ihre eigene Bewerbung bei entsprechender Qualifikation hierfür nominiert werden können. Dieses sieht über einen Zeitraum von achtzehn Monaten diverse Bausteine zur persönlichen

Weiterentwicklung (inkl. Hospitation, Mentoring, Coaching etc.) vor, um sich entweder erstmals auf eine potenzielle bzw. auf die nächsthöhere Führungsposition vorzubereiten oder um sich innerhalb der aktuellen Rolle zu verändern.

Karriere
Es besteht im Rechtsbereich der DZ BANK sowohl die Möglichkeit, Führungsverantwortung zu übernehmen (Gruppenleitung, Abteilungsleitung, Bereichsleitung), als auch auf horizontaler Ebene die sogenannte Expertenlaufbahn einzuschlagen. Voraussetzungen für die Expertenlaufbahn sind eine langjährige Betriebszugehörigkeit, vertieftes Expertenwissen in mindestens einem Rechtsgebiet sowie über wirtschaftliche Zusammenhänge über das betreute Fachgebiet und die Übernahme von einer gewissen Meinungsträgerschaft in dieser Hinsicht (z.B. durch einschlägige Vorträge und Veröffentlichungen). Daneben besteht die Möglichkeit, aus dem Rechtsbereich der Bank heraus in eine Funktion in einen der diversen Fachbereiche der Bank oder der Konzernunternehmen zu wechseln und sich dort weiterzuentwickeln.

Besonderheiten

Digitalisierung
Der Arbeitsalltag in einer Bank ist heutzutage in der Regel stark digitalisiert.

KI
Die Entwicklung und Nutzung von KI schreitet in der DZ BANK voran und wird auch im Rechtsbereich zunehmend integriert. Die DZ BANK verfügt beispielsweise über ein auf ChatGPT basierendes Tool, welches allen Mitarbeitenden zur Verfügung steht und fortlaufend weiterentwickelt wird.

Persönliche Erfahrungen

Wir haben Freude daran, als Rechtsbereich der DZ BANK der Anwalt einer großen Bank zu sein und neue Erscheinungen in der Finanzwirtschaft von Beginn an juristisch begleiten zu dürfen. Dabei begreifen wir unsere Aufgabe darin, rechtliche Probleme zu erkennen und mit Hands-on-Mentalität zu lösen, um so unseren Beitrag zum Erfolg der DZ BANK zu leisten.

3.8 Jobperspektive: Syndikusrechtsanwalt in der Rechtsabteilung eines Verbandes

Helen Ördög, Vorstandsvorsitzende des VdRH und Volljuristin beim Vorstand der IG Metall

Was die Tätigkeit als Syndikusrechtsanwalts bedeutet, wurde bereits am Beispiel der DZ BANK im vorangegangenen Beitrag erläutert, sodass auf die Ausführungen dort verwiesen wird.

Voraussetzungen

- **Examensnoten:** Das 2. Staatsexamen ist für die Syndikuszulassung unerlässlich. Sofern man keine Syndikusrechtsanwaltszulassung anstrebt, kann die Position als Volljurist und je nach Verband auch als Diplomjurist ausgeübt werden. Bei Sozialverbänden kann die Möglichkeit bestehen, die Tätigkeit als Sozialjurist (Bachelor of Laws oder Master of Laws (LL.M)) auszuüben. Die Examensnoten spielen in Rechtsabteilungen von Verbänden unterschiedliche Rollen, je nachdem, welcher Verband und welches Rechtsgebiet bearbeitet wird.
- **Zusatzqualifikationen:** Je nachdem, in welchem Verband welche Rechtsgebiete bearbeitet werden, können z. B. Englischkenntnisse oder ein spezielles Fachgebiet wie Sozialrecht oder Gesellschaftsrecht gefordert sein. Da es bei der Tätigkeit häufig um die Vertre-

tung der Interessen der Mitglieder des Verbandes geht, sollte das Rechtsgebiet beherrscht werden, in welchem der Verband schwerpunktmäßig tätig ist: z. B. Arbeitsrecht beim Unternehmerverband, Sozialrecht beim Sozialverband, Vertragsrecht/Gesellschaftsrecht beim Automobilverband oder Umweltrecht bei einem Umweltverband. Ein wirtschaftliches Grundverständnis, Empathie und Praxistauglichkeit sind notwendig. Es kommt also nicht darauf an, den vierten Meinungsstreit zu einer juristischen Frage zu wissen, sondern wie man Fragen am praxistauglichsten löst. Ist man in der Rechtsabteilung eines Verbandes tätig, ist man häufig Generalist und sollte insbesondere das Öffentliche Recht und das Zivilrecht gut beherrschen.

- **Vorerfahrungen:** Vorerfahrungen durch Praktika, wissenschaftliche Mitarbeit, Referendarsstationen oder eine vorausgehende Tätigkeit in den Rechtsgebieten, in denen auch die Tätigkeit im Verband erfolgt, sind in jedem Fall hilfreich, aber nicht zwingend notwendig. Hier gilt oft das Prinzip »learning by doing«, sodass je nach Position sowohl Berufsanfänger als auch Juristen mit Berufserfahrung eingestellt werden.
- **Soft-Skills:** Ein politisches Interesse ist von Vorteil, vielmehr sind jedoch Empathie und die Fähigkeit, juristische Lösungen gut an Nichtjuristen zu vermitteln, eine wesentliche Fähigkeit und Herausforderung dieser Position. Oft erfolgt auch eine Zusammenarbeit mit Vorständen und/ oder Ehrenamtlern, wofür Offenheit und Serviceorientierung vorhanden sein sollten.
- **Weitere Anforderungen:** Grundlegend sind zuverlässiges, engagiertes und eigenverantwortliches Arbeiten, sichere Entscheidungsfreudigkeit sowie Überzeugungs- und Kooperationsfähigkeit.

Im Job

Der Einstieg

Üblicherweise wird ein Onboarding-Prozess durchlaufen, nachdem man sehr zügig eigenverantwortliche Mandatsarbeit sowie Gerichtsvertretung übernimmt. Von Anfang an besteht oft direkter Kontakt zu den Mitgliedern des Verbandes und ein hohes Maß an eigenverantwortlicher Tätigkeit. Dies ist ein wesentlicher Unterschied zur Arbeit in vielen Behörden oder Kanzleien, bei welchen eher eine Zuarbeit zu erfahreneren Kollegen oder die Freigabe durch den Vorgesetzten erfolgen muss.

Arbeitsalltag

Ein üblicher Arbeitstag gestaltet sich wie bei der Kanzleiarbeit auch: Es erfolgen Beratungstermine mit den Mandanten (persönlich, telefonisch oder elektronisch), es werden Schreiben an die Gegenseite oder Schriftsätze an das Gericht verfasst (diese entweder durch Diktat oder die Assistenz erstellt), juristische Recherchen durchgeführt, Gerichtstermine wahrgenommen, mit Vorständen oder Ehrenamtlern korrespondiert und Teambesprechungen oder Vorträge gehalten. Die konkreten Rechtsgebiete hängen von der Stelle und dem Team im Rechtsbereich des jeweiligen Verbandes ab.

Verantwortung

Jeder kümmert sich eigenständig um die internen zugeordneten Mandate und trägt hierfür die volle eigene Verantwortung. Führungsverantwortung besteht für die eigenen Bereiche, die man (je nach Verband) zusammen mit der eigenen Assistenz bearbeitet sowie für die Mitarbeitenden, wenn man die Zusatzfunktion der Geschäftsstellen- oder Abteilungsleitung hat.

Herausforderungen im Tagesgeschäft

Eine wesentliche Herausforderung im Tagesgeschäft ist es, den Mitgliedern und sonstigen Nichtjuristen juristische Themen und Lösungen dergestalt zu erläutern, dass diese die rechtlichen Möglichkeiten nachvollziehen können. Das bedeutet manchmal auch, sehr von ihrer Ansicht überzeugten Mitgliedern zu erläutern, aus welchem Grund beispielsweise kein Anspruch besteht und eine Klage daher wenig Aussicht auf Erfolg hat. Dabei bedarf es stets Fingerspitzengefühls und eines gesunden Maßes an Selbstbewusstsein und Überzeugungskraft. Dies gilt umgekehrt auch für die Vertretung vor Gericht. Für die Prüfung juristischer Fragen an sich gilt auch hier die Sorgfalt der rechtsanwaltlichen Tätigkeit. Zudem handelt es sich bei der Vertretung von Mitgliederinteressen in gewissen Bereichen oft um »Massengeschäft«. Das bedeutet, dass für die Mandatsbearbeitung (z. B. Rechtsmittelverfahren) ein gewisses Arbeitstempo erforderlich ist, um Herr der Verfahren zu werden bzw. zu bleiben.

Gehaltsmöglichkeiten

Je nach Berufserfahrung, Seniorität und Leitungsfunktion ergeben sich Verdienstmöglichkeiten im mittleren bis hohem fünfstelligen, teilweise auch im sechsstelligem Bereich. Die Hierarchien sind oft sehr flach. Hinzu können weitere Arbeitgeberleistungen kommen wie z. B. betriebliche Altersvorsorge, Job-Rad, arbeitsfrei an gewissen Kulturveranstaltungstagen, Weihnachten- und Silvester, Rosenmontag und Faschingsdienstag oder ein Essenszuschuss.

Vereinbarkeit von Beruf und Privatleben

Die Arbeitszeiten sind planbar und gehen oft über eine 38 oder 40 Stundenwoche mit Gleitzeitregelung nicht hinaus. Natürlich können auch Mehrstunden anfallen, die jedoch in Freizeit ausgeglichen werden. Es wird niemand schief angeschaut, wenn pünktlich zum Feierabend »der Stift fallen gelassen« wird. Je nach Leitungsfunktion kann für gewisse

Veranstaltungen oder Verantwortungsbereiche auch gelegentlich Wochenendarbeit anfallen.

Weiterentwicklung, Karriere und Perspektive

Weiterbildung
Die Teilnahme an Seminaren ist möglich.

Karriere
Die Hierarchien sind oft sehr flach, die anderorts eher rar gesäte Möglichkeit, Führungsverantwortung zu übernehmen, besteht.

Besonderheiten

Digitalisierung
Der Arbeitsalltag ist je nach Verband stark digitalisiert und geprägt von digitaler Kommunikation. Der Rechtsverkehr mit der Gegenseite, den Behörden, den Gerichten oder den eigenen Abteilungen erfolgt elektronisch (beA, eBO, etc.), sodass die Gerichtsvertretung nur mit Laptop durchgeführt werden kann.

KI
Diese spielt noch eine eher untergeordnete Rolle, findet jedoch immer zunehmender Beachtung.

Persönliches
Bezeichnend ist in jedem Fall die hohe Eigenverantwortung und die selbständige Bearbeitung der Mandate.

3.9 Jobperspektive: Rechtsanwalt im Arbeitsrecht in einer Großkanzlei

Dr. Hans-Peter Löw, Senior Counsel bei DLA Piper

Voraussetzungen

- **Examensnoten:** Bei DLA Piper erwarten wir in der Regel zwei vollbefriedigende Examina, weil die Erfahrung eine hohe Korrelation zwischen guten Examensnoten und Erfolg im Anwaltsberuf zeigt. Jedenfalls in der engeren anwaltlichen Beratung für Banken erwarten wir zwei Staatsexamina. In der auch transaktionsbezogenen arbeitsrechtlichen Tätigkeit kommen auch Wirtschaftsjuristen zum Einsatz.
- **Zusatzqualifikationen:** Wir freuen uns über einen im Ausland erworbenen LL.M., weil dadurch der Respekt vor anderen Rechtsordnungen gefördert wird. Diese Fähigkeit ist für eine Tätigkeit in einer internationalen Kanzlei essentiell. Außerdem ist die Erfahrung im Umgang mit Menschen anderer Kulturen hilfreich. Englische Sprachkenntnisse sind unerlässlich. Sie müssen zum Berufsstart nicht perfekt sein, sollten aber das schnelle Lernen und Einarbeiten in die juristische Fachsprache ermöglichen. Alles andere bringt der Arbeitsalltag mit sich. Auch wenn Vertragsentwürfe mit Hilfe künstlicher Intelligenz viel schneller als früher übersetzt werden können, braucht es das geschulte anwaltliche Auge, um die Details zu überprüfen, denn bekanntlich kommt es auf die Formulierungen an. Und Verhandlungen in englischer Sprache gehören auch zum Alltag. Das geht ohnehin nur höchstpersönlich.
- **Vorerfahrungen:** Gerade die Tätigkeit im Arbeitsrecht erfordert eine hohe Identifikation mit der Materie, über das juristisch-fachliche hinaus. Deshalb begrüßen wir Vorerfahrungen im Arbeitsrecht sehr. Wir möchten gerne verstehen, wie die Bewerber zu ihrer Nei-

gung zum Arbeitsrecht gekommen sind, warum gerade das Arbeitsrecht »ihr Ding« ist. Weniger wichtig ist, in welcher Rolle diese Erfahrungen gesammelt wurden.

- **Soft-Skills:** Wer als Anwalt im Arbeitsrecht erfolgreich sein will, braucht unbedingt Spaß beim Umgang mit Menschen, nicht nur gleichgesinnten, und ein gehöriges Maß an Empathie, also die Fähigkeit, sich in andere Menschen hineinzuversetzen und ihre Gefühle zu verstehen. Sie umfasst auch die eigene Reaktion auf die Gefühle anderer. Auch wenn man auf der Seite des Arbeitgebers mit dem Betriebsrat verhandelt, muss man in der Lage sein, sich in deren Situation zu versetzen, ihre Anliegen zu verstehen und ihre Rolle zu akzeptieren. Andernfalls wird man keine erfolgreichen Verhandlungen führen können. Vieles davon ist lernbar, mitbringen müssen die jungen Kollegen Interesse an den Menschen und die Fähigkeit, zuzuhören. Anders als vielleicht in anderen Rechtsgebieten kommt es häufig weniger auf die eine richtige Lösung an als darauf, unterschiedliche Standpunkte und die dahinter liegenden Interessen zu verstehen und auf der Basis eine für beide Seiten akzeptable Lösung zu erarbeiten. Das erfordert Standing, um auch den Arbeitgeber bzw. den eigenen Mandanten von festgefahrenen Positionen wegzuführen.

Im Job

Der Einstieg

Für Neueinsteiger beginnt die Arbeit in der Regel im Rahmen eines Teams bestehend aus einem Partner und drei bis sechs angestellten Anwälten unterschiedlicher Seniorität. Wir legen Wert darauf, dass die Neuen von Anfang an zu Anwaltspersönlichkeiten ausgebildet werden. Diese Ausbildung erfolgt durch die konkrete Arbeit am Fall, im Gespräch mit dem Mandanten, in der Verhandlung mit der Gegenpartei, im Gerichtssaal, aber natürlich auch mit der Akte. Alle Berufsträger arbeiten ganzheitlich an einem Fall, dessen Facetten am Anfang und dann im Laufe der Bearbeitung regelmäßig besprochen werden. Der konkrete Beitrag jedes Beteiligten zum Gesamtergebnis ist sichtbar und hängt mit Blick auf die Schwierigkeit und die Anforderungen von der Berufserfahrung ab. Bei uns wird niemand ins Hinterzimmer gesperrt, um Gutachten zu schreiben, deren Zweck unbekannt bleibt. Andererseits gehört die Erstellung anspruchsvoller Gutachten zum Kerngeschäft. Und es ist üblich, dass der erste Entwurf von den Kollegen mit geringerer Berufserfahrung kommt, immer jedoch nach Leitlinien, die zu Beginn im Team besprochen werden.

Arbeitsalltag

Den üblichen Arbeitsalltag gibt es nicht, es gibt aber immerhin typische Verläufe. Üblicherweise beginnt der Tag mit einem kurzen Teambriefing, in dem wir uns darüber austauschen, welche Arbeiten anliegen, welche Prioritäten wir setzen und welche Fristen zu beachten sind. Es mag Tage geben, da arbeiten wir dann den ganzen Tag an einer Akte, weil ein umfangreiches Gutachten oder ein komplexer Schriftsatz zu erstellen ist. An anderen Tagen ist durch den Anruf eines Mandanten in einer dringenden Angelegenheit jede vorherige Tagesplanung Makulatur.

In unserer spezialisierten Einheit Financial Services Employment Law beschäftigen wir uns ganz überwiegend mit der arbeitsrechtlichen Beratung von Finanzinstituten. Diese Spezialisierung bringt es mit sich, dass wir die Besonderheiten der Branche kennen, angefangen von den Regeln der einschlägigen Tarifverträge über die besonderen Anforderungen der regulierten Vergütung nach Institutsvergütungsverordnung, Wertpapierinstituts-Vergütungsverordnung und ähnlichen Spezialregelungen bis hin zu den ganz besonderen Schnittstellen zum Bankaufsichtsrecht und dem Datenschutzrecht.

So erwartet etwa die Bankenaufsicht in UK von den Banken, dass sie Bewerber für bestimmte Schlüsselfunktionen einem Preemployment-Screening unterziehen. Wenn die Bank einen Aufsichtsrechtler fragt, ob das geht, wird er antworten, wenn die Aufsicht das verlangt, dann müsst ihr das machen. Wenn sie einen Datenschutzrechtler fragt, wird er die Hände über dem Kopf zusammenschlagen und das Ansinnen für komplett rechtswidrig erklären. In unserer Einheit sind wir in der Lage, beide Aspekte bei der Beurteilung zu berücksichtigen und der Bank eine ausgewogene Antwort zu geben.

Ein ganz wesentlicher Teil unserer Arbeit dreht sich um die variable Vergütung. Das beginnt bei der rechtskonformen Ausgestaltung der Vergütungssysteme und endet nicht bei der Abwehr von aus Sicht des Finanzinstituts unberechtigten Bonusklagen. Dazu kommt dann noch die kulturelle Übersetzungsarbeit in internationalen Banken, wenn globale Bonuspläne und deutsches Arbeitsrecht nicht kompatibel sind.

Und letztlich spielen Diversität und Inklusion bei der arbeitsrechtlichen Beratung von Banken eine wichtige Rolle. Die Bankenaufsicht betrachtet Diversitätspläne als Teil einer ordnungsgemäßen Geschäftsorganisation im Sinne des KWG. Und die EU-Regeln verlangen, dass Vergütungssysteme in Finanzinstituten geschlechtsneutral ausgestaltet sind.

Verantwortung

In unserem Hause tragen alle Berufsträger Verantwortung für ihren Aufgabenbereich. Personelle Verantwortung richtet sich in aller Regel nach der Berufserfahrung und erwächst auch für Berufsanfänger sehr schnell. Associates leiten Referendare an und werden von Senior Associates angeleitet, deren Mentoren wiederum Counsel sind. Und die werden von Partnern geführt. Neben der hierarchisch geprägten Verantwortung ergibt sich die Verantwortung im Tagesgeschäft durch die jeweiligen Absprachen, die sich nach den gestellten Aufgaben und der Erfahrung der Beteiligten richten.

Herausforderungen im Tagesgeschäft

Die Herausforderungen im Tagesgeschäft sind durch die vielfältigen Aufgaben gekennzeichnet. Während M&A-Anwälte häufig über Wochen an einem Deal arbeiten, ist es bei uns meist so, dass wir an einem Tag mit fünf bis zehn verschiedenen Mandanten und deren unterschiedlichsten Fragen konfrontiert sind. Manche Anfragen können wir am Telefon beantworten, andere bedürfen einer genaueren Untersuchung. Die Unterscheidung, welche Anfragen in welche Kategorie gehören, wird von Erfahrung geprägt. Falls wir die Antwort nicht sofort geben können, ist es wichtig, mit dem Mandaten eine verbindliche Absprache über die Frist zur Abgabe unserer schriftlichen Bewertung zu treffen.

Gehaltsmöglichkeiten

Die Gehaltsmöglichkeiten entsprechen dem üblichen in einer international tätigen Großkanzlei.

Weiterentwicklung, Karriere und Perspektive

Weiterbildung

Unsere Kanzlei bietet ein umfangreiches Weiterbildungsprogramm an, das vor allem Fähigkeiten und Skills betrifft, die für alle Anwälte in einer internationalen Wirtschaftskanzlei relevant sind. Ein Teil dieser Fortbildungsveranstaltungen findet auch auf internationaler Ebene statt. Wir fördern auch die Teilnahme an externen Veranstaltungen, weil wir davon überzeugt sind, dass der Austausch auch mit Kollegen anderer Sozietäten wichtig ist. Außerdem sollen unsere jungen Anwälte auch von externen fachlichen Größen lernen, um einen Überblick über Marktstandards und »best Practices« zu gewinnen. Wir erwarten von unseren jungen, im Arbeitsrecht tätigen Anwälten den Erwerb des Fachanwalts und unterstützen dabei.

Karriere

Die Karriereleiter in unserem Haus unterscheidet sich nicht wesentlich von der in allen vergleichbaren Kanzleien. Ab der Beförderung zum Counsel werden der Business Case und der Personal Case genau untersucht. Neben der fachlichen Qualifikation und den messbaren wirtschaftlichen Erfolgen spielen dann auch die Mandantenakzeptanz und die Akquisefähigkeiten eine wesentliche Rolle.

Besonderheiten

KI

Künstliche Intelligenz prägt unsere Tätigkeit in vielfältiger Weise. Zum einen nutzen wir sie bei unserer täglichen Arbeit. Das spielt aktuell vor allem eine große Rolle bei internen Untersuchungen. Dort gibt es Tools, die Millionen von Daten in erstaunlich kurzer Zeit und mit sehr guten Ergebnissen auswerten können. Zum andern prägt KI auch das Arbeitsrecht. Wir beantworten ständig neue Fragen, aktuell etwa zur Zulässigkeit des Einsatzes von KI im Recruiting und zu den Mitbestimmungsrechten des Betriebsrats beim Einsatz.

Persönliche Erfahrungen

Immer wieder andere Menschen, immer wieder andere Situationen, immer wieder andere Rechtsfragen und dies in einem internationalen Umfeld: Das alles führt dazu, dass mir auch nach fast 40 Jahren das Arbeitsrecht immer noch jeden Tag Freude macht.

3.10 Jobperspektive: Rechtsanwalt im Medienrecht

Nicolas Bräuer, General Counsel bei der Bookwire GmbH

Voraussetzungen

- **Examensnoten:** Überdurchschnittliche Noten. Vollbefriedigend nicht zwingend erforderlich, abhängig von der jeweiligen Kanzlei/dem Unternehmen.
- **Zusatzqualifikationen:** Ein Schwerpunkt im Urheber- und Medienrecht ist empfehlenswert. Promotionen sind gern gesehen.
- **Vorerfahrungen:** Es ist empfehlenswert, gewisse Vorerfahrungen im Urheber- und Medienrecht zu haben, da die Branche klein ist und viele Anwälte sich untereinander kennen. Es ist vorteilhaft, wenn man gewisse Namen der relevanten Kanzleien oder Unternehmen (z. B. Medienunternehmen, Fernsehsender, Presseverlage) im Lebenslauf hat, da Arbeitgeber hier besonderen Wert auf die fachliche und persönliche Eignung im Blick auf die Branche legen.
- **Soft-Skills:** Starke kommunikative Kompetenzen, schnelle Auffassungsgabe, Verhandlungsgeschick, ein gutes Verständnis für Medien, Interesse am Tagesgeschehen
- **Weitere Anforderungen:** Wichtig ist, dass man die Medien gut versteht und bei den schnellen Entwicklungen am Ball bleibt.

Im Job

Der Einstieg

In einer (kleinen) Kanzlei kann man im Urheber- und Medienrecht schnell Verantwortung übernehmen, da viele Kanzleien spezialisierte Boutique-Kanzleien sind. Im Urheberrecht, aber auch im Presserecht, wird viel prozessiert, da Urheberrechtsverletzungen oder Presseberichte oft mit einer einstweiligen Verfügung angegriffen werden. Hier werden gern auch Berufseinsteiger direkt mit den (kleineren) Prozessen betraut. Man steht in der Regel auch schnell direkt mit dem Mandanten in Kontakt.

Arbeitsalltag

In der Kanzlei ist der Alltag schnelllebig, weil man am Morgen nie weiß, was der Tag bringt. Die Arbeit ist sehr abwechslungsreich, mitunter aber auch stressig, weil gerade bei einstweiligen Verfügungsverfahren Eile geboten ist. Die Arbeit besteht aus dem Anfertigen von Schriftsätzen, Recherchen, Mandantengesprächen und der Wahrnehmung von Gerichtsterminen. Thematisch bewegt man sich hauptsächlich im Zivilrecht (Urheberrecht, Presserecht, allgemeines Persönlichkeitsrecht, Verlagsrecht), mitunter aber auch Strafrecht (Äußerungsdelikte) und Verfassungsrecht. Im Kern bewegt man sich aber meistens bei einer überschaubaren Anzahl von Rechtsnormen (§§ 823, 1004 BGB, Art. 2, 1 GG, § 185 StGB etc.), muss dort aber sehr in die Tiefe gehen.

Verantwortung

Man übernimmt schnell Verantwortung, da man meist recht früh direkt in Kontakt mit den Mandanten kommt und selbst Gerichtstermine wahrnehmen darf. Auch in der Sache geht es oft um kritische Themen für Mandanten, da man im Presse- und Medienrecht häufig nicht nur mit der Rechtsmaterie, sondern auch mit der Öffentlichkeit zu tun hat. Es kann vorkommen, dass vor einem Gerichtssaal eine Vielzahl an Pressevertretern und Kameras sind, mit denen man auch noch umgehen muss.

Herausforderungen im Tagesgeschäft

Der Umgang mit unerwarteten und unvorhersehbaren Ereignissen in hoher Schlagzahl ist eine große Herausforderung.

Gehaltsmöglichkeiten

Das Spektrum unterscheidet sich sehr, vor allem durch die Größe der Kanzlei. In kleineren Kanzleien sind die Einstiegsgehälter nicht mit Großkanzleien vergleichbar.

Vereinbarkeit von Beruf und Privatleben

In kleinen Kanzleien können die Arbeitszeiten variieren. Homeoffice ist teilweise möglich. Work-Live-Balance ist im Presserecht nicht immer leicht zu realisieren. Im Unternehmen kann es anders sein. Die Arbeitsbelastung ist in der Regel hoch.

Weiterentwicklung, Karriere und Perspektive

Weiterbildung

Es gibt Fachanwaltslehrgänge, spezialisierte LL.M-Studiengänge und anderen Fortbildungen in dem Bereich.

Karriere

Die Welt der Juristen im Bereich Urheber- und Medienrecht ist klein. Man kennt die gängigen Kanzleien und/oder Medienunternehmen und kann schnell Kontakt in alle Richtungen knüpfen. Soweit in kleinen Kanzleien die Entwicklungsmöglichkeiten ggf. begrenzt sein können, offerieren andere Kanzleien oder Unternehmen spannende Möglichkeiten zum Aufstieg. Ein breites Netzwerk aufzubauen, ist für die persönliche Entwicklung wichtig.

Besonderheiten

Digitalisierung

Der Grad der Digitalisierung ist stark abhängig von der jeweiligen Kanzlei. Das Spektrum reicht von voll digitalem Arbeiten bis hin zu Papierakten und Diktafon.

KI
KI kann bei Recherchen oder der Abfassung von Schriftsätzen mit Textbausteinen unterstützen.

Persönliche Erfahrungen
Ein spannender, schnelllebiger und mitunter aufregender Arbeitsalltag in einem speziellen Rechtsgebiet, bei dem man mit Künstlern, Musikern und Glanz und Glamour Kontakt haben kann.

3.11 Jobperspektive: Strafverteidiger

Rebecca Baier, Rechtsanwältin und Fachanwältin für Strafrecht in der StR Kanzlei für Strafrecht
Andreas Baier, Rechtsanwalt und Fachanwalt für Strafrecht in der StR Kanzlei für Strafrecht

Voraussetzungen

- **Examensnoten:** Für den Beruf des Strafverteidigers ist zwingend das zweite Examen erforderlich. Dieses vorausgesetzt spielt die Examensnote eine eher untergeordnete Rolle, da in der Regel nicht im Anstellungsverhältnis, sondern selbstständig gearbeitet wird.
- **Zusatzqualifikationen:** Es sind keine Zusatzqualifikationen erforderlich. Jedoch ist es von Vorteil, wenn man weitere Sprachen spricht.
- **Vorerfahrungen:** Da man das Berufsfeld Strafverteidigung in der Regel in selbstständiger Tätigkeit ausübt, ist es auf jeden Fall anzuraten, zuvor Praktika zu absolvieren. So knüpft man Kontakte, bildet ein Netzwerk und hat auch für später Ansprechpartner.
- **Soft-Skills:** Flexibilität, Resilienz, Offenheit, Kontaktfreudigkeit und Argumentationsstärke

- **Weitere Anforderungen:** Eine hohe persönliche Belastbarkeit, Durchhaltevermögen sowie die Fähigkeit, auch unter Druck rechtlich präzise und strategisch klug zu agieren, sind unerlässlich. Zudem erfordert der Beruf ein ausgeprägtes Verantwortungsbewusstsein und ethisches Feingefühl im Umgang mit Mandanten und Gerichten.

Im Job

Der Einstieg

Der Einstieg erfolgt in der Regel eigenständig – in Kanzleien, in Bürogemeinschaften oder direkt in die Selbstständigkeit. 80 % aller Strafverteidiger sind selbstständig, die meisten von Beginn an. In der Anfangsphase empfiehlt sich daher eine enge Zusammenarbeit mit erfahrenen Kollegen. Der unmittelbare Mandantenkontakt ist von Beginn an gegeben. Mentoring-Formate sind hilfreich, aber nicht flächendeckend etabliert – umso wichtiger ist es, sich aktiv Netzwerke und Ansprechpartner zu suchen.

Arbeitsalltag

Der Arbeitsalltag in der Strafverteidigung ist dynamisch, deshalb teilweise schwer planbar und geprägt von kurzfristigen Veränderungen. Gerichtstermine, Mandantengespräche, Aktenarbeit, strategische Vorbereitung von Hauptverhandlungen und regelmäßige Haftbesuche gehören zum Tagesgeschäft. Neben dem materiellen und prozessualen Strafrecht sind häufig Schnittstellen zum Verfassungsrecht, zur Kriminologie, Psychologie und forensischen Medizin relevant. Der Beruf erfordert ein hohes Maß an Eigenverantwortung und Organisation, um zwischen Verhandlungssälen, Büro und Mandanteninteressen souverän zu agieren.

Verantwortung

Strafverteidiger tragen von Beginn an eine sehr hohe Verantwortung, da das Strafrecht intensiv in die Rechte der Betroffenen eingreift. Auch ohne formale Führungsverantwortung bedeutet jeder Fall eine verantwortungsvolle Steuerung des gesamten Verteidigungsgeschehens.

Herausforderungen im Tagesgeschäft

Der Alltag in der Strafverteidigung ist geprägt von hoher Taktung und Mobilität: Mehrere Gerichtstermine an einem Tag, kurzfristige Haftbesuche und spontane Mandantenanrufe – auch außerhalb üblicher Arbeitszeiten – sind keine Ausnahme. Hinzu kommt die besondere Verantwortung gegenüber den Mandanten, gerade in existenzbedrohenden Situationen. Als Selbstständiger agiert man häufig als Einzelkämpfer – sowohl im Gerichtssaal als auch im Büro. Diese strukturelle Isolation, kombiniert mit der ständigen Entscheidungslast, stellt eine nicht zu unterschätzende mentale Belastung dar. Auch wenn emotionale Nähe zu den Fällen nicht per se problematisch ist, erfordert der Beruf ein hohes Maß an innerer Stabilität und Selbstmanagement.

Gehaltsmöglichkeiten

Die Einkommensmöglichkeiten variieren stark und hängen maßgeblich vom Ruf, der Spezialisierung, regionalen Faktoren und dem Verhandlungsgeschick ab. In der Selbstständigkeit besteht grundsätzlich die Möglichkeit, ein sehr gutes Einkommen zu erzielen – bei gleichzeitig unternehmerischem Risiko. Bei den meisten ist das Einkommen bereits nach dem dritten Berufsjahr mit dem eines Richters vergleichbar und dann nach oben hin offen.

Vereinbarkeit von Beruf und Privatleben

Die Arbeitszeiten sind oft unregelmäßig, insbesondere durch Gerichtstermine, Haftbesuche und Fristen. Homeoffice ist für bestimmte Tätigkeiten wie Aktenarbeit und Schriftsatzvorbereitung möglich, aber der persönliche Kontakt bleibt zentral. Eine gute Work-Life-Balance ist erreichbar, wenn frühzeitig klare Strukturen geschaffen und persönliche Grenzen gesetzt werden. Der Arbeitsumfang variiert auch abhängig von z. B. Ferienzeiten und damit verbunden der Besetzung der Behörden und der Justiz. Da man selbstständig arbeitet, kann man an der Termingestaltung aktiv mitwirken und auch bewusst Freiräume schaffen.

Weiterentwicklung, Karriere und Perspektive

Weiterbildung

Fachlich sollte eine kontinuierliche Weiterbildung selbstverständlich sein – etwa durch den Erwerb oder die Pflege des Fachanwaltstitels, durch regelmäßige Teilnahme an Fortbildungen und strafrechtlichen Fachtagungen. Darüber hinaus sind auch Kompetenzen in Kommunikation, Vernehmungspsychologie oder Mediation gewinnbringend. Die i-lexx Akademie bietet hier gezielte, praxisorientierte Formate für verschiedene Karrierestufen.

Karriere

Karriere in der Strafverteidigung kann vertikal durch den Aufbau einer renommierten Einzelkanzlei, einer Sozietät oder durch Spezialisierung in bestimmten Deliktsgruppen erfolgen. Horizontale Entwicklungen sind ebenfalls möglich – etwa in die Lehre, Legal Tech, Unternehmensberatung oder strafrechtliche Compliance. Die Entwicklung hängt stark von der eigenen Ausrichtung, Reputation und Positionierung ab. Viele Strafverteidiger sind bundesweit tätig.

Besonderheiten

Digitalisierung

Die Digitalisierung schreitet voran, etwa durch die Einführung der eAkte, digitaler Akteneinsicht und Videotechnik in Verhandlungen.

Dennoch bleibt der Beruf stark personen- und präsenzbezogen. Kanzleiinterne Prozesse lassen sich zunehmend effizienter gestalten, doch zentrale Tätigkeiten wie Gerichtsverhandlungen oder Mandantengespräche bleiben analog dominiert. Seit der Corona-Pandemie besteht aber in den meisten Vollzugsanstalten die Möglichkeit, die Mandanten digital zu »besuchen«.

KI

Künstliche Intelligenz wird im Strafrecht bislang zurückhaltend eingesetzt – etwa in Recherchetätigkeiten oder bei der Strukturierung von Akten. In der Verteidigung ist das menschliche Urteil nicht ersetzbar, aber KI kann die juristische Arbeit sinnvoll unterstützen, etwa durch Analysehilfe bei umfangreichen Datenmengen. Dabei muss vor allem datenschutzkonform gearbeitet werden. Das Berufsbild wandelt sich nicht grundlegend, doch Effizienz und Arbeitsmethodik verändern sich.

Persönliche Erfahrungen

Uns erfüllt die Möglichkeit, Menschen in existenziellen Lebenssituationen beizustehen – mit juristischer Präzision, strategischem Blick und menschlicher Stärke. Es bereitet uns auch heute noch besondere Freude, komplexe Sachverhalte greifbar zu machen und echte Lösungen für reale Probleme zu entwickeln.

3.12 Jobperspektive: Richter

Michael Wehner, Richter am Amtsgericht Bad Hersfeld

Voraussetzungen

- **Examensnoten:** Der Richterberuf setzt zwingend zwei bestandene juristische Staatsexamen voraus; mit Bestehen des zweiten Staatsexamens hat man auch ganz offiziell die »Befähigung zum

Richteramt« (§ 5 Abs. 1 DRiG). Ausnahmen bestehen allenfalls im Patentrecht oder als ehrenamtliche Richter, sei es als Schöffen im Strafprozess oder als Handelsrichter an spezialisierten Zivilrechtskammern an den Gerichten der ordentlichen Gerichtsbarkeit. Entscheidendes Kriterium (neben einem Bewerbungsgespräch mit Mitarbeitern des Justizministeriums) ist aber die Examensnote – je nach Bundesland wird hier nur auf das zweite Staatsexamen oder eine Kombination aus beiden Staatsexamina geachtet. Die relevanten Notengrenzen sind über die letzten Jahre, vor allem wegen des demographischen Wandels und des Fachkräftemangels, in vielen Bundesländern erheblich herabgesetzt worden. Auch hier gilt aber: mit zwei Prädikatsexamen ist man immer dabei. Die Regelungen unterscheiden sich ganz erheblich; hier einige Beispiele:

- In Bayern ist Mindestvoraussetzung aktuell eine Note von 8,00 Punkten im zweiten Staatsexamen.
- In Baden-Württemberg soll es in beiden Examina jeweils mindestens 8,00 Punkte sein, wobei in Einzelfällen auch bei Unterschreiten eine Einstellung möglich ist.
- In Nordrhein-Westfalen ist Ausgangspunkt eine Note im zweiten Staatsexamen von 7,76 Punkten, mit verschiedenen berücksichtigungsfähigen Umständen wie Leistungen im Abitur oder einer stärkeren Note im ersten Examen.
- In Thüringen müssen beide Examina kombiniert 14 Punkte ergeben und jeweils »befriedigend« gewesen sein.
- In Hamburg soll es möglichst zweimal ein »vollbefriedigend« sein, mit Ausnahmen nach unten.
- In Berlin sind momentan mindestens 7,0 Punkte im ersten Staatsexamen, mindestens 7,5 Punkte im zweiten Staatsexamen und in beiden Staatsexamina zusammen mindestens 15 Punkte vorzuweisen, wobei zurzeit Einladungen zum Auswahlgespräch nur bei zweimal mindestens 9 Punkten erfolgen.

  - Aktuell kommt neben dem Pensionseintritt der Babyboomer-Generation zumindest in den östlichen Bundesländern noch der Sondereffekt der Wende hinzu. Damals konnten Anwälte mit Berufserfahrung relativ leicht ein Richteramt in den damaligen »neuen« Bundesländern übernehmen, da es dort noch keine Juristen mit Wissen über das Recht der BRD gab beziehungsweise diese sich erst dort einarbeiten mussten, die Justiz aber nicht für mehrere Monate stillstehen konnte. Auch viele dieser Richter der Nachwendenzeit gehen demnächst in Pension, sodass hier ein nochmals höherer Bedarf nach Nachwuchskräften besteht.
- **Zusatzqualifikationen:** Ein Doktortitel oder LL.M. ist keine Einstellungsvoraussetzung für das Richteramt; allenfalls hilft dies bei notentechnischen Grenzfällen, hat aber eine deutlich geringere Bedeutung als beispielsweise bei einer Großkanzlei.
- **Vorerfahrungen:** Vorerfahrungen schaden nicht, sind aber nicht erforderlich, was durchaus kontrovers gesehen werden kann, gerade wenn man – anders als beispielsweise in Bayern – nicht zunächst im Rahmen der dort obligatorischen Zeit bei der Staatsanwaltschaft sich in der Gegenzeichnung befindet und schon nach wenigen Tagen Einarbeitungszeit und meist vor jeglicher Fortbildung direkt Fälle zu verhandeln hat. Vorher geleistete Arbeitszeiten im Anwaltsberuf oder in der öffentlichen Verwaltung können aber bei der Zeit bis zur Anhebung der Erfahrungsstufe oder – dies aber eher seltener – bei der Probezeit angerechnet werden, welche bis zu 5 Jahren betragen kann (§ 12 Abs. 2 DRiG), meist aber kürzer dauert (beispielsweise in Hessen grundsätzlich 3,5 Jahre).
- **Soft-Skills**: Die wichtigsten Eigenschaften als Richter sind – neben der als selbstverständlich vorauszusetzenden sachlichen Kompetenz und Unparteilichkeit – Entscheidungsfreude und Empathie. Wenn eines von beidem (oder gar beides) fehlt, sind einige Rechtsgebiete von vornherein im Alltag schwer zufriedenstellend zu bewältigen. Auch ist eine schnelle Einarbeitungsfähigkeit essentiell

– einerseits in neue oder bereits vorliegende Altfälle im jeweiligen Dezernat, aber auch bei der Übernahme eines neuen Rechtsgebiets, welches unter Umständen (z. B. wie das Betreuungsrecht) weder universitär noch im Referendariat angemessen vorgestellt und gelehrt wird.

Im Job

Der Einstieg

Der Einstieg erfolgt mit der Vorstellung beim zuständigen Landgerichtspräsidenten, der Aushändigung der Ernennungsurkunde (§ 17 Abs. 1 DRiG) und der Vereidigung im Rahmen einer öffentlichen Verhandlung (§ 38 Abs. 1 DRiG) im gerichtlichen Alltag. Es handelt sich also um eine sehr kurze, sachliche und – leider – wenig feierliche Einführung in das Amt. Man bekommt anschließend sein eigenes Büro, den Dienst-Laptop und die weiteren relevanten Arbeitsmaterialien, beispielsweise Passwörter und Schlüssel für die Räumlichkeiten. Eine gezielte Einführung in die Verfügungstechnik oder die Nutzung der diversen Programme ist meist nicht vorgesehen; hierfür stehen in der Regel Kollegen, Vor-Ort-Betreuer der IT und idealerweise zeitnah wahrzunehmende Fortbildungen zur Verfügung. Gerade hinsichtlich des Kollegiums ist es dann mitunter vom Zufall abhängig, wie vertieft Hilfe beim Beginn der Tätigkeit gewährt wird, weshalb einige Bundesländer (unter anderem Hessen) ein sog. Mentoring-Programm eingeführt hat, um hier eine verbindliche Ansprechperson zu benennen.

Wird man innerhalb einer Kammer am Landgericht eingesetzt, übernimmt regelmäßig der Kammervorsitzende eine leitende Position. Hier erweist sich aber auch als Vorteil, dass in vielen Landgerichtsbezirken Richter auf Probe in unterschiedlichen Verwendungen eingesetzt werden, da manche Kammervorsitzenden eine eigene Arbeitsroutine, nicht aber zwingend eine effiziente Vorgehensweise vermitteln. Gleichzeitig sind die teils höchst unterschiedlichen Arbeitsweisen selbst an

Gerichten desselben Landgerichtsbezirks eine enorme Herausforderung; hier darf für die Zukunft bei der fortschreitenden Digitalisierung der Justiz auch eine verstärkte Vereinheitlichung der Arbeitsabläufe erhofft werden. Einen erheblichen Stressfaktor stellen in den ersten Jahren die jeweiligen Beurteilungen dar, welche neben (meist angekündigten) Besuchen eines Supervisors in Verhandlungen auch beurteilen, wie gut das Dezernat bearbeitet wird, was neben der (nicht inhaltlichen, aber formalen) Kontrolle von Entscheidungen leider meistens bedeutet, dass auf die Erledigungszahlen geschaut wird und somit eine effiziente Dezernatsführung sehr früh von großer Bedeutung ist.

Arbeitsalltag

Der Arbeitsalltag eines Richters richtet sich sehr stark nach seiner jeweiligen Verwendung; so haben gerade Einzelrichter am Amtsgericht in Zivil-, Straf- oder Ordnungswidrigkeitssachen eine hohe Dichte an Verhandlungen, welche vor- und mit den Entscheidungen auch nachbereitet werden müssen. Mehr als zwei Verhandlungstage pro Woche sind dabei schwierig zu bewältigen. Am Landgericht ist die Auslastung in zeitlicher Hinsicht zwar ähnlich, hier handelt es sich aber meist um weniger zahlreiche, dafür deutlich umfangreichere Verfahren. An welchen Tagen, wie oft und zu welchen Uhrzeiten man terminiert, liegt grundsätzlich im eigenen Ermessen; allerdings sind organisatorische Vorgaben – insbesondere die Verfügbarkeit von Sitzungssälen und Personal wie Wachtmeister und Protokollkräfte – zu beachten. Hier gerät auch die richterliche Unabhängigkeit durchaus an ihre Grenzen. In anderen Rechtsgebieten, wie z. B. dem Betreuungsrecht, sind Anhörungen sowohl im Gericht als auch bei den Betroffenen zuhause zu planen, was – vor allem im ländlichen Raum – auch Fahrtzeiten impliziert, in welchen man nicht effektiv arbeiten kann. Auch sind hier, wie auch z. B. im richterlichen Bereitschaftsdienst, gegebenenfalls kurzfristig Anhörungen anzusetzen (zum Beispiel bei Fixierungen/ Unterbringen in einer Psychiatrie oder Haftvorführungen).

Von diesen Terminangelegenheiten abgesehen kann man die eigene Arbeitszeit sehr gut selbst einteilen; vormittags sind mehr Unterstützungskräfte vor Ort, nachmittags/abends hat man zuweilen mehr Ruhe zur Aktenbearbeitung. Die richterliche Unabhängigkeit verhindert jegliche Vorgabe »von oben«, wann und wie lange man zu arbeiten hat – entscheidend ist, dass man sein Dezernat »im Griff« hat.

Neben den eigentlichen Aufgaben – Vorbereitung der Termine, Recherche, Entscheidungsbegründungen – ist nicht zu vernachlässigen, dass man zu den Mitarbeitenden der Geschäftsstellen einen guten Draht aufbauen sollte; diese geben gerade am Anfang wertvolle praktische Hinweise bezüglich der Arbeitsabläufe und bügeln so manchen übersehenen Fehler in den Verfügungen und Entscheidungen aus. Gegenüber den Geschäftsstellen ist man formal nicht weisungsbefugt; gleichwohl ist bei aller zu wünschenden respektvollen Zusammenarbeit im Alltag der Richter derjenige, welcher die Priorisierung von Aufgaben vorgibt. Leider sind in vielen Landesjustizapparaten die Geschäftsstellen der personell unterbesetzte Flaschenhals, welcher gerade in Zeiten großen Drucks (z.B. bei der Einführung weiterer Digitalisierungsschritte) und gleichzeitig notwendiger Nachwuchsausbildung überlastet wird. Hier muss auch der Richter seiner Verantwortung gegenüber dem Personal gerecht werden.

Daneben ist, abhängig vom Kollegium vor Ort, auch der Austausch mit den Richterkollegen unbedingt zu pflegen, da man – gerade als Anfänger – hier viel Hilfe erfährt, aber selbst mit größerer Berufserfahrung die Diskussion kniffliger tatsächlicher und rechtlicher Fragen sehr hilfreich für die Verfahrensbearbeitung ist.

Verantwortung

In den Verfahren selbst muss man mit verschiedensten Beteiligten umgehen können. Anwälte und Vertreter der Staatsanwaltschaft, aber auch juristische Laien (Prozessparteien), in manchen Rechtsgebieten darüber hinaus mit psychischen oder intellektuellen Einschränkungen (Betreuungsrecht!) stellen den Richter als Entscheider, aber auch »Manager« eines Verfahrens regelmäßig vor verschiedene Herausforderungen, von denen viele in der Ausbildung nicht abgebildet werden (können). Hierzu zählt auch eine gewisse Stressresistenz in der Verhandlung, beispielsweise wenn Presse oder Zuschauer eine Verhandlung stören, oder aber – ganz banal – niemand weiß, wie es nun weitergehen soll und alle Augen auf den Richter gerichtet sind, als »Vorsitzender« des Gerichts.

Herausforderungen im Tagesgeschäft

Gleichzeitig bleibt die zentrale Herausforderung, der bei all den Umständen rundherum Genüge zu tun ist, die unparteiliche Entscheidungsfindung und -begründung – oder wie es der Amtseid prägnant zusammenfasst:

> » Ich schwöre, das Richteramt getreu dem Grundgesetz für die Bundesrepublik Deutschland und getreu dem Gesetz auszuüben, nach bestem Wissen und Gewissen ohne Ansehen der Person zu urteilen und nur der Wahrheit und Gerechtigkeit zu dienen, so wahr mir Gott helfe.«

Gehaltsmöglichkeiten

Das Gehalt eines Richters richtet sich nach der jeweiligen Landesgesetzgebung. Die gesetzliche Grundlage ist regelmäßig eine eigene Tabelle (»R«), welche sich in Gehaltsstufen (z. B. R1 für einen Amts- oder Landrichter, R2 für einen Amtsgerichtsdirektor/präsidenten oder einen Kammervorsitzenden) unterteilt; entgegen landläufiger Meinung sind dabei Richter am Amtsgericht und am Landgericht grundsätzlich auf derselben Gehaltsstufe. Die zweite Komponente besteht in der sog. Erfahrungsstufe, welche regelmäßig alle 2 Jahre ansteigt. Darüber hinaus sind Familienzuschläge möglich.

In den vergangenen Jahren wurden bereits Landesgesetze zur Richterbesoldung als verfassungswidrig eingestuft, da diese das Alimentationsprinzip verletzen würden. Im Bestreben, ohne allgemeine Erhöhung der Gehaltsstufen dennoch die durch das Bundesverfassungsgericht aufgestellten Kriterien zur amtsangemessenen Besoldung einhalten zu können, haben die Landesgesetzgeber vor allem diverse Änderungen an den Zuschlägen vorgenommen. Auch wurde zur Steigerung der Attraktivität der Justiz in der Nachwuchsakquise in Hessen vor einigen Jahren die ersten beiden Erfahrungsstufen »übersprungen« und damit de facto gestrichen, folglich das Einstiegsgehalt erheblich erhöht. Die weitere Entwicklung des Streits zur amtsangemessenen Besoldung bleibt abzuwarten, zumal die Schere zur Bezahlung in den Großkanzleien immer weiter aufgeht und zumindest mit monetären Argumenten hier der Wettbewerb um den Nachwuchs kaum zu gewinnen ist.

Im Februar 2025 betrug das durchschnittliche Einstiegsgehalt für einen Richter auf Landesebene meist um die 5.200 € brutto. Schlusslicht ist das Saarland mit 4.847,46 €, führend Schleswig-Holstein mit 5.311,36 €. Auf der letzten Erfahrungsstufe zahlt Mecklenburg-Vorpommern mit 7.622,52 € brutto am wenigsten, Sachsen mit 8.285,56 € brutto am meisten. Ein ausführlicher Überblick findet sich auf www.richterbesoldung.de, einer Aufstellung des Deutschen Richterbundes. Aufgrund des Urteils des BVerfG zur Besoldung der Berliner Landesbeamten und Richter vom 17. September 2025, in welchem das BVerfG grundlegend neue Maßstäbe einer amtsangemessenen Alimentation aufgestellt hat, sind hier in den nächsten Jahren in sämtlichen Bundesländern aktualisierte und aller Wahrscheinlichkeit nach deutlich höhere Besoldungssätze zu erwarten.

Vereinbarkeit von Beruf und Privatleben

Spiegelbildlich zu dieser großen Verantwortung ist der Richter frei in der Ausübung seines Amtes. Er ist nicht weisungsgebunden, er kann (nach Ernennung auf Lebenszeit) kaum aus dem Amt entfernt oder gegen seinen Willen versetzt werden. Seine Entscheidungen können in höherer Instanz aufgehoben werden, er persönlich aber ist in der Entscheidung selbst keiner Kontrolle unterworfen (vom Fall der Rechtsbeugung abgesehen). Dies schlägt sich neben der freien Einteilung der Arbeitszeit auch auf die Möglichkeiten nieder, im Homeoffice zu arbeiten. Hier gibt es in manchen Ländern noch praktische Einschränkungen, insbesondere wenn hierfür dicke Papierakten transportiert werden müssen. Mit fortschreitender Digitalisierung aber wird auch hier der Arbeitsalltag – abgesehen von den Anhörungen und Verhandlungen vor Ort – noch flexibler werden. Generell kann man sagen, dass durch die weitestgehend freie Zeiteinteilung die Work-Life-Balance beim Richteramt recht positiv ausfällt – von stressigen Phasen abgesehen, die aber jeder Beruf mit sich bringen dürfte.

Die Arbeitsbelastung ist (neben den zu bearbeitenden Rechtsgebieten und den Eingangszahlen und Umfängen der Fälle) von der eigenen Arbeitsweise abhängig; fehlende Entscheidungsfreude oder eine zu vertiefte Herangehensweise an rechtliche Probleme eines Falls führen schnell zu einem »Absaufen« des Dezernats. Auch reagiert nicht jeder gleich auf emotional und psychisch fordernde Situationen wie familiäre Auseinandersetzungen, konfrontative Straf- oder Zivilverhandlungen oder der Umgang mit psychisch auffälligen Betroffenen. Hier sollte man selbst einen guten Umgang entwickeln und passende Ansprechpersonen, gegebenenfalls Kollegen, finden.

Abseits der Möglichkeiten zur freien Zeiteinteilung steht Richtern selbstverständlich Erholungsurlaub zu. Die Ausgestaltung ist wiederum Ländersache; eine unterschiedliche Anzahl an Urlaubstagen nach Dienstalter, welche früher praktiziert wurde, ist wegen Altersdiskriminierung nicht mehr gegeben. Beispielsweise in Hessen besteht Anspruch auf 30 Tage Urlaub, wobei dieser recht großzügig noch bis zum Ende des Septembers des Folgejahres genommen werden kann.

Weiterentwicklung, Karriere und Perspektive

Weiterbildung

Fortbildungen sind regelmäßig verfügbar, sowohl fachlich als auch bezüglich diverser Softskills; diese sind teils in Präsenz, teilweise online verfügbar. Neben Angeboten der jeweiligen Bundesländer hat die Deutsche Richterakademie mit Standorten in Trier und Wustrau ein beachtliches Fortbildungsangebot. Gerade in der Probezeit sollte sich allerdings auf die Anfängerfortbildungen konzentriert und darüber hinausgehende Fortbildungen mit der Dienststelle abgesprochen werden.

Karriere

Ein Aufstieg ist möglich durch eine Beförderung; hierfür muss man sich entsprechend bewerben. Voraussetzung ist hierfür zumeist auch eine vorhergehende Abordnung, beispielsweise an ein OLG oder den BGH, und ein entsprechend positives Zeugnis bezüglich dieser Tätigkeit. Unabhängig von der Möglichkeit des späteren beruflichen Aufstiegs eröffnen Abordnungen beispielsweise in die Bundes- oder Landesministerien oder in die ländereigenen Hochschulen neue Perspektiven und Möglichkeiten zur Selbstverwirklichung, ohne den Beruf des Richters aufgeben zu müssen. Auch ist ein späterer Wechsel zur Staatsanwaltschaft möglich, in manchen Bundesländern wie Bayern sogar üblich.

Besonderheiten

Digitalisierung

Der Stand der Digitalisierung ist landesabhängig. Nahezu alle Bundesländer unternehmen große Bemühungen zur flächendeckenden Einführung der elektronischen Akte. Eine gemeinsame Plattform aller Länder gibt es hierzu unverständlicherweise nicht, gleichwohl arbeiten einige Bundesländer zusammen, um hier einheitlich voranzukommen. Neben den Herausforderungen der Umstellung von Prozessen und der teils noch weiter nötigen Fortführung von Papierakten erweisen sich Inkompatibilitäten zwischen den einzelnen EDV-Programmen als größte Hemmnisse bei der Umsetzung der Digitalisierung, welche aber konsequent vorangetrieben wird.

KI

Der Beruf des Richters ändert sich aber nicht nur durch den steigenden Grad der Digitalisierung; das Recht an sich wird immer spezialisierter, selbst vermeintlich einfache Fälle häufig immer komplexer als zu früheren Zeiten. Organisatorische Zusatzaufgaben wie die Einrichtung und Sicherstellung von Videoverhandlungen, aber auch die Verwendung von KI auf Anwaltsseite (man denke an die viele hundert Seiten dicken Schriftsätze zu Fällen aus dem Bereich des »Abgasskandals«) erhöhen den Druck auf Richter, immer schneller zu arbeiten und zu entscheiden. Eine polarisierte Gesellschaft und damit einhergehende Herausforderungen – Extremismus, Reichsbürger in der Verhandlung, sinkender Respekt gegenüber Amtspersonen – machen die Amtsausübung noch schwieriger. Inwieweit KI aufseiten der Richterschaft sinnvoll eingesetzt werden kann, wird wohl nur die Zeit zeigen; vorher sind die Herausforderungen der vollständigen Digitalisierung der Arbeitsabläufe und die demographische Klippe in der Richterschaft zu meistern.

Persönliche Erfahrungen

Trotz all dieser Herausforderungen ist das Richteramt für mich nach wie vor der Traumberuf schlechthin; ich kann meiner Leidenschaft für Argumentation und juristischer Arbeit in einem wirtschaftlich und rechtlich abgesicherten Rahmen nachgehen und dabei nach besten Kräften versuchen, dem Recht zur Geltung zu verhelfen und für Gerechtigkeit zu sorgen. Was will man mehr?

3.13 Jobperspektive: IT-Rechtsanwalt

Olga Stepanova, Fachanwältin gewerblicher Rechtsschutz/ Informationstechnologierecht, Partnerin bei ByteLaw

Voraussetzungen

- **Examensnoten:** In der Praxis sind die Examensnoten oftmals nachrangig, da der Bedarf in diesem Rechtsgebiet aufgrund der stark voranschreitenden Digitalisierung sehr hoch ist. Viele Arbeitgeber legen mehr Wert auf die tatsächlichen Fähigkeiten und die Bereitschaft zur Weiterentwicklung in immer neue IT-Regulierung wie DORA und NIS2 als auf die Noten des zweiten Staatsexamens. Die Chancen auf dem Arbeitsmarkt sind mit zweitem Staatsexamen viel höher und breit gefächerter. Um als Anwalt im Bereich IT-Recht tätig zu werden, ist ein zweites Staatsexamen natürlich notwendig. Grundsätzlich können aber auch Wirtschafts- und Diplom-Juristen beispielsweise als Datenschutzbeauftragte in Unternehmen im Bereich des IT-Rechts tätig sein, weil diese Tätigkeit nicht den Volljuristen vorbehalten ist.
- **Zusatzqualifikationen:** Zum Berufseinstieg sind keine Zusatzqualifikationen erforderlich. Es ist vorteilhaft, wenn man sich zum Datenschutzbeauftragten hat ausbilden lassen, zumeist sind dies zwei- bis fünftägige Kurse, die finanziell überschaubar sind. Sollten IT-Kenntnisse bestehen, ist dies ebenfalls von Vorteil. Grundsätzlich gilt jedoch, dass eine gewisse Technikaffinität und ein Interesse an neuen Technologien bereits ausreichen, um die technischen Sachverhalte rechtlich zutreffend beurteilen zu können.
- **Vorerfahrungen:** Es ist nicht notwendig, entsprechende Stationen im Referendariat durchlaufen zu haben. Sicherlich freut es aber einen Recruiter, wenn die sich bewerbende Person im Rahmen der Verwaltungs- oder Wahlstation bei der Datenschutzaufsichtsbe-

hörde, beim Bundesamt für Sicherheit in der Informationstechnik (BSI) oder bei einer auf IT-Recht spezialisierten Kanzlei war.

- **Soft-Skills:** Kommunikation und Projektmanagement sind unabdingbar als IT-Anwalt. Man ist häufig in größere Projekte eingebunden, die viele verschiedene Fachabteilungen an einen Tisch bringen. Daher ist es oftmals wichtig, nicht nur rechtlich zu beraten, sondern das Projekt auch selbst voranzutreiben und mitzugestalten. Überdies kommuniziert man zumeist mit der IT-Abteilung, der Personalabteilung und Produktmanagern, sodass man in der Lage sein muss, komplexe juristische Probleme adressatengerecht zu kommunizieren – ohne Paragraphen, sondern mit viel Pragmatismus.
- **Weitere Anforderungen:** Es gibt keine spezifischen weitergehenden Anforderungen.

Im Job

Der Einstieg

Neben dem sonstigen Einfinden in die Praxis geht es im ersten Jahr darum, zu lernen, technische Sachverhalte juristisch zu bewerten und entsprechend zu kommunizieren. Wichtig ist insbesondere, pragmatische Lösungen zu entwickeln, die nicht nur die Rechtssicherheit, sondern auch die technische Umsetzbarkeit und Wirtschaftlichkeit zum Gegenstand haben. Dafür nimmt man einerseits von Tag eins an Besprechungen mit Mandanten teil, um den Sachverhalt unmittelbar wahrzunehmen und wird andererseits von einem Mentor mit fundiertem Feedback angeleitet. Insbesondere sind regelmäßige fachliche Diskussionen sehr dienlich, weil man im Gegensatz zu anderen Rechtsgebieten über teils wenig Literatur und schon gar keine Rechtsprechung verfügt und man dieser Situation, die man wenig aus dem Studium kennt, gerecht werden muss.

Arbeitsalltag

Als erstes prüfe ich meine E-Mails und schaue in meine fortlaufende To-Do-Liste. Die Tage sind, mit wenigen Ausnahmen, gut planbar, sodass ich selten die morgens avisierten Aufgaben verschieben muss. Nach einer kurzen Rücksprache mit unseren Anwälten hinsichtlich der Zwischenstände bei der durch sie durchgeführten Mandatsbearbeitung fangen meine Besprechungen mit Mandanten an. Bei einigen handelt es sich um turnusmäßig stattfindenden Besprechungstermine, an denen ich als externe Datenschutzbeauftragte oder Beraterin teilnehme. Bei anderen geht es die Besprechung von Vertragsentwürfen oder z. B. dem Vorführen von Designentwürfen von Plattformen oder Softwareanwendungen, damit ich noch vor der Entwicklungsphase mitteilen kann, ob etwaige Funktionalitäten rechtlich problematisch sind, man durch Eingabemasken zu viele Daten abfragt oder wie man verbraucherschutzrechtliche Vorgaben bei digitalen Diensten umsetzt. Wir fassen das unter dem Stichwort »Legal Design« zusammen, damit Mandanten von Anfang an mit rechtskonformen Lösungen an den Markt gehen können. Daneben halte ich häufig Datenschutzschulungen sowie Schulungen zum rechtssicheren Marketing oder zum Einsatz von KI im Unternehmen, sodass mein Arbeitstag durch sehr viel Kommunikation mit Juristen wie auch Nichtjuristen gekennzeichnet ist.

Manchmal kommen jedoch auch sehr unerwartete Ereignisse, wie z. B. Datenpannen oder IT-Sicherheitsvorfälle, in denen wir aufgrund von gesetzlichen und vertraglichen Meldefristen unverzüglich agieren müssen. Hier kann es außerplanmäßig zu einer sehr intensiven Arbeit mit dem Mandanten kommen, die je nach Fall über mehrere Tage anhält und dann mehrere Wochen ausklingt. In dieser Zeit ist es sehr wichtig, ein perfekt eingespieltes Team zu haben, damit andere Kollegen die reguläre Arbeit nahtlos übernehmen können. In den meisten Fällen kann ich mich auf einen planbaren Feierabend freuen.

Verantwortung

Dies ist abhängig davon, ob man in einer Kanzlei, Behörde oder in einem Unternehmen beginnt. Grundsätzlich kann man jedoch sagen, dass man bereits zu Beginn mit viel Verantwortung rechnen kann, weil es im Schnitt mehr Beratungsbedarf als Angebot gibt, sodass man früh in Positionen kommt, die in anderen Rechtsgebieten erst nach einigen Jahren denkbar wären. So kann man als Datenschutzbeauftragter in einem Unternehmen bereits nach dem Examen einsteigen und hat auch in der Behörden- und Kanzleiwelt kürzere Karriereleitern. Das macht das Rechtsgebiet für ambitionierte Juristen recht attraktiv.

Herausforderungen im Tagesgeschäft

Die Flut an neuer Gesetzgebung im Digitalbereich und die Fortentwicklung der Technik fordern, sich permanent auf dem neusten Stand zu halten. Man muss sich in viele neue Gesetze parallel einarbeiten, welche wiederum aufgrund ihrer schnellen Verhandlung und Verabschiedung nicht frei von handwerklichen Mängeln oder Missverständnissen sind. Man muss sich darauf einstellen, dass die im Studium erlernten vier Auslegungsmethoden oftmals das einzige Handwerkszeug sind, da es weder Rechtsprechung noch ausreichende behördliche Handreichungen gibt. Überdies muss man stets in der Lage sein, technische Sachverhalte unter rechtliche Normen zu subsumieren, sodass der Arbeitsstil sich stark vom klassischen Rollenbild des Anwalts unterscheidet, der nach Rechtsprechung recherchiert und oft vor Gericht steht.

Gehaltsmöglichkeiten

Die Gehaltsmöglichkeiten sind gut, richten sich aber immer nach der jeweiligen Karriere. Als Kanzleipartner wird man z. B. besser verdienen als ein interner Datenschutzbeauftragter im Unternehmen. Dadurch aber, dass IT-Recht letztlich Wirtschaftsrecht ist, wird man im Schnitt besser verdienen als in anderen Rechtsgebieten, in denen primär Verbraucher zur Mandantschaft zählen.

Vereinbarkeit von Beruf und Privatleben

Grundsätzlich ist IT-Recht ein dankbares Rechtsgebiet, wenn es um Arbeitszeiten geht. Man hat nur wenige Gerichtsfälle samt entsprechender Schriftsatzfristen, sodass man seinen Arbeitstag gut planen kann und es selten zu Arbeitsspitzen kommt. Da es sich eher um langfristige Beratung handelt und weniger um reines Projektgeschäft wie beispielsweise bei M&A-Transaktionen, ist die Work-Life-Balance insgesamt als gut und wirklich ausbalanciert zu betrachten. Sicherlich gibt es Unterschiede zwischen Kanzleien und den dort geäußerten Erwartungen, aber es ist jedenfalls nicht dem Rechtsgebiet immanent, dass phasenweise eine überdurchschnittliche hohe Arbeitsbelastung vorherrscht.

Die Möglichkeit, aus dem Homeoffice zu arbeiten, ist keine unbedingt rechtsgebietsbezogene Frage, sondern eher eine Einstellungsfrage des Arbeitgebers. Grundsätzlich erfordert die Tätigkeit jedoch keine ständige Präsenz im Büro. Die meisten Anwälte arbeiten im IT-Recht ausschließlich mit Unternehmen und Organisationen, sodass persönlicher Mandantenkontakt eher sporadisch und beim Mandanten stattfindet. Weil man oftmals mit der Rechts- und IT-Abteilung gemeinsam zusammenarbeitet, ist es üblich, die Besprechungen per Videokonferenz abzuhalten, weil es praktischer ist, um alle erforderlichen Personen an einen Tisch zu bringen.

Weiterentwicklung, Karriere und Perspektive

Weiterbildung

Grundsätzlich rate ich jungen Anwälten ab dem zweiten Berufsjahr den Fachanwaltslehrgang für Informationstechnologierecht zu besuchen. Das dort vermittelte Wissen baut gut darauf auf, was man im ersten Berufsjahr – dem Transit von der Theorie in die wirkliche Praxis – gelernt hat. Daneben rate ich im IT-Bereich zum Besuch von reinen IT-Veranstaltungen wie z. B. Cybersicherheitsmessen etc., weil man dort viel mehr die Perspektive der IT kennenlernt und dies zielführend in der Beratung einsetzen kann.

Karriere

Das IT-Recht bietet eine schier unendliche Anzahl von beruflichen Optionen. Ob als klassischer Anwalt, der zu einem gewissen Zeitpunkt in die Partnerschaft einsteigen kann, oder als Syndikusanwalt, in der Datenschutzaufsichtsbehörde, dem BSI, der Bundesnetzagentur und vielen anderen Behörden, der Bedarf an Juristen, die im IT-Bereich versiert sind, ist steigend. Dies hat einerseits damit zu tun, dass unser gesamtes Leben immer digitalisierter wird, andererseits besteht wegen der Risiken, die die Digitalisierung mit sich bringt, auch mehr Bedarf nach entsprechender Regulierung. Hier wird sowohl auf der rechtsgebenden als auch rechtsanwendenden Seite viel Bedarf bestehen, da wir nie wieder in das analoge Zeitalter zurückkehren werden. Überdies ist es denkbar, in die Informationssicherheit zu wechseln und entweder die Rolle eines CISO (Chief Information Security Officer) einzunehmen oder im Vorstand den IT-Bereich zu verantworten.

Besonderheiten

Digitalisierung

Der Alltag ist sehr digital. Es ist der absolute Anspruch als IT-Rechtler, die Technologie selbst zu durchdringen und die rechtlichen Konsequenzen nachzuvollziehen, die man berät. Mandanten fühlen sich gut aufgehoben, wenn ihr Berater die Sprache der Technologie spricht, sodass sich das Berufsbild vom klassischen gerichtlichen Rechtsvertreter und gutachtenschreibenden Anwalt mehr in die Rechtsberatung zu digitalen Produkten gewandelt hat. Dies ist spannend und herausfordernd zugleich, weil man das Produkt mitgestaltet, vgl. oben.

KI

KI spielt bei der Tätigkeit eines IT-Anwalts eine doppelte Rolle. Einerseits stellt sich häufig die Frage, wie Mandanten rechtskonform KI-Anwendungen einsetzen können. Hierzu muss man sich sowohl mit den technischen Gegebenheiten der Anwendung als auch mit dem deutschen und vor allem unionalen rechtlichen Rahmen auseinandersetzen.

Andererseits kann man als Anwalt zunehmend selbst KI einsetzen. Aus meiner Sicht wird KI den Anwalt in seiner beratenden Funktion nicht ersetzen, aber profund unterstützen. Tätigkeiten wie die Prüfung der Querverweise in einem langen Vertrag, Lektorat, Entwurf von Verträgen basierend auf kanzleiintern abgestimmten Mustern etc. können von einer KI übernommen werden. Persönlich bin ich froh hierum, weil ich dadurch mehr Zeit habe, mich der individuellen Beratung meiner Mandanten zu widmen – meiner Kerntätigkeit, die eine KI nicht ersetzen können wird.

3.14 Jobperspektive: Rechtsanwalt im EU-Ausland

Jonathan Kress, Associate bei Alston&Bird in Brüssel

Nach Studium und Referendariat als national geprägter Ausbildung in Deutschland scheint der Karriereweg auch notwendigerweise hierzulande fortzuführen. Doch es bieten sich, wie bereits in anderen Beiträgen gezeigt, auch Möglichkeiten im europäischen Ausland an.

Mal etwas ganz anderes?!

Abgesehen von den jeweils regional geprägten grenznahen Märkten (z.B. Kehl/Straßburg, NRW/Niederlande) erwarten den aufgeschlossenen, jungen Volljuristen auch in vielen Metropolen unserer europäischen Nachbarn spannende Tätigkeiten. Denn deutsche Juristen werden weithin wegen des guten Rufs der Ausbildung und den im Wirtschaftsverkehr mit Deutschland als größter Volkswirtschaft der Europäischen

Union hilfreichen Sprach- und Rechtskenntnissen geschätzt. Auf konkret erzielte Notenzahlen kommt es bei der Einstellung übrigens häufig nur am Rande an. Die folgende Darstellung behandelt im Wesentlichen die Situation in Brüssel und streift einige andere Nachbarländer.

Die Gründe für einen Berufseinstieg im Ausland sind von individueller Natur. Für mich war es neben persönlichen Gründen auch die Kontinuität eines durch Studium, Praktika und Referendariat gewonnenen Bezugs zum europäischen Ausland als Arbeitsplatz. Im besten Fall hat man also bereits im Verlauf der Ausbildung und insbesondere im Referendariat Erfahrungen gesammelt, sodass man ungefähr abschätzen kann, worauf man sich einlässt. Wie schon beim Auslandsstudium ist der Planungsaufwand hoch, man wird aber durch spannende Erfahrungen belohnt. Im Vergleich zu Deutschland lernt man kulturelle Unterschiede sowohl im täglichen Leben als auch in der Arbeit kennen. Dafür bedarf es einer gewissen Portion Offenheit, Geduld, Frustrationstoleranz und Entdeckungsfreude.

Arbeitsmöglichkeiten

Die Arbeitsmöglichkeiten als Rechtsanwalt im Ausland sind so vielfältig wie die Wirtschaftsbeziehungen selbst. In Luxemburg geht es aufgrund der günstigen Standortvoraussetzungen in aller Regel um den Finanzmarkt und insbesondere das Fondsgeschäft, in Paris beispielsweise um in Frankreich tätige deutsche Unternehmen (und umgekehrt), wobei alle Rechtsgebiete vom Arbeitsrecht über Handels- bis Steuerrecht eine Rolle spielen können. Häufig steht dabei neben der reinen Lösung des Falles auch die Übersetzungs- und Erklärleistung für eine dem Mandanten unbekannte Rechtsordnung im Vordergrund. In Brüssel spielen wegen der Nähe zu den europäischen Institutionen typischerweise die europarechtlich geprägten Rechtsgebiete wie Kartellrecht, Beihilfen- und Vergaberecht, Handelsrecht (im Sinne von Handelsabkommen und Sanktionsrecht), Datenschutzrecht und sonstiges Regulierungsrecht eine bedeutende Rolle. Da diese Rechtsgebiete wie auch die Kompetenzen der Union häufig nicht vollumfänglich und abschließend europäisch sind, bleibt der Bezug zum Heimatland relevant. Dies gilt sowohl in der Anwendung des Rechts wie auch in der Anbindung an etwaige Bürostandorte in Deutschland. Nicht selten ist die Arbeitsorganisation der Teams standortübergreifend.

Voraussetzungen

Sprachkenntnisse können wichtig sein, müssen es aber nicht. In Brüssel, welches sich als kosmopolitischste Stadt Europas rühmt, stammen 40 % der Bevölkerung aus anderen Ländern (Quelle: Stadt Brüssel). Neben den offiziellen Sprachen Französisch und Niederländisch entwickelt sich Englisch zur wichtigen Verkehrssprache. Dies spiegelt sich auch im anwaltlichen Berufsleben wider. Je nach Ausrichtung und Personalbesetzung der eigenen Kanzlei kann Deutsch eine wichtige Rolle, zum Beispiel in der Kommunikation mit deutschen Kanzleistandorten oder Mandanten, spielen. Im Kontakt mit europäischen Institutionen ist Englisch vorherrschend, Deutsch und Französisch sind praktisch kaum verwendete weitere Arbeitssprachen der Kommission. Zusammengefasst: In Brüssel kommt man mit Englisch gut durch. Wer auch Französisch oder Niederländisch spricht, hat es im alltäglichen Umgang etwas leichter.

Dank der Richtlinie 98/5/EG können deutsche Rechtsanwälte in einem anderen Mitgliedstaat unter ihrer Berufsbezeichnung tätig sein. Wer dies bereits nach dem erfolgreichen Abschluss des Referendariats in Angriff nehmen möchte, muss zunächst bei einer deutschen Rechtsanwaltskammer als Rechtsanwalt zugelassen werden. Sodann ist man bei »ständiger« Tätigkeit in Belgien (aus deontologischen Gründen) verpflichtet, sich bei einer der beiden Brüsseler Rechtsanwaltskammern für die sog. EU-Liste registrieren zu lassen. Das ist ein vereinfachtes Anerkennungsverfahren. Man wird und bleibt Mitglied in zwei Rechtsanwaltskammern. Auf dem Weg dahin sind Fragen der (doppelten?) Altersvorsorge, Sozial- und Krankenversicherung und der sog. Befreiung von der Kanzleipflicht gem. § 29a BRAO zu klären. Das mag am Anfang verwirren und überfordern, ist aber durch Beharrlichkeit und Nachfrage bei bereits ansässigen deutschen Rechtsanwälten zu bewältigen.

Selbstständigkeit als Arbeitsmodell

In organisatorischer Hinsicht kennt Belgien den angestellten Rechtsanwalt nicht. Der Rechtsanwalt ist als Vertreter eines freien Berufs grundsätzlich selbständig und als Dienstleister für eine »namhafte« Kanzlei tätig, der monatlich Rechnungen gestellt werden. Dies ist sicherlich einer der o.g. kulturellen Unterschiede zum »Arbeitnehmerland« Deutschland. Einher geht dies mit einer geringeren sozialen Absicherung, die sich jedoch durch entsprechende private Versicherungen ausgleichen lässt. Häufig zahlt die Kanzlei eine in Belgien übliche Zusatzkrankenversicherung für die »freien« Rechtsanwälte, wobei darauf zu achten ist, für welche Leistungen man ggf. noch selbst vorsorgen muss. Im Gegenzug hat man jedoch auch einen größeren finanziellen Gestaltungsspielraum. Es ist üblich, aber nicht zwingend, als Rechtsanwalt eine Einmann-GmbH (SRL) zu gründen, womit steuerliche Erleichterungen gegenüber einer Selbständigkeit als natürliche Person einhergehen können. Ein positiver mentaler Nebeneffekt ist, dass man die eigene anwaltliche Tätigkeit von Anfang an als eine (zunächst sicherlich nur in begrenztem Maße) unternehmerische begreift. Da der Markt mangels Branchenmagazinen weniger transparent als in Deutschland ist, wird die Vergütung als Verhandlungssache begriffen. In jedem Fall ist eine Steuerberatung zumindest am Anfang unabdingbar.

Statt diesem belgischen Modell ist es bei Kanzleien mit deutschen Standorten oft möglich, als Arbeitnehmer aus Deutschland nach Belgien entsandt zu werden. Die Entsendung ist grundsätzlich auf fünf Jahre begrenzt. Wer seine Tätigkeit in Brüssel (legitimerweise) als Karriereschritt bis zu einer Rückkehr nach Deutschland, bestenfalls innerhalb derselben Kanzlei, betrachtet, fährt mit dem Entsendemodell gut. Wer langfristig in Brüssel bleibt und die Gründung einer SRL nicht scheut, ist am besten mit dieser Variante bedient.

Arbeitsbedingungen und Kanzleitypen

In Brüssel gibt es nicht ein allgemeingültiges Kanzleimodell. In deutschen Mittelstands- und Großkanzleien wird es sich bei dem Brüsseler Standort um ein verhältnismäßig kleines Büro mit einem Schwerpunkt auf Europarecht und enger Anbindung an deutsche Kollegen und Mandanten handeln. Die Arbeitssprache wird vorrangig Deutsch, ggf. auch Englisch sein. Internationale Großkanzleien warten in Brüssel oft mit einem Büro von beachtlicher Größe und einer nationalen Diversität, die ihresgleichen sucht, auf. Hier laufen die Fäden der europarechtlichen Fallbearbeitung in enger Zusammenarbeit mit den anderen europäischen Büros zusammen. Die Arbeitssprache wird in Teams mit Rechtsanwälten unterschiedlicher Herkunft regelmäßig Englisch sein, ebenfalls der Kontakt zu international tätigen Mandanten. In solchen Kanzleien arbeitet man als deutscher Rechtsanwalt jedoch auch regelmäßig mit seinen in Deutschland befindlichen Kollegen zusammen.

Daneben gibt es auch eine Reihe in Deutschland bisher weithin unbekannter Kanzleien, beispielsweise amerikanischer, chinesischer oder japanischer Herkunft, die in ihren Heimatjurisdiktionen bereits große Akteure sind und in Brüssel als »EU-Hub« die ersten Schritte einer Expansion nach Europa gehen. Hier liegt der Reiz (und die Herausforderung) im Mitwirken am Aufbau von neuen Strukturen und Mandantschaften. Diese sehr unterschiedlichen Kanzleitypen sollte man bei der Suche nach einer Ausbildungsstation oder bei der Wahl des Berufseinstiegs im Hinterkopf haben.

3.15 Mit Jura zum Geschäftsführer – Gründung eines Startups

Dr. Björn Bronger, Gründer und Aufsichtsratsvorsitzender des VdRH
Robert Weinhold, Counsel bei Orrick, Herrington & Sutcliffe LLP

Woody Allen's bekannte Zitat »Das Geheimnis des Erfolgs? Anders sein als die anderen.« erklärt wohl gut, was in einer Zeit der Weiterentwicklung des Internets von 2.0 auf 3.0 und KI möglich geworden ist. Während es Anfang 2015 knapp über 80 Unicorns, also private Unternehmen mit einer Unternehmensbewertung von über 1 Milliarde US-Dollar weltweit gab, waren es Anfang 2025 bereits 1.270.[1] Gründer solcher Startups erzielen bei einem Exit, dem privaten Verkauf ihrer Anteile oder über einen Börsengang – dem IPO –, Gewinne im mittleren zweistelligen Millionenbereich.[2]

Vom Startup zum Unicorn: Juristische Präzision als Erfolgsfaktor

Das Jurastudium und seine erste praktische Anwendung im Referendariat schulen wie kein anderes Studium analytische Fähigkeiten und strukturiertes Denken. Andererseits führt dieses leider viel zu verschulte und lange Studium dazu, dass sehr viele junge Juristen aufgrund etablierter Strukturen und Berufsbilder nicht erkennen, dass die (beruflichen als auch persönlichen) Möglichkeiten als Gründer eines Startups bei weitem klassischen Berufsbildern übersteigen, nicht nur finanziell. Es bringt Gestaltungsfreiheit und Unabhängigkeit, erlaubt die Verwirklichung einer eigenen Vision, führt zu einer extremen Lernkurve und Persönlichkeitsentwicklung und erweitert zudem rasant das eigene Netzwerk. Der Wert dieser Erfahrungen wird selten erkannt und die Angst vor dem Scheitern ist meist hoch – aber auch dann bringen diese Erfahrungen in späteren Positionen eine ganz besondere Qualifikation mit sich.

Die analytischen Fähigkeiten und das strukturierte Denken der juristischen Denkweise sind für Startups ein wertvoller Baustein. Das Geheimnis des unternehmerischen Erfolgs verlangt jedoch noch mehr und setzt sich aus drei elementaren Aspekten zusammen:

360° Expertise

Startups verlangen eine 360-Grad-Expertise. Dies ist neben juristischer Expertise ein tiefgreifendes Verständnis von Strategie, Finanzen, Marketing, Business Development, Sales und – in den meisten Fällen – zumindest grundlegende IT-Kenntnisse. Erreicht und gebündelt wird diese Expertise grundsätzlich über einen gezielten Zusammenschluss von Gründern. Neben der für die Verwirklichung der Idee notwendigen fachlichen Expertise vereint die Gründer ihre außergewöhnliche Leistungsbereitschaft, Motivation, Belastbarkeit und Teamgeist – das, was den Spirit in Startups von »klassischen« Unternehmen maßgeblich unterscheidet. Dabei sollte das Team dem Startup langfristig und ohne Einschränkung zur Verfügung stehen und nicht zu groß sein.

Ein solch herausragendes Gründerteam bildet die Basis für jede erfolgreiche Unternehmensgründung. Die Bedeutung des Gründerteams für den Erfolg des Startups spiegelt sich auch in Startup-Wettbewerben und gegenüber Investoren wider, wo gerade in einer frühen Phase der Schwerpunkt auf das Gründerteam gelegt wird.

Um das richtige Team zusammenzustellen, ist es wichtig, die entscheidenden Kompetenzen zu ermitteln, die benötigt werden. Verfügt das Team über das notwendige Wissen, um das Problem zu lösen? Dabei sollte man Personen finden, die die eigenen Schwächen ergänzen, und ihr Engagement testen, klare Rollen und Zuständigkeiten festlegen und sich in einer Gründungsvereinbarung gemeinsame Spielregeln setzen.

A Game-Changing Idea

Die meisten Startups scheitern. Je nach Berechnung sind 70-90 % der Gründungen nicht erfolgreich.[3] Den Sprung von der Seed-Phase zur Series-A Phase schaffen nur weniger als 10 %.[4] Aber warum? Die meisten von ihnen scheitern nicht, weil sie nicht in der Lage waren, etwas aufzubauen. Sie scheitern, weil sie nichts entwickelt haben, was Kunden wirklich wollen. Ein typischer Denkfehler: Man hat eine Geschäftsidee für ein Produkt und sucht künstlich nach einem Problem, das damit gelöst werden soll. Ein Produkt sollte niemals entwickelt werden, ohne genau zu wissen, welches Problem es tatsächlich lösen soll. Ein weiterer wichtiger Aspekt ist, sich auf das Wesentliche zu konzentrieren, um dieses Problem zu lösen. Man sollte sich stets fragen: Ist diese Funktion wirklich notwendig, um das Problem effektiv zu lösen?

Die meisten Startups erfinden das Rad nicht neu. Erfolgreiche Startups sind jedoch selten Copycats und kopieren einfach nur ein bestehendes Produkt oder eine Idee. Eines der bekanntesten deutschen Beispiele ist StudiVZ, das am Ende doch vom Original Facebook verdrängt wurde. Vielmehr braucht man ein neues Verständnis für das Problem – etwas, das die Konkurrenz noch nicht erkannt hat.

Zudem mögen Menschen allgemein keine Veränderungen. Um jemanden von einem Produkt zu überzeugen, muss das Produkt zehnmal besser sein als die Alternative oder die aktuelle Situation ohne das Produkt. Es genügt nicht, nur ein wenig besser zu sein, da Menschen sich grundsätzlich gegen Veränderungen wehren werden.

Ein starkes Geschäftsmodell

Neben der Kreativität und der Teamzusammenstellung steht das Fundament eines soliden Geschäftsmodells im Zentrum des Gründungserfolgs. Dazu gehören unter anderem ein transparenter Revenue-Stream, eine durchdachte Kostenstruktur und eine skalierbare Markteintrittsstrategie. Die Fähigkeit, realistische finanzielle Prognosen zu erstellen und Risiken analytisch zu bewerten, bestimmt dabei maßgeblich die Zukunftsfähigkeit eines Unternehmens.

Auch sollten sich Gründer in einer frühen Phase Gedanken über die Struktur ihres Unternehmens machen. Reicht eine UG, ist die GmbH vielleicht doch die bessere Wahl, sollte das Gründungsteam ihre Unternehmensanteile direkt halten oder soll vielleicht sogar der Schritt in ein anderes Land, etwa die USA, als Standort gewählt werden? All diese Fragen bestimmen bereits in einer sehr frühen Phase viele Aspekte, welche die Zukunft des Startups stark beeinflussen können.

Entrepreneurship – eine einzigartige Chance

Die oben dargestellten Aspekte verdeutlichen, dass eine juristische Ausbildung zwar ein wertvolles Fundament bietet, jedoch allein nicht ausreicht, um in der dynamischen Welt der Startups langfristigen Erfolg zu erzielen. Neben der Präzision und analytischen Schärfe, die der juristische Werdegang vermittelt, sind weitere unternehmerische Kompetenzen erforderlich – insbesondere in den Bereichen Finanzen, Marketing, Vertrieb, Management und IT. Gerade unerfahrenen Gründern empfiehlt es sich daher, sich zumindest in einigen der relevanten Kompetenzen weiterzubilden. Diese Erfahrung kann häufig parallel zum Aufbau des Geschäftsmodells erfolgen. Unzählige Startup-Netzwerke und Veranstaltungen helfen dabei, sich schnell und unkompliziert mit erfahrenen Gründern, Experten und Investoren auszutauschen und typische Fehler zu vermeiden.

Zuletzt hilft es, einen Mentor zu haben, der die Gründer mit seiner Erfahrung unterstützt, oder sogar einen unabhängigen Berater ins Team zu holen, der nicht nur fehlende Kompetenzen ausgleicht, sondern vor allem in der frühen Phase der Strukturierung und Entwicklung des Geschäftsmodells ansonsten nicht zugängliche Expertise einbringt.

Die juristische Ausbildung ist sehr lang, und die Möglichkeit, unter dem Schutz des in Deutschland arbeitnehmerfreundlichen Arbeitsrechts in einer Kanzlei oder einem Unternehmen endlich Geld verdienen zu können, erscheint umso verlockender. Aber: Man sollte sich darüber im Klaren sein, dass selbst die von einigen angestrebte Partnerschaft in einer internationalen Sozietät niemals die Möglichkeiten – sowohl finanziell als auch für die eigene Weiterentwicklung – bieten wird wie die Verfolgung einer eigenen Idee und Vision.

3.16 Vom Referendariat in die Selbstständigkeit – Gründung einer Kanzlei

Kristin Drobnak, Rechtsanwältin für Arbeitsrecht

Volljuristen, die gerade ihr zweites Staatsexamen abgeschlossen haben, stehen vor der wichtigen Frage, welchen beruflichen Weg sie einschlagen wollen. Manche Referendare haben bereits durch eine Tätigkeit als wissenschaftlicher Mitarbeiter oder durch die Rechtsanwaltsstation ihre Vorliebe zum Rechtsanwaltsdasein entdeckt. Manch anderer stellt sich gegebenenfalls noch die Frage, welches Rechtsgebiet er bevorzugt und welche berufliche Position er einnehmen möchte. Präferiert der Volljurist eine Tätigkeit im Zivilrecht, ist zunächst zu differenzieren, ob er als Richter oder als Rechtsanwalt arbeiten möchte. Sollte sich der Volljurist dazu entscheiden, als Rechtsanwalt tätig zu werden, stellt sich sodann die Folgefrage, ob er als angestellter Rechtsanwalt, als Syndikusanwalt oder als selbstständiger Rechtsanwalt arbeiten möchte.

Erste Schritte als Rechtsanwalt

Unabhängig von dieser Entscheidung hat der Volljurist zunächst bei der zuständigen Rechtsanwaltskammer die Zulassung zur Rechtsanwaltschaft zu beantragen. Voraussetzungen für die Zulassung sind neben dem Zulassungsantrag insbesondere die Zahlung der Zulassungsgebühr und der Abschluss einer Berufshaftpflichtversicherung. Möchte der Volljurist als Syndikusanwalt arbeiten, so kann er die Zulassung zur Syndikusrechtsanwaltschaft beantragen.

Sollte sich der Referendar dazu entscheiden, in einer (Groß-)Kanzlei ins Angestelltenverhältnis einzutreten, muss er sich mit den Themen einer Kanzleigründung und der Selbstständigkeit nicht auseinandersetzen. Die Zulassungsgebühr und die Kosten der Berufshaftpflichtversicherung werden dann in der Regel vom Arbeitgeber übernommen.

Gründung einer eigenen Kanzlei

Möchte der Referendar jedoch eine eigene Kanzlei gründen, so hat er seinen Fokus zunächst auf die Gründung der Gesellschaft und Organisation der Kanzlei zu legen. In der Phase der Kanzleigründung müssen insbesondere folgende Themenbereiche beachtet werden: Finanzierung der Selbstständigkeit, Erstellung eines Businessplans, Anmietung von Kanzleiräumlichkeiten, Einhaltung des Berufsrechts, Abschluss erforderlicher Versicherungen, Beachtung des Datenschutzes, Besorgung und Finanzierung der EDV-Ausstattung, Anstellung von Personal, Marketing, Errichtung einer Website, Bestellung von Visitenkarten etc.

Zudem sollte er sich eine bestimmte Branche (»Nische«) aussuchen, d.h. ein Rechtsgebiet, in dem er sich wohlfühlt und gute Leistungen erbringt. Eine Spezialisierung auf ein Rechtsgebiet ist in der Regel von Vorteil, um in diesem Fachgebiet ein besonders umfassendes Wissen aufzubauen und eine besonders gute Expertise vorzuweisen.

Akquise

Sodann sollte sich der Rechtsanwalt um die Gewinnung von Mandanten bemühen. Die Akquise ist entscheidend für die Finanzierung und das Fortbestehen der Kanzlei. Der Rechtsanwalt kann die Akquise auf unterschiedliche Arten vornehmen. Er kann beispielsweise Werbung schalten und über Online-Plattformen auf sich aufmerksam machen. Er kann aber auch im Rahmen verschiedener Veranstaltungen, beispielsweise Tagungen oder Podiumsdiskussionen, persönliche Kontakte schließen. Über eigen organisierte und gehaltene Schulungen bei Unternehmen kann er insbesondere für das Arbeitsrecht neue Mandate gewinnen. Die Mandanten selbst tragen über persönliche Empfehlungen ebenfalls zur Neugewinnung von Mandaten bei. Aber auch ohne eigene Mandate kann man beispielsweise als Terminvertreter für andere Kanzleien tätig werden und durch ein souveränes Auftreten in der Verhandlung neue Mandate erhalten. Zudem kann der Rechtsanwalt Aufmerksamkeit durch verschiedene Publikationen erlangen. Er kann verschiedene Artikel für Fachzeitschriften, Urteilsbesprechungen, Blogs und Kommentierungen veröffentlichen und so die eigene Expertise präsentieren.

Im Einzelfall gibt es auch die Möglichkeit, eine bereits bestehende Kanzlei mit einem bereits bestehenden Mandantenstamm zu übernehmen, was den Vorteil mit sich bringt, dass es bereits eine Vielzahl von Mandaten gibt, ohne hierfür Akquise zu betreiben. Dennoch muss die Arbeit für die bestehenden Mandanten deren Anforderungen entsprechen, um die Mandanten dann auch zu halten.

Erste Mandatsarbeit

Im Rahmen der Mandatsarbeit sind zunächst folgende Arbeitsschritte einzuhalten:

1. **Organisatorische Vorbereitungen:** Bei jedem neuen Mandanten ist zunächst zu prüfen, wer sich auf der Gegenseite befindet, um einen Interessenskonflikt im Sinne des § 3 BORA zu vermeiden. Sodann sind eine Vollmacht einzuholen, der Mandant über die Kosten aufzuklären, gegebenenfalls eine Honorarvereinbarung abzuschließen und der Mandatsumfang zu klären.
2. **Prüfung des Sachverhalts und Dokumentation:** Erst nach den oben genannten organisatorischen Vorbereitungen lässt sich der Rechtsanwalt den Sachverhalt schildern. Hierbei sollte auf eine umfassende Dokumentation geachtet werden. Die für den Einzelfall relevanten Dokumente, beispielsweise Rechnungen oder Verträge, sollte sich der Rechtsanwalt vom Mandanten ebenfalls zur Verfügung stellen lassen, um die Rechtsangelegenheit umfassend prüfen

zu können und im Falle eines gerichtlichen Verfahrens entsprechende Beweise vorlegen zu können.

3. **Ziele festlegen:** Es gilt das Ziel des Mandanten herauszufinden. Hierbei kann es sich um rechtliche Ziele, beispielsweise die Durchsetzung eines Schadensersatz- oder Schmerzensgeldanspruchs, die Feststellung der Unwirksamkeit einer Kündigung, die Abwehr von Gegenansprüchen, Schutz vor Kündigungen oder Vertragsstrafen handeln, aber auch um tatsächliche Ziele, beispielsweise die schnelle Klärung des Rechtsstreits, Kostenminimierung, Verhandlungen an einem nah gelegenen Gericht, Wahrung von Geschäftsbeziehungen etc.
4. **Strategieentwicklung:** Der Rechtsanwalt schätzt die rechtliche Lage und die Erfolgsaussichten ein, informiert den Mandanten hierüber und entwickelt eine Strategie, um die Ziele des Mandanten möglichst umzusetzen. Der Mandant ist stets über die Risiken der Rechtsverfolgung und der gerichtlichen Geltendmachung der Ansprüche aufzuklären. Insbesondere ist er hinsichtlich des damit einhergehenden Kostenrisikos im Sinne des § 12 ArbGG zu belehren. Der Rechtsanwalt sollte seinem Mandanten auch alternative Möglichkeiten zur Durchsetzung seiner Ansprüche aufzeigen. So kann dem Mandanten im Einzelfall zu einer zunächst außergerichtlichen Aufforderung, der Beantragung eines Mahnbescheides oder zu Vergleichsverhandlungen zu raten sein.

Der Mandant sollte auch während des anschließenden Verfahrens stehts über den Sachstand und etwaige Neuerungen informiert werden.

Fazit

Im Ergebnis ist der Einstieg ins Berufsleben mit weniger Aufwand und Organisation verbunden, wenn der Rechtsanwalt ein Anstellungsverhältnis eingeht. Dennoch kann es sich am Ende auszahlen, eine eigene Kanzlei zu gründen.

3.17 Gründung einer Partnerschaftsgesellschaft mbB und Bürogemeinschaft

Helen Ördög, Mitgründerin von Legal WinXx Rechtsanwälte am MainTor PartmbB und Vorstandsvorsitzende des VdRH
Nicolas Bräuer, Bräuer Becker Rechtsanwälte in Bürogemeinschaft und Vorstandsmitglied des VdRH

Wer anwaltlich selbständig tätig sein möchte, hat verschiedene Möglichkeiten, eine eigene Kanzlei zu gründen. Der einfachste Weg ist es, allein als Einzelanwalt tätig zu sein. Alles, was man hierzu benötigt, sind die drei Voraussetzungen für die Zulassung zur Anwaltschaft:
1. ein abgeschlossenes zweites juristisches Staatsexamen
2. einen Kanzleisitz (kann auch die eigene Wohnung sein)
3. eine Haftpflichtversicherung

Wenn man mit anderen Rechtsanwälten zusammen tätig sein möchte, kommen verschiedene Gesellschaftsformen in Betracht. Soweit man nur die Geschäftsräume teilen, ansonsten aber für sich allein anwaltlich tätig sein möchte, kommt eine Bürogemeinschaft in Betracht. Zum Zwecke einer gemeinsamen Berufsausübung und damit auch der gemeinsamen Bearbeitung von Mandaten kann man eine Gesellschaft gründen. Die gängige Form ist die Partnerschaftsgesellschaft mit beschränkter Berufshaftung (PartG mbB)

1. Die Bürogemeinschaft

Eine Bürogemeinschaft ist eine Gesellschaft, in der sich Rechtsanwälte zur gemeinschaftlichen Organisation der Berufstätigkeit unter gemeinschaftlicher Nutzung von Betriebsmitteln verbunden haben, wobei die Gesellschaft jedoch nicht selbst als Vertragspartner von rechtsanwaltlichen Mandatsverträgen auftreten soll (§ 59q BRAO). Das heißt, die Bürogemeinschaft ist ein rein organisatorischer Zusammenschluss von mehreren Rechtsanwälten. Jeder Anwalt bearbeitet seine eigenen Mandate und haftet dafür allein.

Gesellschafterkreis

- In einer Bürogemeinschaft können sich Rechtsanwälte zusammenschließen, also natürliche Personen, die freiberuflich als Rechtsanwälte tätig sind (§ 59q Abs. 1 BRAO).
- Die Rechtsanwälte können sich aber auch mit Personen zusammenschließen, die nicht zur Rechtsanwaltschaft zugelassen sind, es sei denn, die Verbindung ist mit dem Beruf des Rechtsanwalts, insbesondere seiner Stellung als unabhängigem Organ der Rechtspflege, nicht vereinbar und kann das Vertrauen in seine Unabhängigkeit gefährden (§ 59q Abs. 2 BRAO)

Gründung

Die Gründung der Bürogemeinschaft ist vergleichsweise simpel. Sie erfordert weder einen Gesellschaftsvertrag noch eine Zulassung durch die Kammer oder eine Eintragung in ein Register. Die Rechtsanwälte müssen sich untereinander einig sein, wie sie die gemeinsame Nutzung der Betriebsmittel strukturieren. Das betrifft jedoch nur das Verhältnis der Rechtsanwälte untereinander und ist berufsrechtlich nicht von Belang.

Auch eine Anzeigepflicht der Gründung einer Bürogemeinschaft gegenüber der zuständigen Rechtsanwaltskammer lässt sich weder dem § 59q BRAO noch dem § 24 BORA entnehmen. Dennoch ist es ratsam, die Bürogemeinschaft der Kammer mitzuteilen, damit im bundesweiten amtlichen Anwaltsverzeichnis auch der Zusatz »Rechtsanwälte in Bürogemeinschaft« vermerkt ist. Dies vor allem deswegen, um nicht den Eindruck einer gemeinschaftlich haftenden Gesellschaft zu erzeugen. Denn bei der Bürogemeinschaft besteht grundsätzlich das Risiko, dass in der Außenwirkung der Eindruck einer Gesellschaft in Form einer (Außen-)GbR entsteht. Hier könnte dann das Risiko einer Rechtsscheinhaftung entstehen und ein Anwalt für das Mandat eines Kollegen der Bürogemeinschaft in die Haftung genommen werden.

Kanzleisitz und Organisation

Die Gesellschaft muss einen Sitz in Deutschland haben. Zudem muss die Kanzleiorganisation sicherstellen, dass die anwaltlichen Pflichten (z. B. Verschwiegenheit, Unabhängigkeit, Sorgfalt) eingehalten werden. Dies gilt insbesondere auch für solche Gesellschafter der Bürogemeinschaft, die keine Rechtsanwälte sind (§ 59q Abs. 4 BRAO). Bei der Eröffnung einer Kanzlei müssen folgende Punkte berücksichtigt werden:

- Kanzleiräume einrichten
- Berufsrechtlich korrekte Außenauftritte (Briefkopf, Kanzleischild, Website)
- Anmeldung jedes einzelnen Rechtsanwalts bei Finanzamt (Steuernummer beantragen)
- Anmeldung jedes einzelnen Rechtsanwalts beim Versorgungswerk/Kammerbeitrag. Jeder Anwalt entrichtet eigenständig seinen jährlichen Kammerbeitrag plus beA-Umlage und erhält seine eigene beA-Karte.

2. Die Partnerschaftsgesellschaft mit beschränkter Berufshaftung (PartG mbB)

Diese ist eine Sonderform der Partnerschaftsgesellschaft (§§ 1 ff. PartGG), die speziell für Angehörige freier Berufe geschaffen wurde – insbesondere auch für Rechtsanwälte. Sie ermöglicht eine Berufsausübung in Sozietät, bei der die persönliche Haftung für berufliche Fehler auf das Gesellschaftsvermögen beschränkt ist.

Gesellschafterkreis

Geklärt werden sollte, welche Gesellschafter die Partnerschaftsgesellschaft gründen:

- Gesellschafter dürfen ausschließlich natürliche Personen sein, die freiberuflich tätig sind.
- In einer PartG mbB mit Rechtsanwälten als Gesellschaftern müssen alle Partner zur selbständigen Ausübung des Anwaltsberufs befugt sein (§ 59c BRAO).
- Interprofessionelle Partnerschaften sind grundsätzlich möglich, wenn alle Berufe miteinander vereinbar sind (§ 59c Abs. 1 S. 2 BRAO).

Zulassung

Die Gesellschaft muss bei der Rechtsanwaltskammer zur Zulassung angemeldet werden (§ 59f BRAO). Dafür wird ein jährlicher Kammerbeitrag fällig und es muss bei der Bundesnotarkammer eine beA-Karte beantragt werden. Voraussetzungen für die Zulassung sind:

- Partnerschaftsvertrag:
  - Partnerschaftsvertrag mit Regelungen zur Berufshaftung
  - Gesellschaftsform: Partnerschaftsgesellschaft mit beschränkter Berufshaftung (PartG mbB)
  - Name und Sitz der Gesellschaft
  - Angaben zu Partnern und Stimmrechten
  - Regelungen zur Geschäftsführung und Vertretung
  - Haftungsregelung gem. § 8 Abs. 4 PartGG
  - Versicherungspflicht nach § 59n BRAO
  - Zudem können hier weitere Regelungen zwischen den Gesellschaftern aufgenommen werden wie z. B. Urlaubs- oder Krankheitsregelungen, Gewinnverteilung, o. ä.
- Nachweis über eine Berufshaftpflichtversicherung nach § 59n BRAO (mindestens 2,5 Mio. € Versicherungssumme je Versicherungsfall bzw. für kleinere nach § 59o Abs. 1 BRAO, in denen nicht mehr als zehn Personen anwaltlich oder in einem Beruf nach § 59c Abs. 1 S.1 BRAO tätig sind, beträgt die Mindestversicherungssumme 1 Mio. Euro).

- Nachweis über die Eintragung im Partnerschaftsregister
- Formular der zuständigen RAK

Berufshaftpflichtversicherung

Zentrale Voraussetzung für die Haftungsbeschränkung ist das Bestehen einer Berufshaftpflichtversicherung mit der Mindestdeckung:

- Mindestdeckung: 2,5 Mio. € pro Versicherungsfall bzw. für kleinere nach § 59o Abs. 1 BRAO, in denen nicht mehr als zehn Personen anwaltlich oder in einem Beruf nach § 59c Abs. 1 S.1 BRAO tätig sind, beträgt die Mindestversicherungssumme 1 Mio. Euro.
- Jährliche Maximierung auf mindestens das Vierfache der Mindestdeckungssumme
- Versicherungsnachweis erforderlich für Registereintragung und Kammerzulassung

Ohne diesen Nachweis kann weder die Eintragung als PartG mbB erfolgen noch die Haftungsbeschränkung in Anspruch genommen werden.

Eintragung in das Partnerschaftsregister

Die Gesellschaft muss beim zuständigen Amtsgericht (Registergericht) im Partnerschaftsregister eingetragen werden. Der Name der Gesellschaft muss die Bezeichnung »mit beschränkter Berufshaftung« oder »mbB« enthalten (§ 2 Abs. 3 PartGG). Zusätzlich müssen die Berufsbezeichnungen aller Partner angegeben sein. Die dazu erforderlichen Unterlagen sind:

- Partnerschaftsvertrag
- Nachweis über die Berufshaftpflichtversicherung
- Anmeldung mit öffentlich beglaubigter Unterschrift

Kanzleisitz und Organisation

Die Gesellschaft muss einen Sitz in Deutschland haben. Die Kanzleiorganisation muss zudem sicherstellen, dass die anwaltlichen Pflichten

(z. B. Verschwiegenheit, Unabhängigkeit, Sorgfalt) eingehalten werden. Bei der Eröffnung einer Kanzlei müssen folgende Punkte berücksichtigt werden:

- Kanzleiräume einrichten
- Berufsrechtlich korrekte Außenauftritte (Briefkopf, Kanzleischild, Website)
- Anmeldung bei Finanzamt (Steuernummer beantragen)
- Anmeldung beim Versorgungswerk / Kammerbeitrag

3. Bürogemeinschaft und PartG mbB im Vergleich

	Partnerschaft mbB	Bürogemeinschaft
Gemeinsamer Außenauftritt	Einheitliche Kanzlei mit gemeinsamem Namen, Briefkopf etc.	Keine gemeinsame Kanzlei – jeder tritt individuell auf, ggf. mit dem Zusatz »In Bürogemeinschaft«
Mandatsführung	Gemeinsame Mandatsführung möglich	Nur getrennte Mandatsführung – Mandat gehört immer einem Anwalt
Haftung	Haftung für Berufsfehler auf Gesellschaftsvermögen beschränkt	Volle persönliche Haftung jedes Anwalts für eigene Mandate
Haftung untereinander	Keine gegenseitige Haftung für Fehler der Partner	Keine, da auch keine gemeinsame Berufsausübung
Berufsausübung	Gemeinsame Berufsausübung als Sozietät	Nur organisatorische Zusammenarbeit
Struktur & Organisation	Einheitliche Buchhaltung, Besteuerung, gemeinsamer Kanzleibetrieb	Jeder wirtschaftet separat

	Partnerschaft mbB	Bürogemeinschaft
Rechtliche Form	Eigene Rechtspersönlichkeit mit Registereintrag	Keine Gesellschaft – reine Zweckgemeinschaft
Image & Mandantenwahrnehmung	Professioneller, stärkerer Außenauftritt durch Sozietät	Eher wie Einzelanwälte mit geteiltem Büro

Vorteile einer PartG mbB

- **Haftungsbegrenzung bei Berufsfehlern:** Einer der größten Vorteile besteht darin, dass im Schadensfall nicht der einzelne Anwalt persönlich haftet, sondern nur das Gesellschaftsvermögen – sofern die Berufshaftpflichtversicherung besteht.
- **Zusammenarbeit – Synergien nutzen**: Mandate können gemeinsam bearbeitet werden, Mandanten profitieren von mehr Expertise unter einem Dach.
- **Professioneller Auftritt**: Einheitlicher Kanzleiname, Briefpapier, Website usw. wirken größer, seriöser und gefestigter als Einzelanwälte in einer Bürogemeinschaft.
- **Langfristige Perspektive & Wachstum**: Die PartG mbB kann besser wachsen, neue Partner aufnehmen und sich als Marke etablieren. In einer Bürogemeinschaft bleibt jeder für sich.

Nachteile einer PartG mbB

- **Berufshaftpflichtversicherung:** Pflicht zur hohen Versicherungssumme, mind. 1 Mio. Euro bzw. 2,5 Mio. € pro Fall, jährlich mind. das Vierfache davon
- **Formale Gründungsanforderungen**: Gründung ist aufwändiger: Notar, Registereintrag, Anmeldung bei der Kammer, Versicherungsnachweis etc.
- **Kosten:** Laufende Kosten für Versicherung, Jahresabschlüsse, ggfs. steuerliche Beratung, jährlicher Kammerbeitrag für die Berufsaus-

übungsgesellschaft als solche und zusätzlich für die eigene anwaltliche Zulassung, gleiches gilt für die beA-Karten.

- **Haftung bleibt partiell**: Die Haftung ist nur für berufliche Fehler beschränkt – nicht für sonstige Verbindlichkeiten (z. B. Miete, Darlehen, Software).
- **Kein eigener Rechtsträger**: Die PartG mbB ist keine juristische Person wie eine GmbH – gewisse Rechtsgeschäfte (z. B. Beteiligung Dritter) sind eingeschränkt.
- **Regelungsbedarf intern:** Es braucht einen klar geregelten Partnerschaftsvertrag – sonst kann es schnell zu Streit oder Unklarheiten kommen.
- **Haftung bei Organisationsfehlern**: Wenn interne Organisation versagt (z. B. falsche Fristenverwaltung), kann trotz mbB Haftung durchschlagen.
- **Bindung der Partner**: In einer echten Partnerschaft bindet man sich enger aneinander als in einer Bürogemeinschaft – persönlich und wirtschaftlich.

Wann ist eine Bürogemeinschaft sinnvoll?

Eine Bürogemeinschaft kann eine kurzfristige oder pragmatische Lösung sein, wenn keine gemeinsame Mandatsbearbeitung gewünscht wird oder man sich lediglich Infrastruktur teilt (z. B. Empfang, Drucker, Räume), ohne wirtschaftliche oder rechtliche Bindung. Der Zusatz auf dem Briefkopf »Rechtsanwälte in Bürogemeinschaft« kann in der Außenwirkung vorteilhaft sein.

Fazit

Die PartG mbB ist ideal für Rechtsanwälte, die ernsthaft gemeinsam arbeiten und wachsen wollen – aber sie bringt auch mehr Verantwortung, rechtliche Struktur und laufende Kosten mit sich als eine einfache Bürogemeinschaft. Die Bürogemeinschaft bringt demgegenüber weniger Pflichten mit sich, ist einfacher in der Gründung und im Blick auf laufende Kosten günstiger. Eine gemeinsame Bearbeitung von Mandaten ist in der Bürogemeinschaft jedoch schwieriger.

3.18 Einblick in den Bereich Cybersecurity

Dirk Koch, Rechtsanwalt und zertifizierter Ethical Hacker

Als Anwalt im Bereich der IT-Sicherheit bewege ich mich in einem multidisziplinären Bereich, in dem Recht und Technik eng miteinander verflochten sind und der sich rasant weiterentwickelt.

An der Schnittstelle zwischen Recht und Technik

Regelmäßig werde ich von Unternehmen beauftragt, deren Mitarbeiter erst kurz vorher Kenntnis darüber erlangt haben, Opfer eines Cyberangriffs geworden zu sein. So kann es passieren, dass die Server im Unternehmen im Rahmen einer Ransomware-Attacke verschlüsselt werden und die Angreifer versuchen, vom angegriffenen Unternehmen eine Lösegeldzahlung zu erpressen. Im Gegenzug wird üblicherweise die Übermittlung der Entschlüsselungssoftware angeboten, damit das Unternehmen beispielsweise wieder an seine Kunden- oder Mitarbeiterdaten gelangt.

In diesen Fällen werde ich als Krisenmanager bzw. Breach Counsel tätig und stelle in Absprache mit dem angegriffenen Unternehmen zur rechtssicheren Beratung einen Krisenstab auf, der in regelmäßigen Abständen zusammenkommt und die aktuelle Situation für das weitere Vorgehen abstimmt. In diesen Sitzungen übersetze ich komplexe IT-Sachverhalte in klare, rechtssichere Empfehlungen, sodass nicht nur IT-Fachleute, sondern auch Führungskräfte und Entscheidungsträger fundierte, möglichst rechtssichere Maßnahmen ergreifen können.

Arbeitsalltag und Aufgabenfelder

Mein Aufgabenfeld ist dabei enorm vielfältig und verteilt sich auf mein Rechtsanwaltsteam im Hintergrund, welches mich während der Krisenberatung parallel unterstützt, damit keine wertvolle Zeit bei der Abwehr des Cyberangriffs verloren geht. Denn das angegriffene Unternehmen muss eine Vielzahl von Maßnahmen parallel einleiten und hat rechtliche Pflichten und Risiken zu beachten, sodass ein verzögertes Tätigwerden zu einem erheblichen Haftungsrisiko und oder weiteren Betriebsunterbrechungen führen kann.

So sind etwaige Fristen hinsichtlich datenschutzrechtlicher Melde- und Benachrichtigungspflichten oder versicherungsrechtliche Mitteilungen zur Vermeidung von Obliegenheitsverletzungen zu beachten. Zudem ist bei möglichen Lösegeldverhandlungen mit den Angreifern zu berücksichtigen, dass es sich um eine kriminelle Vereinigung handelt und die Lösegeldzahlung strafrechtliche Implikationen beinhalten könnte. Im Nachgang des Cyberangriffs geht die Arbeit weiter, da sich bei einer bestehenden Cyberversicherung für das Unternehmen die Frage stellt, was von den Kosten des externen Notfall-Management-Teams, des forensischen Gutachters oder des Austauschs infiltrierter Hardware die Versicherung übernimmt. Ebenso sind zivilrechtlich mögliche Regressforderungen von Unternehmenskunden, Lieferanten und Partnern abzuwehren.

Abseits solcher ad hoc-Einsätze ist man auch kautelarjuristisch tätig und in das Erstellen sowie Prüfen von IT-Sicherheitsverträgen eingebunden, beispielsweise im Rahmen der Vorbereitung von sogenannten Penetrationstests, bei denen Angriffe auf ein Unternehmen zur Schwachstellenanalyse realitätsnah simuliert werden.

Ein weiterer zentraler Aspekt meiner Arbeit ist die außergerichtliche Konfliktlösung. In Verhandlungen, bei denen es um Schadensersatzforderungen oder die Haftung bei Cyberangriffen geht, bin ich als Bindeglied zwischen den technischen Sachverständigen und den juristischen Fachabteilungen tätig. Es gilt, komplexe Ursachenanalysen verständlich aufzubereiten, um anschließend präzise juristisch fundierte Forderungen formulieren zu können.

Voraussetzungen und Herausforderungen

Nicht zu unterschätzen ist die nötige Empathie, insbesondere bei der Beratung von Privatpersonen, die Opfer organisierter Banden geworden sind und nicht nur selbst hohe Geldbeträge verloren haben, sondern selbst schnell zu Verdächtigen einer Geldwäscheermittlung werden können.

Der Reiz meines Berufsfeldes liegt in dem Wechselspiel zwischen Recht und Technik. Es ist ein ständiger Lernprozess, der mir täglich neue Perspektiven eröffnet. Jede neue Herausforderung – sei es das Erarbeiten eines Sicherheitskonzeptes im Zusammenhang mit der NIS 2 Richtlinie, die Begutachtung von Risikomanagementmaßnahmen oder die rechtliche Bewertung eines Cybervorfalls – fordert mich sowohl fachlich als auch persönlich heraus, was meinen Berufsalltag äußerst abwechslungsreich macht.

Fazit

Rückblickend kann ich sagen, dass meine Tätigkeit weit über die klassische Rechtsberatung hinausgeht. Sie umfasst das Erkennen und Umsetzen technischer Details, das Vermitteln zwischen Experten und die Entwicklung maßgeschneiderter Lösungen. Die Mischung aus analytischer Präzision, kommunikativen Fähigkeiten und der Passion für innovative Technologien macht diesen Beruf so einzigartig und spannend.

3.19 Elektronischer Rechtsverkehr

Prof. Dr. Henning Müller, Präsident des Sozialgerichts Frankfurt am Main

Der elektronische Rechtsverkehr ist das Rückgrat der Justizkommunikation. Selbst in Gerichten ohne Anwaltszwang wird mittlerweile mehr als 80 Prozent der Kommunikation elektronisch abgewickelt. Für die sog. »professionellen Verfahrensbeteiligten«, insbesondere Rechtsanwälte, besteht bundesweit seit dem 1.1.2022 die sog. aktive Nutzungspflicht des elektronischen Rechtsverkehrs. Die rechtlichen Grundlagen des elektronischen Rechtsverkehrs, insbesondere die besonderen Formvorschriften, sicher zu beherrschen, sollte deshalb ebenso selbstverständlich sein wie die – zumindest überblicksmäßige – Kenntnis der technischen Grundlagen.

Grundlagen des elektronischen Rechtsverkehrs

Die elektronische Form der Klageerhebung ist in sämtlichen Prozessordnungen nahezu wortgleich in den §§ 130a ZPO, 55a VwGO, 65a SGG, 46c ArbGG, 52a FGO und 32a StPO geregelt. Die dort normierte prozessuale Form gilt über die Klageerhebung bzw. Antragstellung hinaus für alle formgebundenen Schriftsätze im Klageverfahren und für sämtliche Verfahrensbeteiligte.

Die Prüfung der Formvorschrift des elektronischen Rechtsverkehrs verästelt sich in zwei Prüfungsgegenstände: Einerseits ist die Authentizität des elektronischen Dokuments zu prüfen (Absatz 3), also die Identität des Urhebers; letztlich die Verantwortungsübernahme für das Dokument durch eine bestimmte (postulationsfähige) Person einschließlich der Verbindlichkeit des Inhalts im Rechtsverkehr. Andererseits ist sicherzustellen, dass das Dokument für die empfangende Stelle bearbeitbar ist (Absatz 2).

Die zugelassenen elektronischen Übermittlungswege

Die zugelassenen Übermittlungswege für den elektronischen Rechtsverkehr mit den Gerichten werden bundeseinheitlich einerseits unmittelbar durch das Prozessrecht bestimmt (Absatz 2 Satz 2: durch die Elektronischer-Rechtsverkehr-Verordnung (ERVV)). Während die sicheren Übermittlungswege bereits ein Identifikationsmerkmal enthalten (den sog. Vertrauenswürdigen Herkunftsnachweis – VHN), sodass auf die qualifizierte elektronische Signatur verzichtet werden kann, beinhalten die weiteren zugelassenen Übermittlungswege kein (verlässliches) Identifikationsmerkmal, sodass dort eine qualifizierte elektronische Signatur zur Feststellung der Authentizität zwingend ist. Gleiches gilt, wenn ein sicherer Übermittlungsweg nicht durch den Postfachinhaber selbst genutzt wird, sondern durch eine andere Person (z. B. ein Rechtsanwalt sendet nicht selbst aus seinem beA, sondern lässt ein Sekretariat senden).

Zugelassene Übermittlungswege sind in Absatz 4 genannt, § 4 Abs. 1 Nr. 1 ERVV, wobei es bei Verwendung einer qualifizierten elektronischen Signatur zulässig ist, dass der Versandprozess aus dem sicheren Übermittlungsweg auch von einer anderen Person als dem Postfachinhaber selbst angestoßen wird; vielmehr kann in dieser Variante auch ein Sekretariat oder ein Vertreter senden und das Elektronische Gerichts- und Verwaltungspostfach (EGVP), für dessen Nutzung ein zugelassener EGVP-Client (registriertes Drittprodukt für den OSCI-gestützten elektronischen Rechtsverkehr) erforderlich ist, § 4 Abs. 1 Nr. 2 ERVV.

Sichere Übermittlungswege sind gem. Absatz 4:

- Das besondere elektronische Anwaltspostfach (beA),
- Das besondere elektronische Notarpostfach (beN),
- Das besondere elektronische Steuerberaterpostfach (beSt),
- Das besondere elektronische Behördenpostfach (beBPo),
- Das elektronische Bürger- und Organisationenpostfach (eBO),
- Das »Mein Justizpostfach« (MJP – https://ebo.bund.de).

Andere elektronische Übermittlungswege als die im Gesetz aufgeführten sind im elektronischen Rechtsverkehr mit den Gerichten nicht zugelassen. Insbesondere können z. B. Gerichten in Gerichtsverfahren keine E-Mails zugesandt werden. Diese werden von den Gerichten nicht bearbeitet.

Unterschriftsersatz: Einfache und qualifizierte elektronische Signatur

Absatz 3 sieht zwei Wege vor, die Authentizität des Dokuments, d.h. die Verknüpfung des Erklärungsinhalts (»elektronisches Dokument«) mit der Identität des Absenders (»verantwortende Person«), nachzuweisen. Entweder stellt eine am übermittelten Dokument angebrachte qualifizierte elektronische Signatur die Identität des Absenders entsprechend einer handschriftlichen Unterschrift sicher (Absatz 3 Satz 1 1. Var.) oder die Identität lässt sich aufgrund der Nutzung eines sicheren Übermittlungswegs gem. § 130a Abs. 4 ZPO durch den Absender feststellen, dann ist eine sog. »einfache Signatur« unter dem Dokument anzubringen. Hierdurch wird auf elektronischem Wege die Funktion der handschriftlichen Unterschrift ersetzt, vgl. § 130 Nr. 6 HS. 1 ZPO. Jedenfalls eine der beiden Varianten muss erfüllt sein; die Varianten stehen gleichberechtigt nebeneinander, weshalb es stets die sicherere Möglichkeit ist, Dokumente qualifiziert elektronisch zu signieren.

Die sog. einfache Signatur ist lediglich die Angabe des Urhebers oder Absenders. Sie ist in des eIDAS-VO nicht gesondert geregelt. Entsprechend Art. 3 Nr. 10 eIDAS-VO handelt es sich um »Daten, die der Unterzeichner zum Unterzeichnen verwendet«. Die Einhaltung einer bestimmten Form ist hierfür nicht vorgeschrieben. Einfache Signatur kann z.B. der maschinenschriftliche Namenszug unter dem Schriftsatz sein (z.B. »gez. Müller«) oder eine eingescannte Unterschrift. Die eingescannte Unterschrift genügt allerdings nur dann als einfache Signatur, wenn die Unterschrift entzifferbar ist und damit von den Empfängern des Dokuments ohne Sonderwissen oder Beweisaufnahme einer bestimmten Person zugeordnet werden kann. Sicherer ist deshalb stets, den maschinenschriftlichen Namen unter den Schriftsatz zu schreiben.

Zweck der einfachen Signatur ist, dass sie einen Vergleich zwischen der verantwortenden und der absendenden Person ermöglicht. Fehler geschehen hier insbesondere in Vertretungssituationen (»für den nach Diktat verreisten ...«). Es ist hier stets – auch in Vertretungssituationen – zu beachten, dass der Signateur den Schriftsatz über sein eigenes Postfach (z.B. sein beA) einreicht. Dass der signierende Rechtsanwalt seiner Unterschrift einen Vertretungsvermerk hinzusetzt, ist ohne Bedeutung. Denn ungeachtet des Vertretungsvermerks übernimmt der signierende Rechtsanwalt mit seiner Unterschrift die Verantwortung für den Schriftsatz. Soll das elektronische Dokument daher in Vertretung übersandt werden, muss entweder der Vertreter seine einfache Signatur unter das Dokument setzen oder der Vertretene qualifiziert elektronisch signieren (denn dann kommt es auf die Person des Versendenden nicht mehr an).

Bearbeitbarkeit

Gem. Absatz 2 muss das übersandte Dokument für die Bearbeitung im Gericht geeignet sein. Bearbeitbarkeit in diesem Sinne meint vor allem, dass das elektronische Dokument dem Gericht mit der dort standardmäßig verfügbaren Software – insbesondere dem vom Gericht eingesetzten eAkten-System bzw. Fachverfahren – dargestellt werden kann (kein Dateiformat, das vom Gericht nicht dargestellt werden kann oder passwortgeschützte Datei), bzw. bei noch papiergebundenen arbeitenden Gerichten, dass das elektronische Dokument ausdruckbar ist. Von dem elektronischen Dokument dürfen keine besonderen Gefahren für die Sicherheit und Integrität der IT-Infrastruktur ausgehen (z.B. keine veralteten oder besonders gefahrgeneigten Dateiformate, Virenverseuchung etc.). Ferner muss das elektronische Dokument von dem Gericht vollständig inhaltlich zur Kenntnis genommen und an die Verfahrensgegner weitergeleitet werden können (keine korrupte Datei).

Die ERVV sieht deshalb grundsätzlich vor, dass Dokumente im Format PDF (Portable Document Format) zu übermitteln sind, § 2 Abs. 1 ERVV. Auch, wenn die Rechtsprechung hier teilweise großzügige Ausnahmen zulässt, sollte zur Vermeidung von Haftungsfällen nicht von dieser Vorgabe abgewichen werden. Nicht vorgeschrieben, aber ideal geeignet, ist die Verwendung des Unterformats PDF/A.

Eine wesentliche Ausnahme vom »PDF-Zwang« gilt allerdings für Beweismittel. Im Beweisrecht gilt der sog. »Grundsatz der Formattreue«. D.h., dass papiergebundene Beweismittel trotz aktiver Nutzungspflicht in Papier vorzulegen sind. Elektronische Beweismittel werden im ursprünglichen Dateiformat ohne Formatwandlung in PDF übersandt.

Fristwahrung

Absatz 5 Satz 1 bestimmt zur Feststellung der Fristwahrung, dass das elektronische Dokument im Gericht eingegangen ist, sobald es auf der für den Empfang bestimmten Einrichtung des Gerichts gespeichert ist. Hierbei handelt es sich um den sog. Intermediär, einen zumeist landesweit zentral betriebenen Server. Es kommt insbesondere nicht auf den gerichtlichen Eingangsstempel an. Das Risiko des rechtzeitigen Zugangs trägt auch im elektronischen Rechtsverkehr der Absender der Nachricht.

Gem. Absatz 5 Satz 2 ist dem Absender eine automatisierte Bestätigung über den Zeitpunkt des Eingangs zu erteilen. Hierdurch kann im Elektronischen Rechtsverkehr auch im Nachhinein noch der genaue Zeitpunkt ermittelt werden, zu dem das elektronische Dokument im Machtbereich des Empfängers eingegangen ist. Legt ein Verfahrensbeteiligter einen Ausdruck der vom gerichtlichen Empfangsserver automatisch versandten Eingangsbestätigung für den Eingang eines Schriftstücks vor, spricht der Beweis des ersten Anscheins dafür, dass das Schriftstück zu dem auf der Eingangsbestätigung ausgewiesenen Zeitpunkt auf dem Gerichtsserver eingegangen ist. Die Eingangsbestätigung hat damit einen erheblichen höheren Beweiswert als das »Fax-Sendeprotokoll«, weshalb es im elektronischen Rechtsverkehr kaum noch Streit um die Fristwahrung gibt.

Sorgfaltspflichten: Kanzleiorganisation und Fristenkontrolle

Wird allerdings ein Schriftsatz versehentlich nicht übersandt oder eine Frist nicht gewahrt, kommt die anwaltliche Sorgfalt bei der Organisation der eigenen Kanzlei im Allgemeinen und der Postausgangskontrolle im Besonderen in den Fokus, denn Wiedereinsetzung in den vorigen Stand ist nur zu gewähren, wenn dem Beteiligten hinsichtlich der Versäumung der gesetzlichen Frist kein Verschulden vorwerfbar ist, wobei die Fehler eines Prozessbevollmächtigten dem Beteiligten gem. § 85 II ZPO zugerechnet werden.

Der Pflichtenkanon im elektronischen Rechtsverkehr wird von der Rechtsprechung insbesondere des BGH sehr kleinteilig ausdifferenziert: Ein Rechtsanwalt darf die Notierung, Berechnung und Kontrolle der üblichen Fristen in Rechtsmittelsachen, die in seiner Praxis häufig vorkommen und deren Berechnung keine Schwierigkeiten macht, zwar gut ausgebildetem und sorgfältig beaufsichtigtem Büropersonal überlassen. Selbstredend stellt aber vor allem das Fehlen einer ausreichenden allgemeinen Anweisung an die Kanzleimitarbeitenden dann aber ein Versäumnis dar.

Inhaltlich verlangt die Rechtsprechung vor allem, dass stets sorgsam anhand der automatisierten Eingangsbestätigung gem. Absatz 5 Satz 2 geprüft wird, ob das richtige Dokument (deshalb sollen sinnvolle Dateinamen vergeben werden) an das richtige Gericht übersandt worden ist. Bleibt die Eingangsbestätigung aus oder weist sie Fehler auf, muss nochmals versandt werden. Die Eingangsbestätigung ist zur anwaltlichen Handakte zu nehmen.

Verhalten bei Störungen des elektronischen Rechtsverkehrs

Ist der elektronische Rechtsverkehr gestört, darf gem. § 130d S. 2-3 ZPO ist eine (analoge) Übertragung nach den »allgemeinen Vorschriften« zulässig. Entsprechende Normen gibt es auch in sämtlichen Fachgerichtsordnungen. Mit »allgemeinen Vorschriften« meint das Gesetz das Telefax, die Briefpost oder das Einlegen in den Fristenbriefkasten des Gerichts. Aber auch im Rahmen dieser Ersatzeinreichung muss die Frist gewahrt werden. Wichtig ist es deshalb bei der Kanzleiorganisation, den Störungsfall vorzuplanen. Ferner sollte die eigene Arbeit so eingeteilt werden, dass notfalls auch bei gestörtem elektronischem Rechtsverkehr laufende Fristen noch gewahrt werden können – notfalls per Briefpost. Die Rechtsprechung hatte sich schon mit Rechtsanwälten zu beschäftigen, die erstmalig sieben Minuten vor Fristablauf den ersten Sendeversuch gestartet haben – und keine Milde angesichts dieses Wagemuts gezeigt (vgl. BVerwG v. 25.09.2023 - 1 C 10.23 oder VGH Mannheim v. 14.12.2023 – 1 S 1173/23).

Besonderheiten bei Syndikusrechtsanwälten

Gem. § 46 Abs. 2 BRAO über Syndikusrechtsanwälte ihren Beruf als Rechtsanwalt aus, sofern sie im Rahmen ihres Arbeitsverhältnisses für ihren Arbeitgeber – Verbände, Unternehmen – anwaltlich tätig sind. Gem. § 46 Abs. 3 Nr. 4 BRAO treten sie verantwortlich nach außen auf. Hierfür gelten gem. § 46c Abs. 1 BRAO grundsätzlich für Syndikusrechtsanwälte die Vorschriften über Rechtsanwälte. Dies gilt auch für die Vorschriften über den elektronischen Rechtsverkehr einschließlich – nach h.M. – der Nutzungspflicht.

Das beA des Syndikusrechtsanwalts kann deshalb für gerichtliche Zustellungen mit Wirkung auch für und gegen den Arbeitgeber genutzt werden (passive Nutzungspflicht). Nach h.M. besteht ferner eine aktive Nutzungspflicht, wenn ein Syndikusrechtsanwalt für seinen Arbeitgeber auftritt. Wichtig ist deshalb, dass der Arbeitgeber über die Syndikusrechtsanwaltzulassung hinreichend informiert wird und dass das beA stets überwacht wird.

3.20 Legal Tech

Prof. Dr. Henning Müller, Präsident des Sozialgerichts Frankfurt am Main

»Legal Tech« ist in der juristischen Ausbildung noch eher ein schillerndes Buzzword als gelehrtes Wissen. In der Berufspraxis ist die Zeit der vergilbten Papierformulare, die über Jahrzehnte kopiert und handschriftlich ausgefüllt werden, dagegen bereits fast überall vorbei. Die Nutzung digitaler Hilfsmittel ist schon lange Alltag. Die Verpflichtung zum elektronischen Rechtsverkehr, die Einführung elektronischer Akten, das coronabedingt neue Verständnis von Homeoffice und die mittlerweile fast flächendeckend verfügbare Videokonferenztechnik führen zu einer neuen Selbstverständlichkeit und Offenheit bezüglich Informationstechnologien bei den Nutzern aller Berufsgruppen.

Was ist Legal Tech?

Was »Legal Tech« ist, ist letztlich eine Frage der Definition. In der Justiz ist seit langem der Begriff »eJustice« gebräuchlich. Letztlich beschreibt »eJustice« die Bemühungen der Rechtsprechung als dritter Staatsgewalt um eine vollelektronische Kommunikation und Aktenführung. Es handelt sich also nur um einen Sammelbegriff von Einzelaspekten des Einsatzes von Informationstechnologie bei der Erledigung von Justizaufgaben. Neben den einzelnen Produkten von »eJustice« – wie die elektronische Kommunikation oder die elektronischen Aktenführung – müssen daher bereits Querschnittsaufgaben (z. B. die Spracherkennung, Videokonferenztechnik, wohl sogar die genutzte Office-Software) und Grundlagenfragen wie die Arbeitsorganisation im digitalen »Workflow«, die IT-Sicherheit oder der Datenschutz zum »eJustice« im weitesten Sinne gezählt werden.

Der Begriff »Legal Tech« ist insoweit durchaus glamouröser und schillernder als das Verständnis von »eJustice«. Sicherlich zählen auch zu Legal Tech in einem ersten Schritt allgemeine, wenig komplexe Softwarelösungen, wie etwa Office-Programme, auch die – wie oben gezeigt – dann durchaus spezifischen und leistungsfähigen Fachanwendungen (z. B. EUREKA-Fach, forumStar, RA-Kanzleisoftware etc.) und die eAkten-Lösungen der Justiz (e2A, eIP und Vis), sogar auch juristische Datenbanken (wie beck-online und juris).

In einem zweiten Schritt gehören zum Oberbegriff »Legal Tech« auch automatisierte Systeme: Komplexere digitale Werkzeuge zur Automation bestimmter Arbeitsabläufe (je nach Komplexität können dazu etwa Online-Terminbuchungsportale gehören, Vertragsgeneratoren, Arbeitshilfen zur Strukturierung oder Aufbereitung von Dokumenten, Chatbots bis hin zu komplexeren Expertensystemen wie auf Plattformen von z. B. flightright.de oder wenigermiete.de).

Kaum in Gebrauch sind in Deutschland dagegen noch hochautomatisierte oder autonome Systeme: z. B. komplexe, evtl. auch selbstlernende Algorithmen, die selbständige Entscheidungen treffen können (so etwa der »Robot-Judge« aus Estland).

Legal Tech in der Justiz

Die praktischen und rechtlichen Herausforderungen aufgrund der Digitalisierung der Justiz sind enorm. Ihre Umsetzung erfordert ein gezieltes Change Management, ein konsequentes Mitziehen (nicht Nachziehen) der Organisation und eine enge Praxisbeteiligung. Die Mitarbeitenden in den Gerichten, vor allem die Richter, dürfen nicht Objekt in einem Veränderungsprozess sein, sondern müssen ihn gestalten.

Die Realität sieht derweil oft anders aus: *We can see computers everywhere except in the productivity statistics.* Dieser bekannte Satz aus dem Jahr 1987 beschreibt das sog. Produktivitätsparadoxon in der Informationstechnologie. Meist volks- oder betriebswirtschaftlich wird so die empirisch oft fehlende oder gar negative Wirkbeziehung zwischen IT-Investitionen und Produktivitätsverlauf bezeichnet. Auch im Mikrokosmos der juristischen Fallbearbeitung zeigt sich die fast unbestreitbare Richtigkeit dieser Beobachtung – jedenfalls zunächst. Subjektiv nämlich führt der Umstieg auf elektronische Medien zu einem (mindestens gefühlten) Einbruch an Arbeitseffizienz, damit zum Anstieg der Unzufriedenheit. Auch objektiv verschlechtern sich Erledigungszahlen, steigen Bestände und verlängern sich die Bearbeitungszeiten. Der Grund hier ist zunächst bereits die Veränderung an sich – eingetretene Pfade laufen sich schneller. Dies gilt aber nur kurzzeitig. Daneben wirkt sich negativ vor allem die Verwendung nicht passgenauer Software aus. Letzteres spielt vor allem in der Sozialgerichtsbarkeit deshalb eine Rolle, weil sie nur einen kleinen prozentualen Anteil an der Gesamtjustiz ausmacht und ihre spezifischen Belange deshalb bei der Softwareentwicklung nicht immer hinreichend beachtet werden, wenn dieselben Programme auch in der ordentlichen Justiz zum Einsatz kommen sollen.

If it ain´t broken, don´t fix it. Oder: Am besten setzt der Veränderungsprozess dort an, wo die Veränderung am dringendsten ist. Es sollten also stets Arbeitsprozesse vorrangig umgestellt werden, die bislang besonders unproduktiv waren. In der Justiz herrschte lange Zeit das Gefühl des »läuft doch« vor. Die Zufriedenheit mit der Papierakte war recht hoch. Ein »Game Changer« war insoweit sicher die Corona-Pandemie, die zeigte, wie praktisch der elektronische Zugriff auf das Dezernat, die Möglichkeit zur digitalen Dekretur zuhause und die Videoverhandlung waren. Ferner darf nicht der Generationenwechsel in der Justiz übersehen werden: Zu der Attraktivität des richterlichen Arbeitsplatzes gehört auch ein Mindestmaß an Modernität, sicher auch wegen der funktionalen Vorteile, selbstredend aber auch wegen der Außendarstellung. Hinzu kommt neben Anforderungen des Datenschutzes, sogar des Umweltschutzes, die an der Sinnhaftigkeit der Papieraktenführung – teils als Selbstzweck – (ver)zweifeln lassen, die seit jeher für die Justiz sprechende Vereinbarkeit von Familie und Beruf.

Hinzu tritt die über lange Jahre steigende Fallbelastung der Gerichte bundesweit gerade in Massenverfahren, z. B. im Banken- und Versicherungsrecht, durch Fluggastentschädigungen oder im »Dieselskandal«. Technik als Werkzeug, Digitalisierung und Automatisierung als unterstützendes Hilfsmittel einzusetzen, tut deshalb Not. Es gilt die Metapher vom Baumfäller, der tagein, tagaus mit stumpfer Säge Bäume fällt, weil er nie die Zeit findet, seine Säge zu schärfen; dabei wäre er viel effizienter, wenn er sich einmal die Zeit hierfür nehmen würde.

Legal Tech in der Rechtsanwaltschaft

Finanzielle Vorteile der Digitalisierung spielen möglicherweise in den Ministerien tatsächlich eine Rolle. Sie sind aber verständlicherweise nicht im Fokus der einzelnen Justizmitarbeitenden. Anders ist dies in der freien Wirtschaft, hier vor allem in Rechtsanwaltskanzleien. Rationalisierung, Effizienzsteigerung und Automatisierung durch Technikeinsatz kann unternehmerisch ein erheblicher Wettbewerbsvorteil sein; sei es als Start-Up-Geschäftsidee, sei es als Alleinstellungsmerkmal, zur Akquise neuer Kunden und anderer Geschäftsfelder oder einfach als Möglichkeit der Gewinnsteigerung in bestehenden Kanzleien.

In den Massenverfahren der ordentlichen Gerichtsbarkeit besteht hier ein besonderes Potential, das sich daraus speist, dass der Markt durch finanzstarke Großkanzleien dominiert wird, die sich die erforderlichen Anfangsinvestitionen leisten können, ferner dadurch, dass gerade im Banken- und Kapitalmarktrecht, im Versicherungsrecht und hinsichtlich des »Dieselskandals«, aber auch bei Fluggaststreitigkeiten eine ganz besondere Gleichförmigkeit des Sachverhalts und deshalb der Verfahrensabläufe gegeben ist. Digitalisierung bedeutet hier insbesondere Automation der Tatsachenaufnahme und der Texterstellung. Ein gelungenes »Front-End« zum (potentiellen) Mandanten oder jedenfalls zum sachbearbeitenden Associate genügt insoweit zur Sachverhaltserfassung, eine teilautomatisierte Bausteinverwaltung inklusive der Textbefüllung durch vorab definierte Variablen generiert den einnahmenerzeugenden Schriftsatzoutput. Gerade im Bereich der Fluggastverfahren kommen Auswertungsalgorithmen auf Big-Data-Basis zum Einsatz, die der Prozessrisikoanalyse bzw. der Einschätzung von Erfolgsaussichten dienen. Kombiniert mit den Möglichkeiten des elektronischen Rechtsverkehrs, sowie ggf. zusätzlich die technisch simple Einbindung von Homeoffice-Arbeitsplätzen, ergibt sich so eine gewinnmaximierende Arbeitsorganisation, die auf der anderen Seite der Richterbank auf überlastete Amts- und Landgerichte trifft und dort zu einem faktischen Problem der Arbeitsbewältigung wird, jedenfalls aber richterliche Arbeitsplätze noch unattraktiver macht; wird dort doch der Richter nicht selten dazu degradiert, in überlange Schriftsätzen aus immer gleichen Textbausteinen nach geringfügigen Unterschieden und Besonderheiten zu suchen.

Der Mandant profitiert teils durch schlanke, transparente Kostenstrukturen, teils aufgrund von Forderungsabtretungen von der Risikolosigkeit der Rechtsdurchsetzung. Letztlich ist Legal Tech auf dem Anwaltsmarkt deshalb auch ein legitimes Mittel, erleichterten Zugang zum Recht zu erlangen, wo andernfalls Aufwand oder Kosten gescheut würden oder wo das Wissen um eigene Rechtsschutzmöglichkeiten gar nicht vorhanden wäre. Wer heute nach guten, neuen Geschäftsideen sucht, wird digital denken müssen.

Wohin führt die Reise der Digitalisierung?

Zusammenfassend zeigt sich, wie viel Potential vorhanden ist, wieviel denkbar ist und wie wenig trotz der großen Anstrengungen bislang umgesetzt werden konnte. Erhebliche Anstrengungen stehen deshalb noch vor der Justiz, den Behörden und der Rechtsanwaltschaft. Neue Berufsbilder entstehen, andere werden rückblickend museumsreif wirken. In Zeiten des Fachkräftemangels, der schwierigen Nachwuchsgewinnung und mit Blick auf eine weiter notwendige Effizienzsteigerung muss die Digitalisierung in all ihren Facetten aber unbedingt im Blick behalten werden – sowohl in der Ausbildung als auch beim Berufseinstieg. Damit Digitalisierungsprojekte zweckmäßig sind, dürfen aber keine Luftschlösser gebaut werden, sondern ein enger Praxisbezug ist zwingend notwendig. Digitalisierung ist kein Selbstzweck, sondern ein Arbeitsmittel – wahrscheinlich allerdings eher in naher als in ferner Zukunft ein disruptiv sämtliche juristischen Berufe prägendes, zentrales Arbeitsmittel. Kein Interesse an Technik ist deshalb in sämtlichen juristischen Disziplinen bereits jetzt keine Option.

3.21 Juristische Promotionen

Michael Neubert, Leiter des European Institute of Management

Einleitung – Warum heute promovieren?

In einer zunehmend komplexen, globalisierten und digitalen Welt steht auch das juristische Berufsbild vor fundamentalen Umbrüchen. Der klassische Werdegang – Studium, Referendariat, Berufseinstieg – ist längst nicht mehr der einzige Pfad zu beruflichem Erfolg. Immer mehr Juristen erkennen den Wert vertiefter wissenschaftlicher Auseinandersetzung mit praxisrelevanten Themen. Eine Promotion ist längst nicht nur ein Prestigeprojekt, sondern ein Instrument der Karrieregestaltung, der persönlichen Entwicklung und der gesellschaftlichen Mitgestaltung.

Die Dissertation als juristische Forschungsleistung gewinnt neue Relevanz. Sie steht nicht mehr isoliert im akademischen Raum, sondern greift aktuelle Entwicklungen in Wirtschaft, Gesellschaft und Rechtssystem auf – von Compliance über Datenschutz bis hin zu Künstlicher Intelligenz. Dabei rücken neue Modelle der Promotion in den Vordergrund: berufsbegleitend, flexibel, individuell betreut und konsequent auf die Forschung fokussiert.

Die neue Generation der juristischen Promotion: »A good dissertation is a done dissertation.«

Die juristische Promotion erlebt aktuell einen Wandel: weg vom elitären Einzelprojekt mit jahrelanger Distanz zur Praxis – hin zu einem praxisrelevanten, gut eingebetteten und systematisch begleiteten Forschungsvorhaben. Das PhD-Programm am EIM (European Institute of Management) steht exemplarisch für diese neue Generation.

Promoviert wird zu Themen, die in Wirtschaft und Verwaltung hochaktuell sind: etwa zur Implementierung von Compliance-Management-Systemen, zu ESG-Regulierungen, zur Rolle von Legal Tech oder zur rechtlichen Bewertung von KI-Anwendungen. Diese Themen sind nicht nur forschungswürdig, sondern auch karriererelevant – und eröffnen Juristen neue Horizonte jenseits klassischer Laufbahnen.

Die neue Art der Promotion – fokussiert, flexibel, forschungsorientiert

In einer Zeit, in der berufliche Anforderungen und familiäre Verpflichtungen stetig zunehmen, verändert sich auch die Art und Weise, wie eine juristische Promotion durchgeführt wird. Das klassische Vollzeitmodell mit Präsenzpflicht, Pflichtlehrveranstaltungen und jahrelanger Unterbrechung der Berufstätigkeit passt nicht mehr in die Lebensrealität vieler qualifizierter Juristen. Gefragt ist heute ein Promotionsmodell, das sich an den Bedürfnissen moderner Professionals orientiert – und dabei wissenschaftlich höchsten Ansprüchen genügt. Das berufsbegleitende Promotionsprogramm ist bewusst auf das Wesentliche konzentriert: die eigenständige wissenschaftliche Arbeit. Anders als in vielen traditionellen Programmen stehen hier keine umfassenden Pflichtcurricula, keine Lehrverpflichtungen und keine formalistischen Nebenleistungen im Vordergrund. Stattdessen beginnt die Reise direkt mit dem Forschungsvorhaben – systematisch, strukturiert und betreut.

Diese Konzentration auf die Dissertation bedeutet nicht weniger, sondern mehr Qualität: Forscher erhalten die Freiheit, sich auf ihre Fragestellung zu fokussieren, ohne durch externe Ablenkungen oder formale Anforderungen aus dem Konzept gebracht zu werden. Die Produktivität steigt, die Frustration sinkt – und die Dissertation entsteht nicht nebenbei, sondern im Zentrum aller Aktivitäten.

Wissenschaftsphilosophische Fundierung und methodische Vielfalt

Die Promotionsprojekte basieren auf einem klar reflektierten Verhältnis zur wissenschaftlichen Erkenntnis. Ontologische, epistemologische, axiologische und methodologische Grundlagen werden nicht als abstrakte Theorie behandelt, sondern als praxisnahe Orientierung für die Forschungsarbeit genutzt. Forscher de- und rekonstruieren bestehende Theorien, entwickeln neue Zugänge und reflektieren systematisch ihre wissenschaftliche Position. Dabei kommen sowohl qualitative als auch quantitative Methoden zum Einsatz – stets mit einem forschungspraktischen Zugang, der die Theorie mit der Anwendung verknüpft.

Effizienz und Relevanz – ökonomische Perspektiven auf Forschung

Ein wesentlicher Aspekt, der in klassischen Promotionsformaten häufig unterbelichtet bleibt, ist die ökonomische Bewertung der Forschung: Macht es Sinn, was wir tun? Bringt die Erkenntnis praktischen Nutzen für Unternehmen, Kanzleien, Mandanten? Diese Fragen sind integraler Bestandteil des Forschungsdesigns. Der ökonomische Impact der Dissertation wird bereits in der Themenwahl mitgedacht. Ziel ist es, wissenschaftliche Erkenntnisse zu generieren, die nicht nur theoriefundiert, sondern auch wirtschaftlich tragfähig und gesellschaftlich wirksam sind.

Anstatt sich ausschließlich auf abstrakte Theoriebildung zu konzentrieren, steht die juristische Promotion für eine doppelte Exzellenz: Theoretische Fundierung und praktische Relevanz gehen Hand in Hand. Die Dissertation ist ein Werkzeug, um Veränderung zu ermöglichen – im Recht, in der Organisation, in der Gesellschaft. Themen, Methoden und Erkenntniswege der Promovierenden orientieren sich daher stets an beiden Polen: der wissenschaftlichen Diskussion und der praktischen Anwendbarkeit.

Die Promotionskultur ist nicht nur akademisch, sondern realitätsnah. Die Fähigkeit, praxisnahe Lösungen zu entwickeln und sich den Herausforderungen des juristischen Alltagsdrucks zu stellen, ist essenzieller Bestandteil des Programms. Die Forschung orientiert sich an realen Problemstellungen aus Kanzlei- und Unternehmenspraxis und fördert gezielt Kompetenzen, die in der beruflichen Realität den Unterschied machen: Entscheidungsfähigkeit, Effizienz, rechtliche Innovationskraft und Kommunikationsstärke.

Individuelle Betreuung durch ein interdisziplinäres Team

Ein zentrales Merkmal der neuen Promotionskultur ist die intensive, kontinuierliche und fachspezifische Betreuung. Statt Einzelkämpfertum erwartet die Promovierenden ein Team von Betreuern, die verschiedene Perspektiven und Kompetenzen einbringen – von der juristischen Expertise über die wissenschaftliche Methodologie bis zum Qualitätsmanagement. Das fördert nicht nur die Qualität der Forschung, sondern auch die Motivation und das Vertrauen in den eigenen Fortschritt.

Flexibel, digital, weltweit zugänglich

Durch die vollständig onlinebasierte Struktur ist das Promotionsprogramm von überall aus durchführbar – sei es aus dem Homeoffice, einer Kanzlei oder auf Geschäftsreise. Die Kommunikation erfolgt über digitale Plattformen, Videokonferenzen und kollaborative Tools, was eine maximale Vereinbarkeit mit Beruf und Familie gewährleistet. Die zeitliche Flexibilität ermöglicht es den Promovierenden, ihre Arbeits- und Forschungszeiten individuell zu gestalten – ohne an Qualität oder Tiefe einzubüßen. Zudem ist das Studium vollständig zeitlich und örtlich unabhängig organisiert, was nicht nur den individuellen Bedürfnissen moderner Professionals entgegenkommt, sondern auch zur Reduktion des ökologischen Fußabdrucks beiträgt – etwa durch den Wegfall von Reisewegen und Präsenzphasen.

Selbstbestimmt statt fremdgesteuert

Die berufsbegleitende Promotion gibt den Forschern die Kontrolle über ihren eigenen wissenschaftlichen Prozess zurück. Es geht nicht um die bloße Erfüllung akademischer Formalitäten, sondern um die Entwicklung neuer Erkenntnisse und die fundierte Auseinandersetzung mit relevanten Themen. Ein zentraler Bestandteil dieses Prozesses ist die Reflexivität – also die bewusste, kritische Selbstbeobachtung und -verortung im eigenen Forschungszusammenhang. Diese Fähigkeit zur reflektierten Selbststeuerung ist nicht nur ein methodischer Anspruch, sondern ein essenzieller Lernprozess auf dem Weg zur wissenschaftlichen Reife. Die Promovierenden sind nicht Studierende im klassischen Sinn, sondern Forscher auf Augenhöhe – mit Verantwortung, Unterstützung und wissenschaftlicher Freiheit.

Ziel: Nebenberuflich mit hoher Qualität in der Regelstudienzeit promovieren

Die Zielsetzung ist klar: Eine hochwertige, wissenschaftlich fundierte juristische Dissertation in einem realistischen Zeitrahmen von etwa drei Jahren – berufsbegleitend, flexibel und betreut auf höchstem Niveau. Dieses Ziel verbindet akademische Exzellenz mit praktischer Machbarkeit. Es ermöglicht Juristen, parallel zu ihren beruflichen Verpflichtungen ein eigenständiges Forschungsvorhaben mit nachhaltiger Wirkung zu verwirklichen.

Ein besonderes Augenmerk gilt der Qualität und Publikationsfähigkeit der Dissertation: Die wissenschaftliche Veröffentlichung markiert nicht nur den formalen Abschluss des Promotionsprozesses, sondern fungiert als zentrales Medium für Sichtbarkeit, fachliche Anschlussfähigkeit und nachhaltigen Wissenstransfer in Wissenschaft und Praxis.

Promovierende tragen dabei die Verantwortung für höchste wissenschaftliche Standards – mit dem erklärten Ziel, einen originären Beitrag zu leisten, der Theorie, Methodologie und Phänomenologie gleichermaßen adressiert. Auf diese Weise wird die Dissertation zu einem relevanten Impulsgeber für Forschung, Praxis und gesellschaftliche Entwicklung.

Fazit: Fokussiert promovieren – erfolgreich forschen

Die neue Art der Promotion ist mehr als eine Reaktion auf gesellschaftliche Veränderungen – sie ist ein Paradigmenwechsel. Wer heute promoviert, will nicht »ein bisschen mitforschen«, sondern ein relevantes, gut betreutes, international anschlussfähiges Forschungsvorhaben umsetzen – und das ohne Karriereknick oder familiäre Überforderung. Das EIM bietet genau diesen Rahmen: forschungszentriert, flexibel, wissenschaftlich fundiert, wirtschaftlich relevant – und praxisnah im besten Sinne.

Teil II Bewerbung und Berufseinstieg

3.22 Machen ist wie wollen – nur krasser

Tobias Schott, Unternehmer

Als Multiunternehmer mit einer Firma für Industriemontagen, einem Unternehmen für Online-Marketing und einer eigenen Hilfsorganisation werde ich immer wieder gefragt, wie ich all das auf die Beine gestellt habe. Die ehrliche Antwort? Ich habe einfach angefangen. Mein Grundsatz ist: Erfolg ist das Ergebnis von Bewegung – nicht von Perfektion.

Der Unterschied zwischen Träumen und Handeln

Angefangen habe ich nicht naiv und nicht unvorbereitet – aber auch nicht perfekt. Und schon gar nicht mit einem Plan für jedes mögliche Szenario. Ich will Ihnen nichts vormachen: Ich bin kein Wunderkind, kein Genie, kein Glücksfall. Aber ich habe früh begriffen, dass es nicht die Idee allein ist, die zählt – sondern der Mut, sie umzusetzen. Denn Machen ist wie Wollen – nur krasser.

Viele Menschen bleiben ewig im Denk-Modus. Sie haben Ziele, Wünsche, Träume – aber sie setzen sie nicht um. Sie planen, lesen, vergleichen, warten. Und dann? Dann passiert das Leben. Oder anders gesagt: Dann passiert genau das, womit niemand gerechnet hat.

Den perfekten Moment gibt es nicht

Gerade im juristischen Bereich beobachte ich oft, dass junge Leute – verständlicherweise – auf Sicherheit bedacht sind. Referendariat, Assessorexamen, Berufseinstieg: Alles ist durchgetaktet, messbar, kontrollierbar. Aber außerhalb der Fallakte sieht die Realität anders aus. Sie werden im Berufsleben – und auch im ganz normalen Leben – immer wieder in Situationen geraten, auf die Sie niemand vorbereitet hat. Situationen, die Ihnen den Boden unter den Füßen wegziehen, Sie überrumpeln oder emotional überfordern. Und genau dann kommt es auf Ihre innere Haltung an. Werden Sie stehenbleiben – oder losgehen?

Die Komfortzone kennt keine Helden

In meinem Alltag als Unternehmer erlebe ich ständig Extremsituationen. Ein großer Kunde springt kurzfristig ab. Ein Projekt droht zu kippen. Ein Teammitglied fällt unerwartet aus. Oder – wie bei der Gründung meiner Hilfsorganisation – es steht plötzlich ein Kriseneinsatz an, der schneller organisiert werden muss, als irgendein Lehrbuch erklären kann. Planung hilft natürlich, aber in solchen Momenten ist sie nur ein Bruchteil des Erfolgs. Der Rest ist Handlung.

Sie wissen nicht, wie Sie das Problem lösen werden – aber Sie fangen an. Sie bewegen sich, organisieren, telefonieren und verhandeln. Sie *machen.* Und erstaunlich oft zeigt sich: Lösungen entstehen nicht im Kopf, sondern im Tun. Diese Erkenntnis ist Gold wert – auch und gerade im Referendariat. Sie werden wahrscheinlich irgendwann in einer mündlichen Prüfung sitzen, auf die Sie sich vorbereitet fühlen und dann kommt eine Frage, die Sie komplett aus der Bahn wirft. Oder Sie kommen ins Gericht und merken: Der Richter erwartet etwas ganz anderes von Ihnen, als Sie gelernt haben. In diesen Momenten nützt kein »Ich wollte doch noch...«. Sie müssen handeln. Und das werden Sie auch können – auch wenn die Situation noch so verfahren erscheint.

Unsicherheit aushalten – und trotzdem gehen

Ich kann mich an viele Situationen erinnern, in denen ich absolut keine Ahnung hatte, wie ich weitermachen sollte. Einmal ist bei einem unserer Montageprojekte über Nacht das komplette Zeitfenster zusammengebrochen, weil sich die Rahmenbedingungen auf der Baustelle durch einen Unfall verändert hatten. Alles war anders. Der Plan war unbrauchbar. Und was habe ich gemacht? Ich habe alle zusammengetrommelt, improvisiert, Aufgaben neu verteilt. Innerhalb weniger Stunden hatten wir eine alternative Lösung. War sie perfekt? Nein. Aber sie hat funktioniert, weil wir ins Tun gekommen sind.

Auch Sie werden mit Sicherheit solche Situationen erleben und das nicht nur einmal. Vielleicht bei Ihren ersten echten Mandatsbesprechung, bei Ihrem ersten Verfahren, bei Ihrem ersten eigenständigen Schriftsatz. Oder im Privatleben: Krankheit, Trennung, Existenzangst – all das passiert. Es ist nicht geplant, nicht gewollt und oft nicht fair. Aber genau hier trennt sich das Wollen vom Machen: Wer will, wartet auf günstige Umstände. Wer macht, verändert die Umstände.

Verantwortung beginnt mit dem ersten Schritt

Ich weiß, dass der Sprung ins Handeln Mut kostet. Sie haben Angst, Fehler zu machen, zu scheitern oder sich zu blamieren. Aber genau das gehört dazu. Ich habe oft genug falsch entschieden, falsch investiert, mich verzettelt und zu schnell vertraut. Aber ich habe gelernt – und bin gewachsen. Sie werden auch Fehler machen. Es wird Rückschläge geben. Aber das Entscheidende ist: Sie bewegen sich. Und damit kommen Sie weiter als alle, die nur zuschauen.

Wenn Sie mitten im Referendariat stecken oder kurz davor sind, dann nutzen Sie die Zeit nicht nur zum Erfüllen formaler Anforderungen. Nutzen Sie diese zum Üben von Handlungskompetenz und suchen Sie sich Gelegenheiten, Dinge eigenverantwortlich zu übernehmen. Machen Sie Praktika, die Sie fordern. Probieren Sie neue Rollen aus. Reden Sie mit Leuten, die weiter sind als Sie. Machen Sie sich sichtbar. Nicht alles wird direkt fruchten. Aber Sie bauen ein Fundament aus Selbstwirksamkeit auf. Und das ist unbezahlbar.

Das Leben fragt nicht, ob Sie bereit sind

Ich habe irgendwann aufgehört zu fragen, ob ich »bereit« bin. Denn das Leben fragt auch nicht. Es legt Ihnen Aufgaben vor – manchmal mitten in der Nacht, manchmal mit voller Wucht. Dann gilt es, etwas daraus zu machen. Ich bin überzeugt: Der Schlüssel zum Erfolg – egal ob als Anwalt, Richter, Unternehmer oder Mensch – ist nicht das Wissen allein. Es ist die Fähigkeit, mit Ungewissheit umzugehen und trotzdem zu handeln. Oder um es klarer zu sagen: Nicht das »Wollen« ändert Ihr Leben. Das »Machen« tut es.

3.23 Richtig bewerben

Jörg Zähringer, Teamleiter und Personalberater bei der Hays AG

Die Bewerbung um eine Stelle als Jurist ist oft der entscheidende Schritt in eine erfolgreiche Karriere. Für Rechtsreferendare, die sich nach dem Abschluss ihres zweiten Staatsexamens in der Praxis beweisen wollen, stellt der Bewerbungsprozess jedoch eine besondere Herausforderung dar. Dabei kommt es nicht nur auf die fachliche Qualifikation an, sondern auch auf die Art und Weise, wie diese im Bewerbungskontext präsentiert wird. Dieser Beitrag behandelt einige zentrale Tipps und Strategien für eine erfolgreiche Bewerbung.

Die Bedeutung der Bewerbung aus Personalberatersicht

Für viele Rechtsreferendare mag der Bewerbungsprozess nach der universitären Ausbildung und dem anschließenden Vorbereitungsdienst eine neue, noch unbekannte Erfahrung sein. Doch gerade in der juristischen Praxis ist die Bewerbung mehr als nur eine Formalität. Sie ist der erste Eindruck, den potenzielle Arbeitgeber von einem Kandidaten gewinnen, und somit ein ausschlaggebender Faktor für die Einladung zu einem Vorstellungsgespräch oder gar für die Zusage einer Stelle.

Personalberater sind darauf spezialisiert, passende Kandidaten für juristische Positionen zu finden und dabei sowohl die fachliche Expertise als auch die Persönlichkeit der Bewerber zu berücksichtigen. Ihre Aufgabe ist es, für Unternehmen die besten Talente zu identifizieren und gleichzeitig sicherzustellen, dass die Bewerber in einer Position landen, die ihre Fähigkeiten optimal fördert und weiterentwickelt. Im Bewerbungsprozess gibt es einige wesentliche Erfolgsfaktoren für angehende Juristen:

Die Bewerbung als Schlüssel zum Erfolg

In einer Bewerbung geht es nicht nur darum, die eigenen Qualifikationen darzulegen. Vielmehr ist es eine Gelegenheit, den potenziellen Arbeitgeber davon zu überzeugen, dass man nicht nur über das nötige Fachwissen, sondern auch über die richtige Motivation und die passenden Soft Skills für die Position verfügt. Juristische Stellen in großen Kanzleien oder in der Wirtschaft sind oft sehr begehrt. Daher sollte sich der Bewerber von anderen Kandidaten abheben und einen bleibenden Eindruck hinterlassen.

Die perfekten Bewerbungsunterlagen

Lebenslauf – strukturiert und informativ

Der Lebenslauf ist das Herzstück jeder Bewerbung. Als Berufsstarter sollten Sie besonderen Wert auf eine klare Struktur legen, die Ihre bisherige juristische Laufbahn sowie Ihre praktischen Erfahrungen widerspiegelt. Beginnen Sie mit Ihren persönlichen Daten und dem Berufsziel, gefolgt von Ihren akademischen und beruflichen Stationen. Dabei ist es wichtig, den Lebenslauf umgekehrt chronologisch aufzubauen, also beginnend mit der neuesten Position oder dem aktuellen Stand Ihrer Ausbildung. Folgendes sollten Sie zudem beachten:

- **Präzision und Übersichtlichkeit:** Juristische Arbeitgeber schätzen Klarheit und Struktur. Ein unübersichtlicher oder zu langatmiger Lebenslauf kann schnell einen negativen Eindruck hinterlassen. Halten Sie sich an eine klare, übersichtliche Struktur mit gut lesbaren Absätzen und Bullet Points.
- **Praktische Erfahrungen:** Als Rechtsreferendar verfügen Sie in der Regel schon über praktische Erfahrungen im Rahmen Ihres Referendariats. Diese sind von großem Interesse und sollten nicht nur das Tätigkeitsfeld, sondern auch konkrete Erfolge oder Projekte beinhalten. Zeigen Sie, wie Sie mit konkreten Aufgaben und Herausforderungen umgegangen sind.

- **Zusätzliche Qualifikationen:** Besondere Kenntnisse wie Sprachkenntnisse, IT-Kenntnisse oder zusätzliche Fortbildungen heben Sie von anderen Bewerbern ab. In internationalen Kanzleien oder Unternehmen sind beispielsweise Sprachkenntnisse von großem Vorteil.

Anschreiben – individuell und überzeugend

Das Anschreiben ist Ihre Chance, Ihre Motivation und Ihre Persönlichkeit darzustellen. Es sollte stets individuell auf die jeweilige Position zugeschnitten sein. Ein Standardanschreiben, das auf jede Bewerbung gleichermaßen angewendet wird, ist in der Regel nicht zielführend. Stellen Sie sicher, dass Sie in Ihrem Anschreiben klar darlegen, warum Sie genau diese Position in dieser Kanzlei oder diesem Unternehmen interessiert und was Sie zu einem wertvollen Mitglied des Teams machen würde. Informieren Sie sich im Vorfeld auch über den für die Stelle zuständigen Ansprechpartner und adressieren Sie das Schreiben direkt an diesen.

- **Motivation und Ziele:** Erklären Sie, warum Sie sich für eine juristische Karriere entschieden haben und welche langfristigen beruflichen Ziele Sie verfolgen. Personalberater und Arbeitgeber suchen nach Kandidaten, die eine klare Vorstellung davon haben, in welche Richtung ihre Karriere gehen soll und warum die jeweilige Position der nächste Schritt in dieser Richtung ist.
- **Passgenauigkeit zur Position:** Zeigen Sie, warum Ihre bisherigen Erfahrungen und Qualifikationen Sie für die ausgeschriebene Stelle geeignet machen. Das zeigt nicht nur Ihr Interesse, sondern auch Ihre Fähigkeit zur Selbstreflexion und zur Identifizierung relevanter Kompetenzen.

Online-Bewerbungen und Netzwerke

In der heutigen digitalen Welt finden die meisten Bewerbungen online statt. Daher ist es besonders wichtig, dass Sie sich mit den gängigen

Bewerbungsplattformen und -tools vertraut machen. Viele Kanzleien und Unternehmen nutzen spezielle Karriereseiten oder Jobportale, um ihre Stellen auszuschreiben und Bewerbungen zu erhalten. Achten Sie darauf, dass Ihr Online-Profil stets aktuell ist.

- **Social Media und Networking:** Plattformen wie LinkedIn sind nicht nur ein nützliches Netzwerktool, sondern auch eine Möglichkeit, sich als potenzieller Kandidat für Arbeitgeber sichtbar zu machen. Achten Sie darauf, dass Ihr Profil professionell und gut gepflegt ist. Auch der Austausch mit anderen Rechtsreferendaren und Juristen in einschlägigen Fachgruppen kann wertvolle Kontakte und Einblicke bieten.
- **Recruiting-Plattformen und Personalberater:** Nutzen Sie die Möglichkeit, sich bei einer spezialisierten Personalberatung wie der Hays AG zu registrieren. Als Personalberater helfen wir Ihnen dabei, den richtigen Job zu finden und Ihre Bewerbung zu optimieren. Wir können Sie nicht nur bei der Bewerbung unterstützen, sondern auch wertvolle Insights zu den Anforderungen von Unternehmen geben und Ihnen helfen, die für Sie passende Position zu finden.

Der Umgang mit Vorstellungsgesprächen

Nach einer erfolgreichen Bewerbung folgt in der Regel ein Vorstellungsgespräch. Auch wenn Sie sich in der Theorie gut vorbereitet fühlen, ist es wichtig, sich bewusst zu machen, dass ein Gespräch eine Interaktion ist. Hier geht es nicht nur um fachliche Fragen, sondern auch um Ihre Persönlichkeit und Ihre Fähigkeit, sich in die Unternehmenskultur einzufügen.

- **Vorbereitung:** Recherchieren Sie die Kanzlei oder das Unternehmen, bei dem Sie sich bewerben. Zeigen Sie, dass Sie sich mit der Branche, dem Arbeitsumfeld und den Herausforderungen des Unternehmens auseinandergesetzt haben. Informieren Sie sich im Vorfeld auch über Ihre Gesprächspartner und deren bisherigen Werdegang.

- **Fragen stellen:** Ein Vorstellungsgespräch ist eine beidseitige Kommunikation. Zeigen Sie Interesse, indem Sie Fragen zu den Arbeitsbedingungen, der Unternehmenskultur oder der Weiterentwicklung im Unternehmen stellen. Es gibt Ihnen Sicherheit im Gespräch, wenn Sie entsprechende Fragen im Vorfeld vorbereiten.
- **Selbstbewusstsein:** Eine ausgewogene Mischung aus Selbstbewusstsein und Bescheidenheit ist entscheidend. Sie sollten in der Lage sein, Ihre Stärken überzeugend zu präsentieren, ohne überheblich zu wirken.

Fazit: Der Bewerbungsprozess als Chance

Die Bewerbung um eine juristische Stelle ist eine Herausforderung, aber auch eine Chance, den Grundstein für Ihre berufliche Zukunft zu legen. Als Rechtsreferendar haben Sie bereits eine fundierte juristische Ausbildung hinter sich. Doch der Bewerbungsprozess fordert von Ihnen nicht nur Fachwissen, sondern auch die Fähigkeit, sich selbst gut zu verkaufen.

Achten Sie darauf, Ihre Bewerbungsunterlagen klar, präzise und individuell zu gestalten und bereiten Sie sich auf Vorstellungsgespräche sorgfältig vor. Nutzen Sie auch die Unterstützung von Personalberatern und Networking-Plattformen, um den richtigen Einstieg in Ihre juristische Karriere zu finden.

3.24 Vorstellungsgespräch: Rechtsbereich in einer Bank

Nicolas Seul, Syndikusrechtsanwalt bei der DZ Bank

Auch wenn sich der Bewerbungsprozess im Rechtsbereich der DZ BANK aufgrund der zu besetzenden Stellen primär an Juristen bzw. (Syndikus-)Rechtsanwälte mit Berufserfahrung richtet, steht der Weg auch Berufseinsteigern offen. Bei Berufseinsteigern wird jedoch auf einen bestehenden Branchenbezug durch Nebentätigkeiten oder Studienschwerpunkte geachtet.

Der Bewerbungsprozess im Rechtsbereich der DZ BANK

Der erste Schritt im Bewerbungsprozess ist die Karriereseite der DZ BANK, auf der die aktuellen Stellenangebote zu finden sind. Hier registrieren sich die Bewerber im Karriereportal der DZ BANK und laden ihre vollständigen Bewerbungsunterlagen hoch. Dazu gehören ein Bewerbungsanschreiben und die relevanten Dokumente wie Zeugnisse und ggf. die Zulassung zur Rechtsanwaltschaft. Es ist sinnvoll, bereits im Anschreiben eine Gehaltsvorstellung zu nennen, um die Rahmenbedingungen früh zu klären.

Der erste persönliche Kontakt kommt durch einen Mitarbeitenden des Personalbereichs zustande, der den Bewerber zum Vorstellungsgespräch einlädt. Dieser Austausch bildet die Basis für den weiteren Ablauf und klärt die gegenseitigen Erwartungen.

Ablauf der Vorstellungsgespräche

Die Vorstellungsgespräche bei der DZ BANK finden meist in zwei Phasen statt, die zeitlich nah aufeinanderfolgen. Das erste Gespräch wird überwiegend virtuell geführt und dauert etwa ein bis eineinhalb Stunden. Es dient dem ersten Kennenlernen. Neben einem Mitarbeitenden des Personalbereichs sind potenzielle Führungskräfte und zum Teil auch künftige Kollegen am ersten Vorstellungsgespräch beteiligt. Die Teilnehmer stellen sich und ihre Arbeitsbereiche vor und geben einen Überblick über die Bank und die Struktur der Genossenschaftlichen FinanzGruppe. Der Bewerber stellt sich vor, berichtet über seinen juristischen Werdegang und erläutert seine Motivation für seine Bewerbung. Dabei geht es auch um seine Vorstellungen zum Arbeitsalltag in einer Bank im Vergleich zur – beispielsweise – anwaltlichen Tätigkeit in einer Wirtschaftskanzlei. Überraschende Fragen oder spezielle Themen sind hier eher selten und werden allenfalls durch den Mitarbeitenden des

Personalbereichs gestellt; der Fokus liegt auf dem ersten Eindruck und der Persönlichkeit des Bewerbers.

Das zweite Gespräch findet persönlich und in der Regel in Frankfurt am Main statt. In dieser Gesprächsrunde nimmt neben den Teilnehmenden des ersten Gesprächs auch die Leiterin des Rechtsbereichs teil. Der Bewerber beginnt mit einer kurzen Vorstellung seiner Person. Im weiteren Verlauf richtet sich das Gespräch dann aber stärker auf die Motivation des Bewerbers, bei der DZ BANK zu arbeiten. Hier wird üblicherweise gefragt, was der ausschlaggebende Grund für den Wechsel in die DZ BANK ist bzw. (bei Berufseinsteigern), warum der Berufseinstieg nicht in einer Wirtschaftskanzlei geplant ist. Darüber hinaus werden Fragen zu beruflichen Situationen gestellt, die praktische Ansätze der Arbeitsweise innerhalb der DZ BANK beleuchten sollen.

Bei positivem Verlauf wird über ein mögliches Stellenangebot gesprochen. Dabei geht es um die Position, die potenziellen Arbeitsinhalte und die grundsätzliche Vergütungsstruktur. Konkrete Gehaltsverhandlungen folgen später (in aller Regel in einem gesonderten Gespräch).

Besondere Fragestellungen

Im zweiten Vorstellungsgespräch konzentrieren sich die Fragen auf die Arbeitsweise als Syndikusrechtsanwalt in der DZ BANK. Diese Rolle erfordert eigenständiges Arbeiten und das eigenverantwortliche Treffen von Entscheidungen, im Gegensatz zur häufigen Struktur für Berufseinsteiger in Großkanzleien. Im Gespräch werden übliche Arbeitssituationen geschildert, die den Bewerber herausfordern, seine Herangehensweise darzulegen. Beispielsweise wird die Arbeit unter Zeitdruck besprochen, bei der die verfügbare Zeit für die Aufgaben eventuell nicht ausreicht. Auch der Umgang mit neuen Rechtsfragen ohne vorhandene sekundäre Literatur wird thematisiert. Der Bewerber soll zeigen, wie er mit schwierigeren menschlichen Situationen umgeht, etwa mit beratungsresistenten Kollegen aus den Fachbereichen.

Die Fragen zielen darauf ab, die Denkprozesse und Lösungsansätze des Bewerbers kennenzulernen. Es gibt selten klare »richtige oder falsche« Antworten, es wird vielmehr die individuelle Herangehensweise beleuchtet. Der Bewerber soll dabei aber nicht unnötigem Druck ausgesetzt werden, sondern vielmehr seine Problemlösungsfähigkeit und Perspektiven aufzeigen, d. h. der Bewerber hat Zeit, sich auf die Frage und seine Lösungsvorschläge einzulassen und kann sich ausreichend erklären.

3.25 Vorstellungsgespräch: Großkanzlei

Nadine Kirch, Co-HR Director Europe bei DLA Piper UK LLP
Dr. Marie-Theres Rämer, Partner und Steuerberaterin bei DLA Piper UK LLP

Juristen können bereits während des Referendariats oder im Rahmen einer wissenschaftlichen Mitarbeit erste Erfahrungen mit Vorstellungsgesprächen sammeln. Das Bewerbungsgespräch für den Berufseinstieg ist jedoch nochmal eine ganz andere Größenordnung: eine Feuertaufe, zu der es nur sporadisch Informationen gibt – von den unterschiedlichen Anforderungen der Kanzleien mal abgesehen. Da ist es normal, sich vor dem Vorstellungsgespräch viele Fragen zu stellen, z. B. »Wie bereite ich mich optimal vor?«, »Was erwartet mich?« und »Worauf kommt es heutzutage an?«. Die Vorbereitung ist entscheidend für den Erfolg. Dieser Beitrag befasst sich mit den wichtigsten Punkten, die Sie beachten sollten, wenn ein Vorstellungsgespräch in einer Großkanzlei ansteht:

Die Vorbereitung

- **Recherche über die Kanzlei**: Ein Standard, der oft vergessen oder nur halbherzig ausgeführt wird. Informieren Sie sich gründlich über die Kanzlei und insbesondere über die für Sie relevante Praxisgruppe – ihre Schwerpunkte, Mandanten und die Kultur. Dies zeigt Ihr Interesse und Ihre Ernsthaftigkeit. Ein umfassendes Verständnis der Kanzlei und ihrer Werte kann helfen, Ihre Antworten im Gespräch besser zu formulieren und gezielt auf die Fragestellung des Partners einzugehen.

- **Selbstpräsentation**: Für einen Anwalt ist dies das A und O, doch vielen fehlt nach dem Studium noch die nötige Erfahrung. Üben Sie, sich selbst vorzustellen, Ihre Stärken und Schwächen zu benennen und Ihre Motivation für die Bewerbung darzulegen. Eine klare und überzeugende Selbstpräsentation ist entscheidend, um einen positiven Eindruck zu hinterlassen. Überlegen Sie sich im Voraus, welche Aspekte Ihrer Persönlichkeit und Ihrer beruflichen Erfahrung besonders hervorzuheben sind.
- **Fachliche Vorbereitung**: Seien Sie bereit, über aktuelle juristische Themen und Entwicklungen zu sprechen, die für die Kanzlei und Praxisgruppe relevant sind. Dies zeigt nicht nur Ihr Fachwissen, sondern auch Ihr Interesse an der Branche und Ihre Bereitschaft, sich kontinuierlich weiterzubilden. Informieren Sie sich über aktuelle Fälle und rechtliche Entwicklungen, die von Bedeutung sein könnten.
- **Fragen vorbereiten**: Überlege Sie sich Fragen, die Sie den Interviewern stellen können. Dies zeigt Ihr Interesse und hilft, mehr über die Kanzlei zu erfahren. Gut durchdachte Fragen können helfen, ein besseres Verständnis für die Arbeitsweise und die Erwartungen der Kanzlei zu bekommen. Das Bewerbungsgespräch dient auch dazu, dass Sie einen Eindruck von der Kanzlei und der Praxisgruppe erhalten – nutzen Sie diese Gelegenheit. Beispiele für Fragen könnten sein:
  - Wie sieht der Arbeitsalltag der Referendare in der spezifischen Praxisgruppe aus?
  - Gibt es die Möglichkeit, auch einmal bei einer Mandantenbesprechung mit dabei zu sein?

- Sind viele Associates bereits im Referendariat in der Kanzlei tätig gewesen?
- Wie werde ich in die aktuellen Fälle eingebunden?

Do's:

- **Seien Sie pünktlich und gut vorbereitet:** Pünktlichkeit zeigt Respekt und Zuverlässigkeit. Eine gute Vorbereitung signalisiert, dass Sie das Gespräch ernst nehmen und sich intensiv mit der Kanzlei und der Position auseinandergesetzt haben.
- **Zeigen Sie Interesse und Engagement:** Aktives Zuhören und eine engagierte Teilnahme am Gespräch sind entscheidend. Zeigen Sie, dass Sie motiviert sind und sich auf die Herausforderungen der Position freuen.
- **Seien Sie authentisch und ehrlich:** Authentizität ist wichtig, um einen echten und positiven Eindruck zu hinterlassen. Seien Sie ehrlich in Bezug auf Ihre Erfahrungen und Fähigkeiten, ohne zu übertreiben oder zu untertreiben.
- **Stellen Sie relevante und durchdachte Fragen:** Fragen zeigen Ihr Interesse und helfen, mehr über die Kanzlei und die Position zu erfahren. Sie können auch dazu beitragen, eine positive Gesprächsdynamik zu schaffen.
- **Zeigen Sie sich als Persönlichkeit und Individuum:** Gute Noten und interessante Stationen sind wichtig, überzeugen Sie aber auch als Persönlichkeit und Individuum, indem Sie Ihre Interessen, Fähigkeiten und Erfahrungen jenseits der Juristerei teilen (berichten Sie über Hobbies, Reisen und andere Themen, die Ihnen wirklich am Herzen liegen).

Don'ts:

- **Überheblichkeit oder mangelnde Teamfähigkeit:** Arroganz, Selbstüberschätzung und mangelnde Teamfähigkeit sind große

Nachteile. Zeigen Sie, dass Sie bereit sind, im Team zu arbeiten und von anderen zu lernen.

- **Unangemessene Kleidung oder Verhalten:** Achten Sie darauf, dass Ihre Kleidung und Ihr Verhalten professionell und angemessen sind. Dies zeigt Respekt und Professionalität. Erkundigen Sie sich ggf. vorher über den Dress-Code der Kanzlei.
- **Keine Fragen stellen oder Desinteresse zeigen:** Vermeiden Sie es, keine Fragen zu stellen und desinteressiert zu wirken. Zeigen Sie, dass Sie neugierig und interessiert sind.
- **Abfällig über andere Stationen, Kanzleien oder Praktika sprechen:** Nicht alles, was Sie im Referendariat und in den Stationen erleben, ist professionell bzw. bringt Sie weiter. Vermeiden Sie es aber, negativ darüber zu sprechen. Überzeugen Sie durch Ihre Professionalität und positive Grundeinstellung.

Das Vorstellungsgespräch

Für das eigentliche Vorstellungsgespräch gibt es kein Patentrezept, da es in der Regel von Kanzlei zu Kanzlei oder sogar von Partner zu Partner leicht unterschiedlich abläuft. Konstant bleibt jedoch, dass der Erstkontakt durch das lokale HR-Team der Kanzlei erfolgt. Sie werden Ihnen alle wichtigen Informationen rund um Ihre Bewerbung und idealerweise einen Interviewleitfaden zur Verfügung stellen. Das HR-Team steht Ihnen stets für Rückfragen zur Verfügung – zögern Sie nicht, diese auch zu stellen!

Bei DLA Piper versuchen wir, den Prozess so transparent und einfach wie möglich zu gestalten. Nach der Terminierung durch HR oder die Praxisgruppe selbst findet das Vorstellungsgespräch statt. Bereits im Vorfeld erhalten die Bewerber wichtige Informationen rund um die Stelle, unsere Kanzlei und unseren Interviewleitfaden. Bei Associates liegt der Fokus stärker auf der bisherigen Berufserfahrung und der Fähigkeit, Mandate eigenständig zu bearbeiten. Der Bewerbungsprozess von Associates umfasst mindestens zwei bis drei Gespräche in verschiedenen Settings (zwischen formell vor Ort bis informell zum Lunch mit dem Team), mindestens eines davon mit dem Partner und eines mit dem gesamten Team.

Das Erstgespräch kann je nach Bedarf vor Ort oder online durchgeführt werden. Grundsätzlich gibt es jedoch immer ein Gespräch am jeweiligen Standort vor Ort, damit der Bewerber ein Gefühl für die Kanzlei und das Büro bekommt. Da bereits alle relevanten Informationen zur Stelle im Vorfeld übermittelt wurden, geht es im Gespräch hauptsächlich um inhaltliche Themen der Praxisgruppe und die Persönlichkeit des Bewerbers. Es ist uns wichtig, dass jeder die Chance bekommt, sich von uns zu überzeugen. Gerne können Fragen zum Team oder zur Kanzleikultur gestellt werden. Im Nachgang zu jedem Gespräch kommt die HR-Kontaktperson nochmals auf den Bewerber zu und steht weiterhin für Fragen zur Verfügung. Sie halten den Bewerber zudem stets zum Status seiner Bewerbung auf dem Laufenden.

Unterschiede zwischen Vorstellungsgesprächen für Referendare und Associates

Unsere Vorstellungsgespräche für Referendare sind weniger intensiv und fokussieren sich mehr auf das Potenzial und die Lernbereitschaft des Kandidaten. Das Gespräch für Referendare findet bei uns grundsätzlich am jeweiligen Standort vor Ort statt. Wenn Sie sich ohne Bezug auf eine bestimmte Praxisgruppe beworben haben, wird Ihnen die HR-Kontaktperson spätestens vor dem Erstgespräch die entsprechende Praxisgruppe und dem zuständigen Partner mitteilen. Ein typisches Gespräch dauert etwa eine Stunde und wird von einem unserer Trainee-Champions, speziell geschulte Kollegen und spätere Mentoren der relevanten Praxisgruppe geleitet. In einigen Fällen kann es sein, dass der Partner selbst anwesend ist. In seltenen Fällen gibt es ein Zweitgespräch mit einem Teil des Teams oder dem Partner, falls dieser nicht im Erstgespräch dabei war.

Gehaltsfrage

Grundsätzlich stellen die meisten Kanzleien Informationen zu ihren Gehaltsbändern im Referendars- und Associatebereich offen zur Verfügung. Falls Sie keine Informationen zu Ihrem Gehalt finden oder erhalten haben, sprechen Sie gerne das HR-Team darauf an.

Erwartungen an die Bewerber

Kanzleien erwarten grundsätzlich von Bewerbern neben fachlicher Kompetenz auch Soft Skills wie Teamfähigkeit, Kommunikationsstärke, persönlicher Einsatz, Zuverlässigkeit, Integrität und Belastbarkeit. Ein gutes Gespür für Mandantenbedürfnisse und die Fähigkeit, sich schnell in neue Sachverhalte einzuarbeiten, sind ebenfalls wichtig. Der Fokus der Kanzlei, bei der Sie sich bewerben, wird auch in ihren Anforderungen deutlich werden. Überlegen Sie anhand Ihrer Stärken, welche Kanzlei am besten zu Ihnen passt.

Um bei einer international tätigen Kanzlei wie DLA Piper – mit über 90 Büros in über 40 Ländern in Afrika, Asien, Australien, Europa, dem Nahen Osten sowie Nord- und Südamerika – erfolgreich zu sein, sollten Sie bestimmte Voraussetzungen erfüllen. Dazu gehören, neben den universitären Leistungen, sehr gute Englischkenntnisse, idealerweise verhandlungssicher. Darüber hinaus ist Interesse an international geprägter Arbeit Voraussetzung. Eine Promotion und/oder ein im englischsprachigen Ausland erworbener LL.M. sind in der Bewerbung gern gesehen, aber keine Pflicht. Durch unser weltweites Netzwerk verknüpfen wir lokale und nationale Expertise und sprechen die Sprache unserer Mandantschaft. Unternehmerisches Denken und Handeln ist dabei von großer Bedeutung.

Wir sind eine Internationale Business Law Firm. Wichtig ist daher auch ein gutes Verständnis von wirtschaftlichen Zusammenhängen und Anforderungen unserer Mandanten. Sie müssen nicht mehrere überregionale Tageszeitungen lesen oder eine Wirtschaftszeitung abonniert haben, aber ein Grundverständnis des aktuellen Wirtschaftsgeschehens ist sinnvoll und hilfreich.

3.26 Karrierewege und Gehälter

Achim Schäfer-Belot, Senior Expert bei der Hays AG
Justine Zimmermann, Legal Consultant bei der Hays AG

Das Jurastudium eröffnet eine Vielzahl von Karrierewegen, die sich sowohl in den Tätigkeiten als auch in den Verdienstmöglichkeiten erheblich unterscheiden. Diese reichen von der klassischen Laufbahn als Rechtsanwalt oder Notar über den öffentlichen Dienst bis hin zur Tätigkeit als Unternehmensjurist in der freien Wirtschaft.

Laut einer Studie der Bundesagentur für Arbeit aus dem Jahr 2024[5] verteilen sich die in Deutschland tätigen Juristen wie folgt auf drei große Tätigkeitsfelder:

- **Rechtsanwälte und Notare:** Etwa ein Drittel aller Juristen arbeitet in einer Kanzlei oder einem Notariat. Laut Mikrozensus waren dies 2023 rund 140.000 Personen.
- **Öffentlicher Dienst:** Ebenfalls ein Drittel ist im Staatsdienst tätig, insgesamt etwa 132.000 Juristen. Davon arbeiten 31.000 als Richter oder Staatsanwälte, während der Rest in Behörden und Ministerien tätig ist.
- **Freie Wirtschaft:** Etwa 149.000 Juristen arbeiten in Unternehmen, sei es als klassische Inhouse-Juristen oder in anderen wirtschaftsnahen Positionen.

Doch nicht nur die Arbeitsbereiche, auch die Gehälter variieren teils erheblich.

Unternehmensjuristen

Wenn Sie bereits im Studium oder im Referendariat gemerkt haben, dass Sie nicht der klassische Kanzleityp sind, können Sie Ihre Karriere direkt in einem Unternehmen beginnen. Dazu sollten Sie nicht nur ein Interesse an juristischen, sondern auch an wirtschaftlichen Fragestellungen haben. Die Gehälter von Inhouse-Juristen variieren je nach Branche, Unternehmensgröße und Berufserfahrung:[6]

- (Junior) Legal Counsel: 50.000 - 90.000 €
- Senior Legal Counsel: 90.000 - 150.000 €
- General Counsel/Head of Legal: bis zu 250.000 € oder mehr

Zusätzlich zu den Grundgehältern sind Bonuszahlungen und Aktienoptionen verbreitet, besonders in kapitalmarktorientierten Unternehmen. Die Finanzbranche, Automobilindustrie und Pharmaindustrie bieten besonders hohe Vergütungen.

Vorteile

- Für ein Unternehmen spricht oftmals die bessere **Work-Life-Balance** als in Wirtschaftskanzleien, da man in Unternehmen normalerweise geregelte Arbeitszeiten hat, die sich häufig an den Tarifstrukturen der jeweiligen Branche orientieren (i.d.R. eine 40-Stunden-Woche), während in Kanzleien oft Arbeitszeiten von mehr als 50 Stunden pro Woche üblich sind.
- Zudem sind Sie – insbesondere in kleineren Unternehmen – **generalistischer** aufgestellt als in der Kanzlei, da Sie zu sämtlichen Fragestellungen aus mehreren Rechtsgebieten, wie z. B. Vertragsrecht, Gesellschaftsrecht, Datenschutz, Compliance und Arbeitsrecht, beraten. Durch den bunten Blumenstrauß an rechtlichen Anfragen ist die Tätigkeit daher sehr abwechslungsreich und wird nicht langweilig.
- Darüber hinaus arbeitet man zwar nur für »**einen Mandanten**«, allerdings berät man diesen vollumfänglich und arbeitet mit unter-

schiedlichen Fachbereichen und der Geschäftsführung zusammen. Sie lösen Probleme an der Wurzel und können in der Regel viel mitgestalten und Ihren Fußabdruck im Unternehmen hinterlassen.
- Schließlich bieten Unternehmen oft **stabile Arbeitsbedingungen** und gute Sozialleistungen.

Nachteile
- Infolge der gelebten Work-Life-Balance fällt das **Gehalt** im Vergleich zu den Großkanzleien geringer aus, insbesondere in den ersten Berufsjahren (s.o.).
- Da man in der Regel als Generalist agiert und viele verschiedene Themen auf dem Tisch liegen hat, kann die Arbeit im Unternehmen im Vergleich zu Kanzleien **weniger spezialisiert** sein.
- Die Kehrseite von flachen Hierarchien ist wiederum, dass es **weniger Aufstiegsmöglichkeiten** gibt bzw. es länger dauern kann, bis man die nächste Karrierestufe oder eine Führungsposition erreicht.

Kanzleimarkt

Die Anwaltschaft ist durch erhebliche Gehaltsunterschiede geprägt. Während kleinere Kanzleien nur Einstiegsgehälter ab 35.000 € zahlen können, dürfen Associates in internationalen Großkanzleien bis zu 180.000 € pro Jahr erwarten:[7]
- Kleine Kanzlei: 35.000 - 45.000 €
- Boutique-Kanzleien: 60.000 - 100.000 €

(hochspezialisiert, z. B. Bau- und Arbeitsrecht):
- Mittelständische Kanzlei: 80.000 - 120.000 €
- nat./internat. Großkanzlei: 120.000 - 180.000 €

Die Gehaltsunterschiede in Wirtschaftskanzleien hängen maßgeblich mit der Zahlkraft und Struktur der Mandanten zusammen. Während klassische kleine Kanzleien den normalen Endverbraucher und Bürger beraten, haben mittelständische Kanzleien überwiegend den kostenbewussten Mittelstand, internationale Großkanzleien häufig Konzerne und institutionelle Mandanten im Beratungsfokus. Letztere akzeptieren aufgrund von Größe und Komplexität der Mandate meist höhere Honorarsätze.

Entsprechen unterschiedlich sind auch die Anforderungskriterien der Kanzleien an ihre Bewerber. Großkanzleien setzen meist ein bis zwei Prädikatsexamina voraus, oft ergänzt durch einen LL.M. oder eine Promotion. Aber auch Kandidaten mit »oberen« befriedigenderen Examen und nachweislich guten bis sehr guten Englischkenntnissen haben bei vielen mittelgroßen, internationalen und mittelständischen Kanzleien Chancen auf eine gut dotierte Anstellung.

Vorteile

- Für die Kanzlei spricht zunächst das attraktive **Gehalt** (s.o.).
- Zudem kann man sich auf sein Lieblingsrechtsgebiet **spezialisieren** und auf diesem Experte werden.
- Sie sind mit ganzem Herzen Dienstleister und beraten Ihre Mandanten, bestenfalls natürlich eine breite Palette an Start-ups, Hidden Champions und Global Playern sowie Privatpersonen. Sie sind somit **nah dran am Kunden** und können für ihn eine maßgeschneiderte Lösung finden.
- Außerdem wird man als Berufseinsteiger in den Kanzleien sehr **gefördert**, hat eine steile Lernkurve und großartige Entwicklungsperspektiven. Hierzu zählt z. B. die Unterstützung bei einem »Master of Laws« (LL.M.) oder der Ausbildung zum Fachanwalt. So kann man bei guter Leistung in der Regel nach drei Jahren zum Senior Associate befördert werden. Am Ende der Fahnenstange winkt die Partnerschaft, doch bis dahin ist es ein langer Weg.
- Darüber hinaus haben Sie die Möglichkeit, durch die Teilnahme an **Karrierenetzwerken** und Branchenveranstaltungen intern wie extern Kontakte zu knüpfen, die für Ihre Karriere von großem Nutzen sein können. Schließlich bieten viele internationale Kanzleien

Auslandaufenthalte an, sodass man interkulturelle Erfahrungen und Kontakte sammeln kann.

Nachteile

- Allerdings gibt es das hohe Gehalt nicht aus Nächstenliebe, sondern für eine hervorragende Gegenleistung und entsprechend **lange Arbeitszeiten**. Das heißt, man sitzt auch am Freitagabend mal bis 22 Uhr vor dem Rechner, um eine Frist einzuhalten und den Mandanten zufriedenzustellen.
- Da sich jede Kanzlei auch wirtschaftlich lohnen muss, wird stark auf den Umsatz und auf die abgerechneten Stunden des einzelnen Anwalts geschaut. Zudem kann der Wettbewerb um Aufstiegsmöglichkeiten sehr intensiv sein. Das heißt man muss mit einem gewissen **Zeit-, Konkurrenz- und Erwartungsdruck** umgehen können.
- Die Kehrseite der Aufstiegschancen sind die **starren Hierarchien**, die man verstehen und akzeptieren muss. So kann es sein, dass man als Associate nicht zum Mandantentermin darf, weil nur der Partner diesen wahrnimmt.
- Die Spezialisierung hat auch eine Schattenseite, da diese insbesondere bei Masseklageverfahren dazu führt, dass man die gleichen Aufgaben immer wieder erledigt und es infolgedessen an **Abwechslung fehlt**.

Öffentlicher Dienst

Der öffentliche Dienst bietet Juristen eine stabile Karriere mit klaren Aufstiegsmöglichkeiten. Besonders häufig entscheiden sich Absolventen für eine Laufbahn als Richter, Staatsanwalt oder Verwaltungsjurist. Die Gehälter werden durch die Landesbesoldungsgesetze der Bundesländer bzw. das Bundesbesoldungsgesetz geregelt.

- Richter und Staatsanwälte: ab 60.000 €
- Generalbundesanwalt/Gerichtspräsident: 110.000 - 170.000 €

Vor- und Nachteile:
Kritisiert wird häufig, dass die Besoldung im öffentlichen Dienst nicht mehr wettbewerbsfähig sei, insbesondere im Vergleich zu Wirtschaftskanzleien. Allerdings bietet der Staatsdienst auch viele Vorteile wie eine sichere Anstellung, gute Pensionsansprüche, familienfreundliche Arbeitszeiten, spezielle Krankenversicherungsmodelle für Beamte und geregelte Arbeitszeiten.

Alternative Karrierewege

Neben den klassischen juristischen Berufen gibt es darüber hinaus weitere Karriereoptionen:

- **Unternehmensberatung:** Hier sind analytische Fähigkeiten und wirtschaftliches Verständnis gefragt.
- **Politik und Verwaltung:** Juristen können in politischen Ämtern, in Ministerien oder in Verbänden tätig werden.
- **Journalismus und Medien:** Eine Karriere als Redakteur bei juristischen Fachverlagen oder als Journalist ist auch eine Möglichkeit.
- **Akademische Laufbahn:** Forschung und Lehre an Hochschulen sind für diejenigen interessant, die ihr Wissen weitergeben möchten.
- **Non-Profit-Organisationen:** Tätigkeiten in NGOs im Bereich Menschenrechte, Umwelt- oder Verbraucherschutz bieten sinnstiftende Arbeit.

Karriereziele in der freien Wirtschaft: General Counsel oder Partner

General Counsel

Als Leiter der Rechtsabteilung trägt der General Counsel (GC), Leiter Recht/ Head of Legal die Verantwortung für alle juristischen Belange im Unternehmen. In großen Unternehmen und Konzernen ist es nicht ungewöhnlich, mehrere GCs in verschiedenen Bereichen einzusetzen.

Gehälter können 250.000 Euro und mehr erreichen, oft ergänzt durch Boni und Aktienpakete.

Partner in einer (Groß)kanzlei

Im Gegensatz zu Unternehmen ist die Anzahl der Partner in einer (Groß-)kanzlei nicht zwingend begrenzt. Sie hängt vielmehr von der Wirtschaftlichkeit des Business Case des einzelnen Partners ab. Wer ein Stück vom Kuchen der Partnerschaft möchte, muss auch selbst einen entsprechend großen Umsatzbeitrag leisten, idealerweise mit einem Team von 1-2 angestellten Rechtsanwälten. Die Spannbreite der Entnahmen reicht von 200.000 € bis 1.000.000 € und stellenweise mehr.

Die höchste Form der Partnerschaft ist die Equity-Partnerschaft. Hier wird das Ergebnis aus Umsatz minus Kosten unter den Partnern verteilt. Kostenquoten von 50-75 % sind nicht ungewöhnlich. Ob die Verteilung über ein Punktesystem, das sogenannte Lockstep oder modifizierte Lockstep, oder ein überwiegend performanceabhängiges, »Merit-Based«-System geschieht, entscheidet die Kanzlei bei der Wahl ihres Vergütungssystems.

Viele Kanzleien haben als Zwischenstufe den Salary Partner etabliert. Dieser erhält neben einem Fixum eine Umsatzbeteiligung und hat die Aufgabe, zunehmend eigene Mandate zu akquirieren, um sich so in Richtung Equity-Partnerschaft entwickeln zu können.

Plan B – wenn es mit dem zweiten Staatsexamen nicht klappt

Aber was kann man machen, wenn man das zweite Staatsexamen nicht bestanden hat? Keine Sorge: Sie sind nicht allein, sondern gehören zu 12,3 Prozent der Juristen, denen es genauso geht.[8] Auch hier gibt es zum Glück genügend Alternativen: Sie können z. B. in Kanzleien arbeiten und Aufgaben erledigen, die keine Anwaltszulassung erfordern. Auch Unternehmensberatungen und Wirtschaftsunternehmen sind aufgrund des Fachkräftemangels offen für Diplomjuristen. Hier können Sie z. B. in der Rechtsabteilung, im Personalwesen oder im Vertragsmanagement arbeiten. Zudem empfiehlt es sich, eine Zusatzqualifikation z.B. zum Datenschutzbeauftragten, Compliance Officer oder im Bereich Legal Tech zu erwerben. Aber auch der öffentliche Dienst (wie z.B. Jobcenter, Polizei oder die allgemeine Verwaltung) oder Non-Proft-Organisationen schätzen das juristische Wissen von Diplomjuristen.

Fazit

Angehende Juristen stehen vor vielfältigen Karriereoptionen mit erheblichen Gehaltsunterschieden. Während der öffentliche Dienst mit Stabilität punktet, bieten Wirtschaftskanzleien hohe Vergütungen bei hoher Arbeitsbelastung. Unternehmensjuristen profitieren von attraktiven Zusatzleistungen und einer besseren Work-Life-Balance. Letztlich entscheidet nicht allein das Gehalt über den richtigen Karriereweg, sondern auch individuelle Präferenzen hinsichtlich Arbeitsbelastung, Entwicklungsmöglichkeiten und persönlichen Zielen. Es ist also eine Typfrage, für welchen Karriereweg Sie sich entscheiden. Hauptsache er macht Sie glücklich.

Sie haben Fragen zum Berufseinstieg? Dann scheuen Sie sich nicht sich bei uns zu melden, unseren LinkedIn Newsletter zu abonnieren oder kommen Sie einfach zu unserer nächsten Veranstaltung von »We make you lawsome«.[9]

3.27 Gehaltsverhandlung für Juristen

Fabian Bernhardt, selbständiger Finanzplaner und Dozent an der Dualen Hochschule Baden-Württemberg

Der Übergang vom Referendariat in den ersten Job markiert einen Wendepunkt im Leben eines jeden Juristen. Nach intensiven Studienjahren und praktischer Ausbildung steht nun die berufliche Zukunft an – und mit ihr die erste Gehaltsverhandlung. Für viele Rechtsreferendare ist dies ein ungewohntes Terrain, da die Bezahlung im Referendariat gesetzlich vorgegeben ist. Doch im Berufsleben entscheiden neben dem Examen auch Ihre Verhandlungsfähigkeiten über Ihren finanziellen Status – ob Sie sich langfristig einen sehr guten Lebensstandard aufbauen, Vermögen schaffen und sich finanzielle Freiheiten ermöglichen können. Als Finanzplaner und Partner des Vereins der Rechtsreferendare in Hessen möchte ich Ihnen in diesem Artikel praxisorientierte Strategien an die Hand geben, um Ihre Gehaltsverhandlung mehr als souverän zu meistern und eine solide Grundlage für Ihre Karriere zu schaffen. Dieser Leitfaden richtet sich an angehende Volljuristen sowie Rechtsreferendare und wird Ihnen helfen, Ihren Marktwert selbstbewusst zu vertreten.

Die Rahmenbedingungen verstehen: Was bestimmt Ihr Gehalt?

Bevor Sie sich an den Verhandlungstisch setzen, sollten Sie die Faktoren kennen, die Ihr Einstiegsgehalt beeinflussen. Dazu gehören die Größe und Reputation des Arbeitgebers, der Standort, Ihre Spezialisierung sowie Ihre individuellen Qualifikationen. Großkanzleien in Wirtschaftszentren wie München, Frankfurt oder Hamburg bieten oft höhere Gehälter als kleinere Kanzleien oder Behörden in ländlichen Gebieten – allerdings steigen mit dem höheren Gehalt auch die Lebenshaltungskosten in den erwähnten Regionen. Ebenso spielt die Nachfrage nach bestimmten Rechtsgebieten eine Rolle: Fachkräfte im Wirtschaftsrecht, Steuerrecht oder Datenschutzrecht waren 2025 besonders gefragt und können entsprechend mehr erwarten. Ihre persönlichen Erfahrungen sind ein weiterer Hebel. Haben Sie im Referendariat bei renommierten Kanzleien gearbeitet? Haben Sie bereits eine Promotion abgeschlossen oder Fremdsprachenkenntnisse erworben? Solche Qualifikationen erhöhen Ihre Gehaltsaussichten.

Laut aktuellen Studien liegt das Einstiegsgehalt für Volljuristen in Deutschland zwischen 45.000 und 70.000 Euro brutto jährlich. In internationalen Großkanzleien oder Unternehmensberatungen sind sechsstellige Gehälter bereits zum Job-Start möglich. Als erfahrener Karriere- und Finanzplaner empfehle ich, sich vorab mit Marktstandards vertraut zu machen – etwa über Gehaltsvergleiche auf Plattformen wie Azur oder durch Gespräche im persönlichen Netzwerk.

Schritt für Schritt zur perfekten Vorbereitung

Eine erfolgreiche Gehaltsverhandlung steht und fällt mit der Vorbereitung. Beginnen Sie mit einer ehrlichen Bestandsaufnahme: Was bringen Sie mit? Notieren Sie Ihre Stärken, etwa hervorragende Examensnoten, praktische Erfahrungen oder Spezialkenntnisse in einem gefragten Rechtsgebiet. Konkrete Beispiele machen Ihre Argumente greifbar – etwa ein komplexer Fall, den Sie im Referendariat bearbeitet haben, oder eine wissenschaftliche Arbeit, die Ihre Expertise unterstreicht. Definieren Sie anschließend Ihre Gehaltsvorstellungen. Legen Sie drei Werte fest: einen Wunschbetrag (Ihr Optimalziel), eine realistische Mitte (basierend auf Marktstandards) und eine Untergrenze (darunter möchten Sie nicht gehen). Als Finanzplaner rate ich Ihnen, Ihre Lebenshaltungskosten einzubeziehen. Wie hoch sind Miete, Versicherungen, Rücklagen oder etwaige Studienkredite? Wie hoch sollte Ihre monatliche Sparrate sein, um Ihre mittelfristigen Ziele, wie zum Beispiel die erste Kapitalanlage Immobilie, zu erreichen? Ein monatliches Nettobudget hilft Ihnen, Ihre Untergrenze realistisch einzuschätzen. Informieren Sie sich zudem über die Vergütungsstruktur des Arbeitgebers: Gibt es feste Gehälter oder variable Bestandteile wie Boni? Diese Klarheit gibt Ihnen Sicherheit und verhindert, dass Sie sich unter Druck setzen lassen.

Die Verhandlung: Der Schlüssel zum Erfolg: »Souverän auftreten«

In der Verhandlung selbst kommt es auf den richtigen Ton an. Juristen sind geschult, sachlich und präzise zu argumentieren – nutzen Sie diese Fähigkeit. Starten Sie das Gespräch positiv und offen, etwa mit: »*Ich freue mich sehr über die Gelegenheit, in Ihrer Kanzlei zu beginnen, und würde gerne die Details der Zusammenarbeit besprechen.*« Vermeiden Sie es, direkt mit einer Gehaltsforderung einzusteigen. Setzen Sie lieber das Gespräch damit fort, dass Sie sich auf Ihre Quellen bzgl. der Gehaltshöhe beziehen und somit die »Schuldfrage« hinsichtlich einer eventuellen Fehleinschätzung klären. Nennen Sie zunächst die Untergrenze, die Sie für sich ermittelt haben, dann die Obergrenze und zuletzt Ihre realistische Gehaltsvorstellung. Wenn Sie die Wahl haben, sollten Sie die erste Zahl nennen, um den sogenannten Ankereffekt für sich zu nutzen. Nennen Sie Ihre Vorstellung stets mit Begründung: »*Mit Blick auf meine Erfahrungen im Arbeitsrecht und meine sehr guten Examensnoten hatte ich mir eine Vergütung im Bereich von 60.000 Euro vorgestellt. Wie sehen Sie das?*« Verknüpfen Sie Ihre Forderung stets mit Ihrem Mehrwert – das macht sie nachvollziehbar und professionell. Eine Analyse der Stärken, wie oben beschrieben, ist die ideale Vorbereitung. Falls das Angebot von Ihrem Gegenüber abgelehnt wird, stellen Sie sich selbst die Frage, ob Sie bereit sind, von Ihrer Forderung abzuweichen. Wenn ja, klären Sie unbedingt, was nötig ist, um eine künftige Gehaltserhöhung sicherzustellen. Machen Sie sich hier das zeitversetzte Verhandeln zunutze.

Zusatzleistungen als Verhandlungsmasse

Gehalt ist nicht nur der monatliche Betrag auf Ihrem Konto. Viele Arbeitgeber bieten Zusatzleistungen, die Ihr Gesamtpaket aufwerten können. Dazu zählen Weihnachts- und Urlaubsgeld, Boni, betriebliche Altersvorsorge, Zuschüsse für Fahrtkosten oder Homeoffice-Ausstattung sowie Fortbildungsbudgets. Besonders in Großkanzleien sind solche Extras Standard. Fragen Sie aktiv nach: »*Welche weiteren Bestandteile des Vergütungspakets gibt es, die ich berücksichtigen sollte?*« Als Karriere- und Finanzplaner sehe ich oft, dass junge Juristen diese Möglichkeiten übersehen – dabei können sie über die Jahre erhebliche Summen ausmachen. Wenn das Grundgehalt nicht verhandelbar ist, bieten Zusatzleistungen eine elegante Alternative, um Ihren finanziellen Spielraum zu erweitern. Achten Sie unbedingt auf offene Fragen, damit der Arbeitgeber in den Erklärungszwang kommt.

Häufige Fehler und wie Sie sie vermeiden

Ein typischer Stolperstein ist die Hast. Auch wenn das erste Angebot verlockend erscheint, nehmen Sie sich Zeit zur Reflexion. Sagen Sie etwa: »*Vielen Dank für das Angebot, ich würde es gerne in Ruhe prüfen und Ihnen bis morgen Bescheid geben.*« Das zeigt Besonnenheit und verhindert übereilte Entscheidungen. Ein weiterer Fehler ist, sich vom Referendariatsgehalt verunsichern zu lassen. Die 1.200 bis 1.500 Euro monatlich im zweiten Staatsexamen spiegeln nicht Ihren Marktwert als Volljurist wider. Arbeitgeber wissen das – Sie sollten es auch internalisieren. Scheuen Sie sich nicht, nachzufragen, wenn etwas unklar ist. Wenn der Arbeitgeber vage bleibt (»*Das Gehalt richtet sich nach Erfahrung.*«), haken Sie nach: »*Könnten Sie das etwas konkretisieren?*« So vermeiden Sie Missverständnisse und zeigen Verhandlungsgeschick.

Den Blick nach vorne richten

Eine Gehaltsverhandlung ist kein einmaliges Ereignis, sondern der Startpunkt Ihrer finanziellen Entwicklung. Ihr Einstiegsgehalt beeinflusst künftige Erhöhungen und Boni. Wenn der Arbeitgeber Ihre Wünsche nicht vollständig erfüllen kann, fragen Sie nach Perspektiven: »*Wie sehen die Entwicklungsmöglichkeiten in den nächsten zwei bis drei Jahren aus?*« Ein moderates Startgehalt kann akzeptabel sein, wenn klare Aufstiegschancen oder regelmäßige Gehaltsanpassungen vereinbart werden. Besonders in Kanzleien mit Partner-Track lohnt sich ein langfristiger Blick: Ein niedrigeres Einstiegsgehalt kann sich durch spätere Gewinnbeteiligungen mehr als auszahlen.

Fazit: Mit Selbstbewusstsein zum Erfolg

Die Gehaltsverhandlung ist Ihre erste Bewährungsprobe als Volljurist – und eine Chance, Ihren Wert zu unterstreichen. Mit gründlicher Vorbereitung, fundierten Argumenten und einem Gespür für Zusatzleistungen sichern Sie sich nicht nur ein faires Gehalt, sondern auch den Respekt Ihres neuen Arbeitgebers. Als Finanzplaner und VDRH-Partner rate ich Ihnen: Sehen Sie sich als gleichwertiger Verhandlungspartner, nicht als Bittsteller. So legen Sie den Grundstein für eine finanziell stabile und erfolgreiche juristische Karriere. Nutzen Sie Ihre juristische Präzision und Ihr Selbstbewusstsein – beides haben Sie im Studium und Referendariat bereits bewiesen. Bekanntermaßen ist auch noch kein Meister vom Himmel gefallen. Ich rate Ihnen dringlichst dazu, praktische Erfahrung zu sammeln, bevor Sie den Weg an den Verhandlungstisch wagen. Besuchen Sie gerne kostenfrei eines der in Kooperation mit dem VDRH stattfindenden Gehaltsverhandlungsseminare.

3.28 Gelassen Karriere machen

Diane D. Manz, Diplom Psychologin und Business Coach

Am Anfang der beruflichen Laufbahn steht oft der Wunsch, alles richtig zu machen, sich zu beweisen, sichtbar zu sein. Gelassenheit scheint in dieser Phase kaum ein Ziel zu sein – eher etwas das man sich vielleicht später leisten kann. Doch gerade am Beginn einer Karriere ist es hilfreich, innere Stabilität, realistische Erwartungen und einen klaren Fokus zu entwickeln. Wer mit einem guten Maß an Selbstmanagement und Resilienz startet, kann Herausforderungen souveräner begegnen und den Berufseinstieg gesünder gestalten. Häufig ist das für Juristen besonders relevant.

Einstieg in den Berufsalltag mit Fokus, Zuversicht und Erfolg

Der Druck in juristischen Berufen ist bereits in der Ausbildung von einem überhöhten Leistungsanspruch, langen und oft frustrierenden Ausbildungswegen, starkem Wettbewerb und einem konkurrenzorientierten Umfeld geprägt, in dem wenig Raum für einen konstruktiven Umgang mit Fehlern herrscht. Gleichzeitig fehlt es Berufseinsteigern nicht selten an Orientierung: Was genau wird erwartet? Wieviel ist genug? Wo darf ich fragen, wo sollte ich die Antwort selbst herausfinden? Was passiert, wenn ich einen gravierenden Fehler mache? Wo darf ich Arbeitsaufträge hinterfragen, ohne als »aufmüpfig« wahrgenommen zu werden? Wie authentisch darf ich sein? Und wo finde ich eine Antwort auf all diese Fragen?

In dieser Gemengelage kann eine gelassene Herangehensweise ein echter Erfolgsfaktor sein – nicht im Sinne von Gleichgültigkeit oder Resignation, sondern als Fähigkeit klar, fokussiert und handlungsfähig zu bleiben. Doch wie kann man das erreichen? Im Folgenden werden die wichtigsten grundlegende Strategien auf dem Weg zu mehr Gelassenheit erörtert.

Stressgeschehen verstehen, um ihm wirksam zu begegnen

Ein bewährtes Modell zum Verständnis von Stressgeschehen liefert der Psychologe Gert Kaluza (Kaluza, G. (2018): Stressbewältigung. Springer Verlag GmbH Deutschland).

Er unterscheidet drei Ebenen des Stressgeschehens:

1. **Stressoren:** Diese erhält man als Fortführung des Satzes »Ich gerate in Stress, wenn...«. Hier handelt es sich um äußere Faktoren, die mehr oder weniger unter der eigenen Kontrolle stehen. Häufige Stressfaktoren sind mangelnde Zeit, zu viele Aufgaben auf dem Tisch, die ständige Erreichbarkeit, Konflikte, Unklarheiten, mangelnde Informationen, etc...

2. **Mentale Stressverstärker:** Die Vervollständigung des Satzes »Ich setze mich selbst unter Stress, indem...« kann innere Einstellungen und Bewertungen sichtbar machen, die dazu beitragen, das Stressempfinden zu verstärken oder überhaupt aufkommen zu lassen. Gängige Stressverstärker sind Perfektionismus, hohes Harmoniebedürfnis, der Wunsch, alles unter Kontrolle zu haben, die Angst als inkompetent wahrgenommen zu werden, etc...
3. **Stressreaktion:** »Wenn ich im Stress bin, dann...« kann zu Punkten auf körperlicher Ebene (Schlafprobleme, Kopfschmerzen, Magen-Darmbeschwerden, etc.), auf kognitiver Ebene (Konzentrationsstörungen, Grübeln, innere Unruhe, etc.), auf emotionaler Ebene (Ängste, Hilflosigkeit, innere Leere etc.) und auf Verhaltensebene (Gereiztheit, unkoordiniertes Multitasking, Betäubungsverhalten, etc.) führen.

Auf allen drei Ebenen lässt sich ansetzen, um Stressempfinden zu reduzieren – durch Reflexion, Kompetenzerwerb und konkrete Strategien.

Ein unverzichtbares, grundlegendes Element ist die hier Fähigkeit zur Differenzierung zwischen kontrollierbaren, beeinflussbaren und unveränderlichen Gegebenheiten. Der »Circle of Control« von Steven R. Covey macht das sehr anschaulich (Covey, S. R. (2004). Die 7 Wege zur Effektivität. GABAL Verlag). So ist zum Beispiel die aktuelle wirtschaftliche Situation in Deutschland weder beeinflussbar noch kontrollierbar. Die Stimmung in meinem unmittelbaren Team ist zwar nicht komplett kontrollierbar, aber ich kann durch mein Verhalten durchaus versuchen, darauf gezielten Einfluss zu nehmen. Was ich dabei komplett unter Kontrolle habe, ist, wie ich mit Kollegen umgehe oder die Haltung, mit der ich morgens das Büro betrete. Die Beschäftigung mit Stressoren, die außerhalb des eigenen Einflussbereichs liegen, raubt viel Energie, ohne wirklich einen Mehrwert zu bringen. Die Konzentration auf all jene Dinge, die von einem selbst beeinflussbar oder vollständig unter der eigenen Kontrolle liegen, führt dazu, Energie gezielter einsetzen zu können und sich selbst als wirksamer zu erleben, was wiederum grundsätzlich die eigene Widerstandskraft stärkt.

Ziele und Fokus klären

Ein gelassener Berufsweg beginnt mit Klarheit über das eigene »wofür«. Dabei geht es nicht nur um Karriereziele, sondern auch um die Frage, wieviel Raum der Beruf im Leben einnehmen soll und was im Privaten trotz beruflicher Ambitionen nicht zu kurz kommen darf. Konkrete Reflexionsfragen können hier sein:

- Was ist mir in den nächsten drei bis fünf Jahren in meine Karriereentwicklung wichtig?
- Was bin ich bereit in meine Karriere zu investieren?
- Was bin ich bereit gegebenenfalls dafür zu opfern?
- Was möchte ich dafür von meinem Arbeitgeber zurückbekommen?
- Welche Werte sind für mich in der Unternehmenskultur (jene, die tatsächlich gelebt wird) unverzichtbar?
- Welche »must haves« brauche ich in meinem Privatleben?
- Was fehlt mir an Kompetenzen, um Karriere und Privatleben zufriedenstellend zu gestalten?
- Wie und mit welcher oder wessen Unterstützung kann ich mir diese Kompetenzen aneignen?

Diese Reflexion stärkt nicht nur die Motivation, sondern hilft auch in schwierigen Phasen, den inneren Kompass nicht zu verlieren. Wer hier konkrete Antworten hat, kann stimmiger priorisieren, Umwege besser einordnen und Entscheidungen bewusster treffen. So kann man vermeiden, sich in Erwartungen von außen zu verlieren, und hat nicht zuletzt eine höhere Wahrscheinlichkeit, Chancen zu erkennen und Möglichkeiten auszuschöpfen.

Hinderliche Denkmuster erkennen

Viele Juristen tragen Überzeugungen mit sich, die schon im Studium oder Referendariat anstrengend waren und nun im Berufsalltag dazu führen können, sich selbst in einem sehr ungesunden Maße unter Druck zu setzen und sich damit früher oder später in eine ernstzunehmende Überforderung zu treiben. Der Anspruch immer perfekt zu sein, jede Aufgabe fehlerfrei zu erledigen oder es immer allen recht zu machen, führt schnell zu hohem Druck und andauernder Selbstkritik. Solche Denkmuster und Glaubenssätze lassen sich verändern. Starkem Perfektionismus kann man begegnen, indem man lernt, auch mal fünf gerade sein zu lassen und zu begreifen, dass der eigene Wert nicht nur von Leistung abhängig ist. Auch Fehler als Grundlage für Wachstum und Innovation zu sehen, kann die übermäßige Angst davor lindern. Übertriebenes Harmoniestreben kann ausbalanciert werden mit dem Gedanken, dass klare Kommunikation oft hilfreicher ist als zu große Rücksichtnahme. Auch ein Realitätscheck zum vorgestellten »Worst-Case-Szenario« kann unbegründete Sorgen als solche erkennen lassen. Das starke Bedürfnis nach Kontrolle kann der Zuversicht weichen, dass man auch mit Unvorhersehbarem konstruktiv umgehen kann. Grundsätzlich ist auch hier der erste Schritt zur Veränderung die Reflexion. Man sollte aber nie vergessen, dass sich diese Muster nicht über Nacht entwickelt haben und deshalb auch ihre Zeit brauchen, um sich zu verändern.

Kommunikation bewusst gestalten

Ein erheblicher Teil beruflicher Unsicherheiten entsteht nicht durch die Aufgabe selbst, sondern durch unklare Kommunikation: Erwartungen bleiben unausgesprochen, Nachfragen werden vermieden, Rückmeldung selten eingefordert. Gerade im juristischen Alltag, in dem Hierarchien oft stark wirken, ist Mut zur Klarheit gefragt. Es ist essenziell, früh mit Vorgesetzten ins Gespräch zu kommen – zu Zielen, Aufgaben, Prioritäten. Auch Fragen zu Prozessen, Abläufen, Zuständigkeiten und zu der Zufriedenheit mit der eigenen Leistung und der Zusammenarbeit sind nicht nur legitim, sondern essenziell wichtig. Wer kommuniziert, statt auf der Basis unzureichender Informationen zu antizipieren, schafft mehr Transparenz und vermeidet Missverständnisse. Auch im privaten Umfeld ist Kommunikation entscheidend. Der Berufseinstieg verändert oft den Alltag – und damit auch Erwartungen in Beziehungen, dennoch wird selten offen darüber gesprochen. Dabei wäre es wichtig, sich darüber auszutauschen, wie man die gemeinsame Zeit gestalten will, welche Bedürfnisse und Wünsche verhandelbar sind (und welche nicht) und wie gegenseitige Unterstützung aussehen kann. Gelungene Kommunikation entlastet und bereichert – beruflich wie privat.

Gespräche gut vorbereiten

Gerade in der Probezeit, aber auch später, herrscht oft Unsicherheit darüber, was wie wahrgenommen wird und ob man seine Arbeit wirklich gut macht. Hier ist es hilfreich, aktiv Feedback einzuholen. Auch bei anderen Unklarheiten oder sich anbahnenden Konflikten sollte man besser früh proaktiv in die Klärung mit der betreffenden Person gehen. In der idealen Welt wünschen wir uns meistens, dass der erste Schritt von der anderen Seite kommt oder wir sehen die anderen – zum Teil durchaus auch berechtigt – in der Bringschuld. In der Regel sieht die wahre Welt aber anders aus und jeder ist selbst dafür verantwortlich, notwendige Dinge einzufordern. Damit diese Gespräche eine höhere Wahrscheinlichkeit auf Erfolg haben, lohnt es sich, diese ausführlich und schriftlich vorzubereiten. Angefangen mit der Frage, was genau das Ziel des Gesprächs ist, über Beispiele, die das Anliegen verständlicher machen bis hin zur Antizipation von möglichen Fragen und Einwänden. Je genauer die Vorbereitung, umso höher die Selbstsicherheit im Gespräch. Damit steigt zum einen die Wahrscheinlichkeit, dass es ein gutes Gespräch wird, zum anderen stärkt ein derart professionelles Auftreten den eigenen Standpunkt. Insbesondere für das Probezeitendgespräch sollte man sich auf Basis der gängigen Leitfäden detailliert vorbereiten.

Selbstfürsorge als Grundlage für Zufriedenheit und Leistungsfähigkeit

In einer Arbeitswelt, die oft durch Geschwindigkeit und Dauerpräsenz geprägt ist, wirkt Selbstfürsorge manchmal wie ein Luxus. Tatsächlich ist sie doch die Basis für Leistungsfähigkeit, Kreativität und psychische Stabilität. Das bedeutet allem voran, die Verantwortung für die eigene Selbstfürsorge anzunehmen und anzuerkennen, dass man selbst die einzige Person ist, die sich wirklich darum kümmern kann. Nur indem man die Anzeichen eines erhöhten Stresslevels bewusst wahrnimmt, kann man mit entsprechender Erholung zu reagieren. Auch die Reflexion der eigenen Bedürfnisse ist wichtig, denn nur wer weiß, was individuell guttut, kann sich das auch zukommen lassen. Eine gesunde Lebensführung mit ausreichend Schlaf, ausgewogener Ernährung, mindestens moderater Bewegung und angemessener Regeneration bildet schon einen guten Startpunkt, aber gerade beim Berufseinstieg ist es besonders wichtig, darauf zu achten, wenigstens einen ausreichenden Teil der Punkte, die Freude, Genuss und Ausgleich bedeuten, trotz veränderter Arbeitssituation beizubehalten. Gerade, wenn viel verlangt wird, ist es umso notwendiger, die eigenen Batterien regelmäßig aufzuladen.

Fazit

Der Einstieg ins Berufsleben ist prägend und nicht selten herausfordernd, doch gerade deshalb lohnt es sich, die eigene Haltung bewusst zu gestalten. Wer sich frühzeitig mit den eigenen Stressmustern, Zielen und Grenzen auseinandersetzt, legt das Fundament für eine gesunde und tragfähige Karriere. Gelassenheit fällt einem nicht einfach so zu. Sie entsteht durch regelmäßige und ehrliche Selbstreflexion, Übung und kluge, selbstfürsorgliche Entscheidungen. Zu jedem der oben genannten Punkte kann es hilfreich sein, sich für einen überschaubaren Zeitpunkt professionelle Unterstützung durch einen Coach zu holen. So oder so – je eher man beginnt, umso leichter wird es fallen, die vielen

Herausforderungen im juristischen Berufsalltag nicht nur zu bewältigen, sondern sie mit Klarheit, Fokus und Zuversicht erfolgreich zu gestalten.

Teil III Im Beruf

3.29 Vergleichsverhandlungen im Gerichtsverfahren aus Richtersicht

Michael Wehner, Richter am Amtsgericht Bad Hersfeld

Die Zivilprozessordnung hält für den Zivilrichter grundsätzlich in jedem Verfahren eine Aufgabe bereit:

> »Das Gericht soll in jeder Lage des Verfahrens auf eine gütliche Beilegung des Rechtsstreits oder einzelner Streitpunkte bedacht sein« (§ 278 Abs. 1 ZPO).

Zwei Ideen stehen hinter dieser Aufgabenstellung: Einerseits soll dem Rechtsfrieden gedient werden mit der Überlegung, dass lieber beide Parteien ein bisschen was gewinnen, als dass eine Partei umfassend verliert und die nächste Instanz anruft oder auch nach einem rechtswirksamen Urteil weiterhin einen Groll gegen die andere Seite hegt.

Chancen und Probleme bei Vergleichsverhandlungen

Daneben sollen die Ressourcen der Justiz geschont werden: Verfahren vor mehreren Rechtsinstanzen binden Richter und Geschäftsstellen, die Zeit fehlt zwangsläufig für die weiteren zu bearbeitenden Fälle. Die Zeitersparnis für die Richterschaft resultiert dabei auch daraus, dass ein Vergleich durch das Gericht außerhalb oder während einer mündlichen

Verhandlung protokolliert wird, anschließend aber – da es ja eine Vereinbarung zwischen den Parteien und das Verfahren damit gemäß der Dispositionsmaxime im Zivilrecht beendet ist – kein schriftliches Urteil mehr gefertigt werden muss. Gerade bei umfassenden Angelegenheiten mit umfangreicher Beweisaufnahme ist dies eine enorm zeitaufwändige Tätigkeit. Schließlich kann ein Vergleich zu Anfang des Verfahrens eben jene zeit- und kostenaufwändige Beweisaufnahme bereits überflüssig machen. Aus diesem Grund hat grundsätzlich vor der mündlichen Verhandlung eine Güteverhandlung zu erfolgen (§ 278 Abs. 2 ZPO).

Die Probleme beginnen, wenn insbesondere die erste Überlegung auf den Willen der Parteien trifft, die sich natürlich beide im Recht sehen und vielleicht sogar »aus Prinzip« die Angelegenheit klären wollen. Hier zeigt sich, dass rein wirtschaftlich denkende Unternehmen (insbesondere Kapitalgesellschaften) im Hinblick auf mögliche Kosten eines Unterliegens oder auch nur ein langes und gegebenenfalls kostenintensives Verfahren einem Vergleich offener gegenüberstehen als Privatpersonen, bei welchen Gefühle und gegebenenfalls auch emotionale Verletzungen eine bedeutend größere Rolle im Abwägungsprozess spielen, beispielsweise im Familienrecht oder auch bei Nachbarschaftsstreitigkeiten.

Vor diesem Hintergrund ist daher für jedes Verfahren zu erarbeiten, ob ein Vergleich prinzipiell erreichbar erscheint (es gibt Fälle, wo schon nach Aktenlage klar wird, dass ein Urteil gewollt ist) und wie dieser auszugestalten und vor allem auch zu präsentieren ist, damit er für beide Parteien annehmbar erscheint. Denn in der Praxis nützt der Vergleich vor allem dem Richter, der sich dadurch erheblichen Mehraufwand ersparen kann. Gleichzeitig, konträr zum hehren Gedanken des Gesetzgebers, wird ein Vergleich von den Parteien nicht selten beidseitig zunächst als graduelle Niederlage empfunden. Häufig sind die Parteien anschließend aber auch froh, nunmehr eine »gütliche«, nicht weiter eskalierende Lösung gefunden zu haben. Ein wichtiger Folgeaspekt, zumindest wenn künftige Beziehungen bestehen, ist aber auch, dass die

Parteien wieder ein Stück weit aufeinander zugegangen sind und damit die Wahrscheinlichkeit steigt, dass in Zukunft wieder eine Kooperation oder Koexistenz möglich ist.

Die richtige Vorbereitung

Wie so häufig im Leben ist eine gute Vorbereitung das A und O. Wie auch die Kollegen von Bluedex im nächsten Beitrag zu (arbeitsrechtlichen) Vergleichsverhandlungen berichten, ist ein Vorgehen nach dem Gedanken »Split the Difference« selten von Erfolg gekrönt. Es hat einen Grund, warum die Parteien die Mühen einer Klage auf sich nehmen; wenn der Richter dann mit erkennbar überschaubarer Motivation und ohne entsprechende Argumente fragt, ob man nicht 50/50 machen will, wird dies den Positionen der Parteien nur im Einzelfall gerecht werden. Vielmehr sollte die Akte umfassend erarbeitet werden, um zu verstehen, welche Ziele die Parteien verfolgen. Je mehr Vorteile man in der vorzuschlagenden vergleichsweisen Einigung den Parteien aufzeigen kann, desto höher ist die Wahrscheinlichkeit des Erfolgs. Wenn mehrere Klageanträge nebeneinanderstehen, beispielsweise mehrere Zahlungsansprüche, sollten diese alle auch separat rechtlich gewürdigt werden. Schwieriger wird es bei Unterlassungs- oder Leistungsansprüchen abseits von Zahlungen. Letztendlich hat man hiernach schon das grobe Gerüst eines Urteils aufgebaut, wo nur die Ergebnisse der Beweisaufnahme noch fehlen. Mit den entsprechenden Wertungen und der Berücksichtigung der Beweislast kann man dann im Rahmen der Einführung in den Sach- und Streitstand seine Wertungen erkennen und auf diesen basierend einen differenzierten Vergleich vorschlagen oder auch, wenn der Fall sich hierzu eignet, auch schon im schriftlichen Vorverfahren vorgeschlagen werden.

In manchen Fällen ist es sinnvoll, bereits vor mündlicher Verhandlung schriftlich einen Vergleichsvorschlag zu unterbreiten – besonders dann, wenn eine Lösung einen aus der Akte heraus sozusagen »anspringt«. Für die Parteien können die Terminersparnisse ein weiterer

Anreiz für den Vergleich sein; kommt dieser nicht zustande, kann man ggf. gleich zum Termin Zeugen laden oder ein Gutachten vor mündlicher Verhandlung einholen.

Unterbreitet man den Vergleichsvorschlag im Rahmen der mündlichen Verhandlung, sind neben den rechtlichen Erwägungen auch die Umstände vor Ort zu beachten. Der objektiv sinnvollste Vergleich hat keine Chance, wenn die Parteien emotional und irrational agieren. Daher ist – auch hier anknüpfend an die zutreffenden Empfehlungen der Kollegen von Bluedex – zu versuchen, eine möglichst sachliche Verhandlung zu ermöglichen, in welcher eine höfliche, konzentrierte und wenig emotionale Atmosphäre herrscht. Hat man es – wie am Amtsgericht durchaus möglich – ausschließlich mit Naturalparteien zu tun, mag das deutlich schwieriger werden, als wenn man nur in Anwesenheit von Rechtsanwälten verhandelt. Hier sollte man auch erkennen, wenn ein Vergleich nicht möglich ist – die Parteien zum Vergleich zu »prügeln«, kann im Einzelfall funktionieren, meist sollte man aber dabei auch deutlich zu erkennen geben, dass man sowohl Beweisaufnahme als auch Urteilsabfassung nicht scheut.

Es ist dabei auch sinnvoll, die Anwälte mit »ins Boot« zu holen; diese müssen einen Vergleich ihren Mandanten »verkaufen«. Das geht insbesondere dann deutlich besser, wenn man ihnen die entsprechenden Argumente mit an die Hand gibt. Der Gesetzgeber hat die Rolle der Anwaltschaft bei Vergleichsverhandlungen auch im Blick – wenn ein Vergleich geschlossen wird, kann der Anwalt nach dem Rechtsanwaltsvergütungsgesetz eine sog. Einigungsgebühr abrechnen.

Die richtige Argumentation

Nachdem man nun eine sachliche Atmosphäre geschaffen hat, gilt es, den eigenen, möglichst differenzierten Vorschlag mit Argumenten vorzutragen – man »denkt« letztendlich laut und lässt die Parteien nicht an allen, aber doch an den relevanten rechtlichen Gedankengängen teilhaben, um diese mit ins Boot zu holen. Letztendlich geht es darum, die Beteiligten zu informieren. Je umfassender die Beteiligten über den Stand des Verfahrens informiert werden, desto eher wissen sie, worauf sie sich einlassen, und fühlen sich gleichzeitig vom Vorsitzenden »mitgenommen«. Gleiches gilt auch für Argumente; je besser der Vergleichsvorschlag begründet wird, desto eher kann er nachvollzogen und möglicherweise auch dem Mandanten schmackhaft gemacht werden.

Abweichend von Bemühungen um eine möglichst sachliche Atmosphäre kann es in emotional aufgeladenen Angelegenheiten auch durchaus von Vorteil sein, vor oder nach diesen Darlegungen die Parteien tatsächlich selbst ausführlich zu Wort kommen zu lassen, damit diese ihr Leid klagen können. Man sollte ihnen auch im Ansatz Verständnis entgegenbringen und versuchen, den Standpunkt emotional nachzuvollziehen. Natürlich ist der Grad schmal, denn wenn dieses »Auskotzen« in direkte Angriffe auf die Gegenseite ausartet, verbaut man sich schnell den Vergleich. Gelingt es hingegen, beiden eine Bühne für ihren Standpunkt zu geben, ist zunächst mal der größte Druck raus und man findet häufig aufgrund der Äußerungen des Pudels Kern oder zumindest »inoffizielle«, in den Schriftsätzen bisher nicht beachtete Aspekte und kann dadurch einen sinnvollen und gegebenenfalls beiden Seiten helfenden Vergleichsvorschlag erarbeiten.

Wann sich ein solches reinigendes Gewitter vor der eigentlichen Verhandlung oder währenddessen anbietet und wann von vornherein die Emotionalität möglichst aus der Verhandlung herausgehalten werden sollte, ist pauschal schwer zu sagen. Hier kommt das häufig angepriesene Softskill der Empathie zur Geltung (oder eben auch nicht), aber auch die über Jahre hinweg anwachsende Erfahrung und das damit einhergehende Gefühl für die Situation.

Neben inhaltlichen Argumenten gibt es ein paar allgemeine Argumente, mit welchen ein Vergleich schmackhaft gemacht werden kann – je nach Interesse der Parteien. Dies können z. B. der Hinweis auf die zu erwartende, zeit- und kostenintensive Beweisaufnahme mit unklarem Ausgang und damit unvorhersehbarem Kostenrisiko sein – manches einzuholende Gutachten, insbesondere bei KFZ-Schäden, übersteigt den Streitwert deutlich. Oder die generelle Länge des Prozesses, etwa im Baurecht sind mehrjährige Auseinandersetzungen keine Seltenheit. Eine stillstehende Baustelle hilft aber keinem der Beteiligten. Auch ist manche Naturalpartei anfangs noch wild zum Kampf entschlossen, empfindet aber den sich ziehenden rechtlichen Streit zusehends als Belastung und wäre einer zeitnahen Lösung daher dann doch zugetan.

Ist der Streitwert unter 600 €, kann darauf hingewiesen werden, dass bei unklarem Prozessrisiko eine wie auch immer geartete Entscheidung rechtskräftig wird und eben nicht nochmal überprüft werden kann. Aber auch die Möglichkeit der Berufung bei höheren Streitwerten kann als Argument für eine Einigung verwendet werden – nämlich, dass man vielleicht in der ersten Instanz obsiegen könnte, gleichzeitig aber die nächste Instanz es wieder ganz anders sehen kann – zumindest, wenn es um ungeklärte Rechtsfragen oder die Auslegung von Tatbestandsmerkmalen geht.

Ein möglicher Hebel in der Verhandlung kann auch die Kostenquote sein, die Kosten des Verfahrens können unter Umständen mit einbezogen werden. Hierbei ist aber zu klären, ob eine Rechtsschutzversicherung die Prozesskosten übernimmt; regelmäßig sperren diese sich nicht gegen Vergleiche – aber nur, wenn die Kostenquote auch grob dem Verhältnis des Obsiegens oder Unterliegens entspricht. Es kommt also häufig vor, dass dieses weitere Verhandlungsinstrument durch das Hinzutreten einer Rechtsschutzversicherung wegfällt, wie auch die Deckungszusage für eine Beweisaufnahme die Vergleichsbereitschaft enorm senkt, da zumindest die Kosten der Beweisaufnahme als Argument für einen Vergleichsschluss wegfallen.

Die Güteverhandlung

Bei der Ladung zur Güteverhandlung sollte versucht werden, die Naturalparteien oder einen entscheidungsbefugten Vertreter eines Unternehmens zu laden. Andernfalls wird dem Rechtsanwalt wenig anderes übrigbleiben, als einen Vergleich auf Widerruf zu schließen. Dies führt aber dazu, dass man möglicherweise anschließend weiterverhandelt und Zeit verschwendet, weil dann der Vergleich doch hält – oder aber die Verhandlung im Vertrauen auf das Halten des Vergleichs beendet und dieser dann widerrufen wird. Der Widerrufsvergleich wird sich häufig nicht vermeiden lassen – wenn es möglich ist, sollte man aber eine endgültige Lösung schon im Rahmen der Güteverhandlung herbeiführen. Ein milderes Mittel kann auch die telefonische Erreichbarkeit der entscheidungsbefugten Akteure sein – dies kann im Rahmen der Ladungsverfügung auch so kommuniziert werden.

Diese gilt es am Ende noch zu protokollieren; es empfiehlt sich, in Stichpunkten mitzuschreiben und den Parteien die Stichworte nochmals mitzuteilen – andernfalls droht während der Protokollierung mit dem Diktiergerät die ein oder andere Korrektur, durch die man insbesondere bei umfangreichen und komplexen Verhandlungen den Überblick verlieren und vielleicht auch einzelne relevante Punkte verpassen kann. Ideal ist natürlich, wenn man schon einen ausformulierten Vergleichsvorschlag zur Verfügung hat und diesen lediglich noch anpassen muss, aber auch dies ist nicht in jedem Fall anwendbar – vor allem, wenn man für die Vergleichsfindung kreativ werden muss und vorher nicht bekannte oder bedachte Aspekte mit berücksichtigen will. Auch empfiehlt es sich dringend, im Fall von gewährter oder zur Debatte stehender Prozesskostenhilfe, sich schon vorher Gedanken zu machen, ob diese auf den Vergleichsabschluss ausgedehnt werden kann und sollte.

Ist der (unbedingte) Vergleich dann geschlossen, kann gleiches für die Sitzung verkündet werden. Wenn aber die Güteverhandlung erstmal gescheitert ist und das Verfahren betrieben wird, lohnt es sich (wir erinnern uns an den Auftrag der ZPO) gelegentlich, später im Verfahren wieder – etwa nach einem Teil der Beweisaufnahme – unter Berücksichtigung des Prozessverlaufs neuerlich einen Vergleich zu unterbreiten (am besten dann als Beschluss, dem zunächst eine vorläufige

Würdigung vorangestellt wird, die dann in dem Vergleichsvorschlag mündet, dann § 278 Abs. 6 ZPO).

Eine weitere Vorgehensmöglichkeit gerade in komplexen Situationen kann sein, den Vergleich in der Güteverhandlung nur »anzuverhandeln« und den Parteien dann – wenn man gegebenenfalls über die Schriftsätze hinausgehende Aspekte und vielleicht auch die Prioritäten und roten Linien der Parteien erfahren hat – anzubieten, nochmal einen ausführlichen schriftlichen Vergleichsvorschlag nachzuliefern. Insbesondere für den Anwalt, der in der Sitzung gegebenenfalls nicht sofort alle Konsequenzen des Vergleichs für seinen Mandanten erfassen kann oder die Umsetzbarkeit nicht garantieren könnte, kann dies hilfreich sein, auch um mit seinem Mandanten in Ruhe zu erörtern, ob man dem Vergleich zustimmen kann.

Fazit

Die Erfahrung zeigt, dass je komplizierter der Fall insgesamt ist, desto mehr auch großer Zeitaufwand für Vergleichsverhandlungen am Ende lohnt – mit welcher der geschilderten Vorgehensweise auch immer. Funktioniert nichts davon, sperren sich die Parteien schlicht oder benötigen aus Gründen der Rechtsklarheit ein verbindliches Urteil, hat man es zumindest versucht. Kommt ein Vergleich zustande, hat man in aller Regel wertvolle Arbeitszeit gespart und im Idealfall dem Ziel des Rechtsfriedens mehr gedient als mit einem Urteil.

3.30 Vergleichsverhandlungen im Gerichtsverfahren aus Anwaltssicht

Dr. Michael R. Fausel, Rechtsanwalt und Partner bei BLUEDEX PartG mbB

Dr. Christian Bitsch, Rechtsanwalt und Partner bei BLUEDEX PartG mbB

Während sich der vorangegangene Beitrag auf die Vergleichsverhandlung aus Richtersicht konzentriert, befasst sich dieser Abschnitt mit Verhandlungstechniken für Rechtsanwälte mit Schwerpunkt Arbeitsrecht. Der Text behandelt die wichtigsten Vorbereitungen, die richtigen Argumentation und die Rahmenbedingungen der Vergleichsverhandlung, die man als Anwalt unbedingt beachten sollte, um den gewünschten Vergleich für den Mandanten zu erzielen.

Do's and Don'ts

Zunächst ist zu differenzieren, in welchem Verfahrensstadium der Vergleich geschlossen werden soll. Aus Perspektive des Mandanten ist es oft sinnvoll, außergerichtlich eine Einigung zu erzielen, um Gerichtsgebühren zu sparen. Aber auch im Rahmen des arbeitsgerichtlichen Verfahrens, insbesondere im Rahmen der Güteverhandlung, ist der Abschluss eines Vergleichs durchaus möglich.

Außergerichtlich kann seitens einer Partei der anderen Partei ein Vergleich angeboten werden. Hierbei ist die Chance, dass die Gegenseite dem Vergleichsvorschlag zustimmt, höher, je eher sie im Rechtsstreit unterliegen würde und je mehr ihr angeboten wird. Gleiches gilt auch im Rahmen des gerichtlichen Verfahrens. Die Partei kann der gegnerischen Partei wiederum einen Vergleichsvorschlag unterbreiten. Die Wahrscheinlichkeit, dass die Gegenseite den Vergleichsvorschlag annimmt, ist wiederum höher, wenn sie anderenfalls unterliegen würde.

Im Rahmen der Güteverhandlung schätzt aber auch das Gericht die Rechtslage ein und gibt den Parteien die Möglichkeit einer gütlichen Einigung. Hierbei unterbreitet das Gericht in der Regel einen Vergleichsvorschlag. Gerade in dem Fall, dass das Gericht der Gegenseite mitteilt, dass diese ohne Einigung den Rechtsstreit verlieren würde, stimmt die Gegenseite mit einer höheren Wahrscheinlichkeit dem Vergleichsvorschlag zu. Vertritt jedoch das Gericht die gegenteilige Rechtsauffassung, so wird die Gegenseite im Vergleichswege mehr verlangen bzw. von Vergleichsverhandlungen Abstand nehmen. Bis dahin gibt es keine nennenswerten Unterschiede zum allgemeinen Zivilprozess. Hinsichtlich der Vergleichsverhandlungen sollten folgende Handlungsschritte beachtet werden:

Die Erörterung der Erfolgsaussichten, des Ziels und der Strategie

Ein Rechtsanwalt muss vor jeder Vergleichsverhandlung die Erfolgsaussichten begutachten und mit dem Mandanten etwaige Ziele abstimmen. Auf die Interessen des Mandanten sollte hierbei besonders geachtet werden. Er könnte an einer schnellen Lösung, an einer Kostenminimierung etc. interessiert sein. Im Arbeitsrecht kann es dem Mandanten insbesondere darauf ankommen, dass der Arbeitnehmer auf keinen Fall in das Unternehmen zurückkehrt. Es sollten realistische Ziele gesetzt werden. Aus den Erfolgsaussichten und den Zielen des Mandanten resultiert sodann die Verhandlungsstrategie.

Vor dem Einstieg in die Vergleichsverhandlungen sollten für die eigenen Ziele sodann ausreichend Argumente und Beweise gesammelt werden. Gegenargumenten sollte frühzeitig entgegengewirkt bzw. diese ausgeräumt werden. Es ist wichtig, auch für etwaige Gegenargumente Gegenbeweise zu sammeln und Argumente gegen diese vorzubereiten. Hierdurch kann der Gegenseite die Grundlage für die Vergleichsverhandlung entzogen werden.

In der Verhandlung

Im Rahmen der Vergleichsverhandlungen sollten die Parteien – wie im allgemeinen Zivilrechtsstreit auch – ihre Ziele klar definieren und kommunizieren. Nur so kann ein für beide Seiten befriedigender Vergleich zustande kommen und eine effektive und zielführende Verhandlung stattfinden. Zudem muss sich jede Partei darüber im Klaren sein, welche Zugeständnisse sie zu machen bereit ist. Als Zugeständnis können im Arbeitsrecht insbesondere eine höhere Abfindung, ein sehr gutes

Zeugnis, eine längere Kündigungsfrist sowie eine Freistellung angeboten werden.

Im Rahmen der Verhandlungen sind die Vorteile und Vorzüge des eigenen Vorschlags hervorzuheben. Dennoch sollte eine gewisse Aufgeschlossenheit suggeriert werden, um in einen produktiven Dialog einzutreten und die Problemlösung zu fördern. Die Aufgeschlossenheit kann nicht nur durch das Gesagte, sondern auch durch eine gewisse nonverbale Kommunikation verstärkt werden, indem beispielsweise eine offene Körperhaltung eingenommen und der Blickkontakt gehalten wird. Die Bereitschaft, die Verhandlung aufzugeben, sollten die Bedingungen ungünstig sein, sollte ebenfalls zum Ausdruck gebracht werden. Hierdurch wird der Gegenseite suggeriert, dass auf der eigenen Seite keine Verzweiflung vorliegt und der Rechtsstreit auch ohne Vergleich zu den eigenen Gunsten ausgeht, wodurch die Vergleichsbereitschaft der Gegenseite steigt.

Jedenfalls sollten die Verhandlungen sachlich und ruhig verlaufen ohne emotionale Ausschweifungen, da dies schlimmstenfalls zur Eskalation des bereits bestehenden Streits führen und einen Vergleich verhindern kann. Dennoch sollte der Rechtsanwalt im Rahmen der Vergleichsverhandlungen taktisch klug vorgehen.

Berücksichtigung der Kosten

Im Arbeitsrecht ist insbesondere zu beachten, dass die Parteien ihre Kosten gemäß § 12 ArbGG selbst tragen. Das bedeutet, dass für den Arbeitnehmer, dem es im Rechtsstreit nur um geringe Beträge geht, mit hohen Rechtsanwaltsgebühren nicht geholfen ist. Aber auch auf Seiten des Arbeitgebers, der in der Regel Anwälte nach (höheren) Honorarvereinbarungen zu bezahlen hat, ist zu beachten, dass die Kosten mit der Länge des Rechtsstreits steigen, sodass es im Einzelfall kostengünstiger ist, im Vergleichswege eine etwas höhere Abfindung zu zahlen und dafür den Kammertermin oder die zweite Instanz zu vermeiden.

Der richtige Zeitpunkt

Generell sollte der richtige Zeitpunkt zum Abschluss des Vergleichs nicht versäumt werden. Gerade aus Sicht des Arbeitgebers ist es in Fällen, in denen beispielsweise die Kündigungsschutzklage des Arbeitnehmers aufgrund der Unwirksamkeit der Kündigung im Ergebnis Erfolg hätte, sinnvoller, einen Vergleich frühzeitig abzuschließen. Offenbart die Kammer im Kammertermin erst ihre rechtliche Ansicht und erfährt der Arbeitnehmer hierdurch von seinen Gewinnaussichten, wird der Arbeitnehmer im Vergleichswege mehr verlangen, als wenn zu Beginn des Rechtsstreits ein Anschein der Wirksamkeit der Kündigung noch bestanden hätte.

Verbesserung der eigenen Verhandlungsposition

Von Vornherein kann der Arbeitgeber in einer bestimmten Art und Weise taktieren, um einen für ihn günstigeren Vergleich zu erzielen. So kann er beispielsweise auf die Zahlung von streitigen Forderungen, etwa der Entgeltfortzahlung, wenn die Krankheit im Zusammenhang mit der Kündigung zu stehen scheint, verzichten, um dem Arbeitnehmer im Vergleichswege mit der Entgeltfortzahlung scheinbar »entgegenzukommen«. Dem Arbeitgeber ist hierzu zu raten, da er einen zu Unrecht an den Arbeitnehmer ausgezahlten Betrag schwieriger zurückerlangt, als wenn er den Betrag zunächst einbehält und dann später im Vergleichswege auszahlt (vgl. Einwand der Entreicherung nach § 818 Abs. 3 BGB).

Dem Arbeitgeber ist zu raten, das »Pulver nicht zu früh zu verschießen«. Das bedeutet, dass der Arbeitgeber nicht auf Anhieb jeder Forderung des Arbeitnehmers nachkommen, sondern ihm peu à peu entgegenkommen sollte. Der Arbeitgeber kann dem Arbeitnehmer beispielsweise zunächst eine geringe und erst dann eine höhere Abfindung anbieten, um ein Entgegenkommen zu signalisieren. Das Gleiche gilt in Bezug auf die zusätzliche Erteilung eines Zeugnisses oder eine Freistellung.

Gegebenenfalls können auch weitere Sachverhalte wie ein weiteres Fehlverhalten des Arbeitnehmers oder eine zukünftige betriebsbedingte Kündigung in die Vergleichsverhandlungen eingebracht werden, um die Gegenseite von den Vorteilen des eigenen Vergleichsvorschlags zu überzeugen. Darüber hinaus können Gegenansprüche (etwaige Rückforderungen) im Wege der Widerklage geltend gemacht werden, um die Vergleichsmasse zu erhöhen und so die eigenen Ziele besser durchsetzen zu können. Bei Kündigungsschutzklagen ist insbesondere an die Erhebung der Widerklage auf Auskunft einer Zwischenbeschäftigung und den Bewerbungsbemühungen zu denken, um den Annahmeverzugslohn gering zu halten.

Ankertheorie

Von Vorteil kann es nach der Ankertheorie von Kahneman sein, wenn der Rechtsanwalt im Rahmen der Vergleichsverhandlungen als Erstes einen (Abfindungs-)Betrag nennt. Nach der Ankertheorie wird die Gegenseite sodann von der vorher genannten Zahl beeinflusst. Das bedeutet, dass die Gegenseite zwar mit einer geringeren Zahl als die vorgenannte Zahl in die Verhandlungen einsteigen möchte, aber keinen hiervon völlig losgelösten Betrag nennen wird. Dies trifft aber nur im Einzelfall zu.

Jedenfalls sollte bei dem ersten Angebot darauf geachtet werden, dass eine gewisse Flexibilität erhalten bleibt und ein weiteres Entgegenkommen möglich ist. Sollten zwei Angebote vorliegen, macht es nur im Einzelfall Sinn, sich einfach in der Mitte zu treffen (»Never Split the Difference«). Es sollte in jedem Fall geprüft werden, ob die »Mitte« angemessen ist und den Interessen des Mandanten entspricht.

Fazit

Der Mandant sollte im Sinne des Sprichworts »Ein guter Kompromiss ist ein solcher, mit welchem beide Seiten unzufrieden sind.« darauf vorbereitet werden, dass im Wege eines Vergleichs Zugeständnisse erforderlich sind. Bei den Verhandlungen sollten Emotionen außen vor bleiben. Vielmehr sollten die Verhandlungen sachlich und der eigenen Strategie entsprechend geführt werden.

3.31 Arbeitsrecht in der Praxis

Dr. Michael R. Fausel, Rechtsanwalt und Partner bei BLUEDEX PartG mbB
Dr. Christian Bitsch, Rechtsanwalt und Partner bei BLUEDEX PartG mbB

Als wesentlicher Unterschied zum allgemeinen Zivilprozess ist die besondere Prüfung der sachlichen Zuständigkeit der Arbeitsgerichte zu nennen. Diese richtet sich nach den §§ 2 ff. ArbGG. Demnach sind die Gerichte für Arbeitssachen, insbesondere für die in § 2 ArbGG genannten Streitigkeiten, zuständig.

Wann ist das Arbeitsgericht zuständig?

Um eine solche Angelegenheit bejahen zu können, muss zunächst geprüft werden, ob es sich um einen Arbeitnehmer i.S.d. § 611a BGB handelt. Arbeitnehmer danach ist, wer im Dienste eines anderen zur Leistung weisungsgebundener, fremdbestimmter Arbeit in persönlicher Abhängigkeit verpflichtet ist und das Weisungsrecht Inhalt, Durchführung, Zeit und Ort der Arbeitstätigkeit betrifft. Weisungsgebunden ist, wer nicht im Wesentlichen frei seine Tätigkeit gestalten und seine Arbeitszeit bestimmen kann.

Ist die Arbeitnehmereigenschaft streitig, so müssen folgende Fallgruppen unterschieden werden:

- Stützt der Arbeitnehmer den gerichtlich geltend gemachten Anspruch auf eine arbeitsrechtliche Anspruchsgrundlage, auf die sich nur ein Arbeitnehmer berufen kann (sog. Sic-non-Fall), ist der Rechtsweg zu den Arbeitsgerichten eröffnet, wenn der Kläger be-

hauptet, Arbeitnehmer zu sein. Beispiele hierfür sind die Zahlung von Urlaubsabgeltung oder Entgeltfortzahlung.
- Kann der gerichtlich geltend gemachte Anspruch hingegen entweder auf eine arbeitsrechtliche Anspruchsgrundlage oder eine allgemeine Anspruchsgrundlage aus dem Bürgerlichen Gesetzbuch gestützt werden (sog. Aut-aut-Fall), so ist der Rechtsweg zu den Arbeitsgerichten eröffnet, wenn der Kläger die Arbeitnehmereigenschaft schlüssig vorgetragen hat. Gleiches gilt für den Fall, dass der Anspruch auf eine arbeitsrechtliche und bürgerlich-rechtliche Anspruchsgrundlage gestützt werden kann (sog. Et-et-Fall).

Im Rahmen der Prüfung der örtlichen Zuständigkeit des Gerichts gibt es in § 48 Abs. la ArbGG einen speziellen Gerichtsstand, welcher bei der örtlichen Zuständigkeit neben § 46 Abs. 2 ArbGG i. V. m. §§ 12 ff. ZPO zur Zuständigkeit eines bestimmten Arbeitsgerichts führen kann.

Was sind die Unterschiede im Vergleich zu einem Zivilprozess?

Beim Arbeitsgericht werden im Gegensatz zum Amtsgericht Kammern gebildet. Diese werden durch einen Richter am Arbeitsgericht als Vorsitzenden und zwei ehrenamtlichen Richtern besetzt, §§ 6 Abs. 1 16 Abs. 1 ArbGG.

Im Arbeitsgerichtsverfahren gibt es – wie im normalen Zivilprozess auch – die Möglichkeit, mehrere Instanzen zu durchlaufen. So ist erstinstanzlich i.d.R. das Arbeitsgericht, in der Berufungsinstanz das Landesarbeitsgericht und im Revisionsverfahren das Bundesarbeitsgericht mit Sitz in Erfurt zuständig. Auch die Kammer beim Landesarbeitsgericht wird in der Besetzung mit einem Vorsitzenden und je einem ehrenamtlichen Richter aus den Kreisen der Arbeitnehmer und der Arbeitgeber tätig, § 35 ArbGG. Beim Bundesarbeitsgericht werden Senate gebildet. Jeder Senat wird in der Besetzung mit einem Vorsitzenden, zwei berufsrichterlichen Beisitzern und je einem ehrenamtlichen Richter aus den Kreisen der Arbeitnehmer und der Arbeitgeber tätig, § 41 ArbGG.

Ein Anwaltszwang besteht vor dem Arbeitsgericht nicht, § 11 Abs. 1, Abs. 2 ArbGG. Die Parteien können den Rechtsstreit selbst führen oder sich insb. durch einen Rechtsanwalt oder eine Gewerkschaft vertreten lassen. Vor dem Landesarbeitsgericht und dem Bundesarbeitsgericht müssen sich die Parteien jedoch vertreten lassen, § 11 Abs. 4 ArbGG.

Nach § 46 Abs. 2 ArbGG gelten für das Urteilsverfahren des ersten Rechtszugs grundsätzlich die Vorschriften der Zivilprozessordnung, es sei denn, das ArbGG enthält andere Vorschriften. Dies ist beispielsweise der Fall bei § 46a Abs. 2 ArbGG, der eine einwöchige Widerspruchsfrist gegen einen Mahnbescheid vorsieht (im Vergleich dazu: § 692 Abs. 1 Nr.3 ZO, der eine zweiwöchige Widerspruchsfrist normiert). § 59 ArbGG sieht eine einwöchige Einspruchsfrist gegen ein Versäumnisurteil vor (im Vergleich dazu: § 339 Abs. 1 ZPO, der eine zweiwöchige Einspruchsfrist vorsieht). Bereits hieraus geht hervor, dass im Arbeitsrecht für einzelne Prozesshandlungen kürzere Fristen bestehen.

Wie ist der Ablauf der Güteverhandlung?

Das Beschleunigungsgebot im Arbeitsrecht kommt auch in § 61a Abs. 2 ArbGG zum Ausdruck, welcher vorschreibt, dass eine Güteverhandlung innerhalb von zwei Wochen nach Klageerhebung stattfinden soll. Diese Güteverhandlung soll einer schnellen und einvernehmlichen Beilegung des Rechtsstreits dienen. Sie wird vom Vorsitzenden allein geführt. Es ist geradezu üblich, dass der Vorsitzende das persönliche Erscheinen der Parteien anordnet. Dies dient insbesondere dazu, eine einvernehmliche Beilegung des Rechtsstreits zu erzielen. In der Güteverhandlung wird den Parteien dann durch den Vorsitzenden zunächst die Sach- und Rechtslage erläutert. Im Anschluss unterbreitet i.d.R. der Vorsitzende einen ausgearbeiteten Vergleichsvorschlag. Oftmals werden Rechtsstreitigkeiten dann bereits durch Vergleich erledigt. Bleibt die Güteverhandlung hingegen erfolglos, so kommt es gemäß § 61a ArbGG zu einem Kammertermin.

Was muss bei einem Kammertermin beachtet werden?

Den Parteien wird für die Vorbereitung des Kammertermins aufgegeben, zu klärungsbedürftigen Punkten Stellung zu nehmen. Hierfür wird ihnen i.d.R. eine Frist gesetzt. Dies erfolgt mit dem Ziel, dass bis zum Kammertermin alle streitigen und klärungsbedürftigen Punkte geklärt werden und der Kammertermin möglichst in einem Termin zu Ende geführt werden kann, vgl. § 56 ArbGG. Sollte die Partei nicht innerhalb der vom Gericht gesetzten Frist Stellung beziehen, so kann verspäteter Vortrag zurückgewiesen werden, § 56 Abs. 2 ArbGG.

Im Kammertermin, welchem dann auch die ehrenamtlichen Richter beiwohnen, wird der Rechtsstreit dann entschieden. Im Wesentlichen entspricht der Verlauf des Kammertermins dem Verlauf eines allgemeinen zivilgerichtlichen Gerichtstermins. Sollte entscheidungserheblicher Sachverhalt streitig sein, kommt es wie im allgemeinen Zivilprozess zu einer Beweisaufnahme. Sollte es auch im Rahmen des Kammertermins zu keiner gütlichen Einigung der Parteien kommen, fällt das Gericht nach geheimer Beratung das Urteil.

Fazit

Auch aus der Perspektive eines Rechtsanwalts gibt es zusätzliche Besonderheiten im arbeitsgerichtlichen Prozess. Der Rechtsanwalt ist im arbeitsgerichtlichen Prozess an bestimmte Fristen gebunden. Dies gilt bereits im Rahmen der Klageerhebung. So ist insbesondere die Kündigungsschutzklage und die Befristungskontrollklage innerhalb von drei Wochen zu erheben, da anderenfalls die Kündigung bzw. die Befristung gemäß §§ 4, 7 KschG bzw. § 17 TzBfG i.V.m. § 7 KSchG wirksam wird. Auch eine Entschädigungsklage gestützt auf das AGG ist an bestimmte Fristen gebunden. Der Anspruch nach § 15 Abs. 1 AGG muss gemäß § 15 Abs. 4 AGG i.d.R. innerhalb einer Frist von zwei Monaten schriftlich geltend gemacht werden. Die Klage auf Entschädigung nach § 15 AGG muss gemäß § 61b Abs. 1 ArbGG sodann innerhalb von drei Monaten nach der schriftlichen Geltendmachung erhoben werden.

Im erstinstanzlichen Verfahren trägt gemäß § 12a ArbGG jede Partei ihre Kosten selbst, unabhängig davon, wer letztlich obsiegt. Hierdurch soll verhindert werden, dass Arbeitnehmer aus Furcht vor zu hohen Kosten darauf verzichten, ihr Recht durchzusetzen. Hierauf hat der Rechtsanwalt seinen Mandanten hinzuweisen.

3.32 Der Deutsche Anwaltverein

Deutsche Anwaltverein (DAV)

Struktur und Aufgaben des DAV

Der DAV ist föderal organisiert. Die Basis bilden die örtlichen Anwaltvereine, die Mitglieder betreuen, regionale Fortbildungen anbieten und Vernetzung ermöglichen. Auf Bundesebene agiert der DAV als Dachverband mit Präsidium, Vorstand und Mitgliederversammlung. Mit seinen 35 Gesetzgebungsausschüssen, in denen sich Anwälte ehrenamtlich engagieren, begleitet der DAV Gesetzesinitiativen, erarbeitet rechtspolitische Stellungnahmen und setzt sich für eine Verbesserung der Rahmenbedingungen für die Berufsausübung ein. Dabei steht immer das Ziel im Vordergrund, die Unabhängigkeit und Funktionsfähigkeit der Anwaltschaft zu sichern, den Zugang zum Recht zu gewährleisten und die freiheitlich-demokratische Grundordnung zu verteidigen.

Ein weiterer wichtiger Bestandteil der fachlichen Arbeit im DAV sind die Arbeitsgemeinschaften (AGs). Sie decken ein breites Spektrum anwaltlicher Tätigkeitsfelder ab: von Familienrecht über IT-Recht bis hin zu Migrationsrecht und Strafverteidigung. Die AGs bieten nicht nur hochwertige Fortbildungen und jährliche Tagungen, sondern sind auch lebendige Foren für kollegialen Austausch und berufliche Spezialisierung.

Engagement für den juristischen Nachwuchs: Das FORUM Junge Anwaltschaft

Besondere Aufmerksamkeit schenkt der DAV dem juristischen Nachwuchs. Mit der Arbeitsgemeinschaft FORUM Junge Anwaltschaft hat der Verband eine eigene Interessenvertretung für junge Kollegen geschaffen – und das schließt Referendare ausdrücklich mit ein. Das FORUM richtet sich an alle Juristen ab Absolvierung des Ersten Staatsexamens bis zur Vollendung des 45. Lebensjahres. Ziel des FORUM ist es, die Interessen junger Kollegen zu vertreten und ihre Fortbildung zu fördern.

Für Referendare ist die Mitgliedschaft im FORUM Junge Anwaltschaft kostenlos. Diese beitragsfreie Mitgliedschaft bietet einen echten Mehrwert: Zugang zu einem deutschlandweiten Netzwerk junger Juristen, praxisnahe Fortbildungen, Austausch über berufliche Perspektiven und Einblicke in die anwaltliche Praxis schon während der Ausbildung. Zudem gibt es regelmäßig Veranstaltungen, Stammtische, Webinare oder Bewerbungstrainings – alles zugeschnitten auf die Bedürfnisse des juristischen Nachwuchses. So findet einmal im Jahr das Young Lawyers Camp statt mit zahlreichen Fachvorträgen und tollen Abendveranstaltungen. Auch beim Get started – dem Einsteigerforum für Rechtsanwälte – ist das FORUM Junge Anwaltschaft dabei. Hier werden Tipps und Tricks rund um den Berufseinstieg weitergegeben und auch hier kommt das Netzwerken nicht zu kurz.

Warum dabei sein – gerade im Referendariat?

Der DAV bietet nicht nur Vernetzung, sondern auch Orientierung. Die Phase des Referendariats ist für viele Juristen eine Zeit wichtiger Weichenstellungen. Die Mitgliedschaft im FORUM Junge Anwaltschaft hilft dabei, den Blick zu weiten, Einblicke in den anwaltlichen Berufsalltag zu gewinnen und frühzeitig Kontakte zu potenziellen Kollegen zu knüpfen. Außerdem profitieren Mitglieder von besonderen Fortbildungsangeboten und Vergünstigungen bei Kooperationspartnern, wie Datenbanken, Versicherungen und Kanzleisoftware. Nicht zuletzt ist die Mitgliedschaft auch ein erster Schritt in Richtung berufspolitisches Engagement – denn der DAV lebt vom Mitmachen. Seit dem letzten Jahr steht das FORUM außerdem in engem Austausch mit dem neu ins Leben gerufenen DAV-Studierendennetzwerk JurFuture.

Warum sollte man sich ehrenamtlich engagieren?

Der DAV ist ein Mitmachverband. Ob im FORUM Junge Anwaltschaft, im örtlichen Anwaltverein oder in den Arbeitsgemeinschaften und Ausschüssen: Ehrenamtliches Engagement ist ausdrücklich erwünscht und wertgeschätzt. Wer sich einbringt, kann den Anwaltsberuf aktiv mitgestalten, bringt eigene Ideen ein, entwickelt ein berufspolitisches Profil und baut nachhaltige Netzwerke auf. Für Referendare ist das eine einmalige Chance, sich mit erfahrenen Kollegen auszutauschen. Ehrenamtliches Engagement im DAV bedeutet auch persönliche Weiterentwicklung, Sichtbarkeit und letztlich: gelebte Solidarität innerhalb der Anwaltschaft.

Fazit: Früh dabei sein – und die Zukunft mitgestalten

Der Deutsche Anwaltverein ist mehr als ein Verband – er ist eine starke Gemeinschaft, eine Stimme in der Politik und eine Plattform für Austausch und Entwicklung. Für Referendare bietet das FORUM Junge Anwaltschaft einen idealen Einstieg in diese Welt. Die kostenlose Mitgliedschaft öffnet Türen, schafft Perspektiven und gibt Halt in einer entscheidenden Phase der juristischen Ausbildung. Wer sich darüber hinaus engagiert, profitiert doppelt – fachlich und persönlich.

3.33 Entwicklung Cybercrime

Jana Ringwald, Oberstaatsanwältin bei der Zentralstelle zur Bekämpfung der Internetkriminalität

Die Befassung mit Cybercrime ist, auch wenn das keiner gerne zugibt, ein Angstthema. Das, was bei Internetermittlungen selbstverständlich dazu gehört, sind Daten als Beweis- und Kryptowährungen als Zahlmittel. Beides war längst eine Selbstverständlichkeit für Kriminelle im Netz, bevor es in die Ausbildungskataloge der Polizeischulen und Justizakademien aufgenommen wurde. So war der Beginn der Internetermittlungen vor Jahren von einem Pioniergeist geprägt, der immer noch zu spüren ist: »*Wir können nicht warten, bis uns das erforderliche Wissen vermittelt wird. Wir müssen selbst an unseren Lösungen arbeiten!*«

Cybercrime und Entwicklung von Tatmethoden in anderen Kriminalitätsbereichen

Daten und Kryptowährungen als die beiden tragenden Säulen der Arbeit von Cyberermittlern sind keine Bücher mit sieben Siegeln, sondern zwei ebenso anspruchsvolle wie dankbare Beweismittel und Spurenträger für unsere Arbeit – und das längst nicht mehr allein für Cyberermittler und -staatsanwälte.

Mehrmals pro Jahr gehen deutsche Staatsanwaltschaften und Polizeidienststellen mit Ermittlungserfolgen im Cyberraum an die Öffentlichkeit. Immer dann, wenn ein Takedown eines Darknet-Marktplatzes, die Schließung eines Forums der Underground Economy oder die Abschaltung eines Botnetzes zur Verbreitung von Schadsoftware gelingen, scheint sie durch: die greifbare Möglichkeit, dass Polizei und Justiz doch noch mithalten können mit den Cybertätern. Und es wundert keinen, dass bei solchen Ermittlungen Daten und Kryptowährungen eine zentrale Rolle spielen, wenn nicht sogar die einzige, wenn Täter in einem Land sitzen, das nicht mit deutschen Strafverfolgungsbehörden kooperiert und daher eine Auslieferung nicht gelingen kann.

Doch das gilt nicht nur für Cybercrime im engeren Sinne. Es gibt im Grunde keine rein analoge Straftat mehr. Das Betrugsgeschehen, der Drogenhandel, kinderpornographische Tauschbörsen und Erpressergruppierungen sind ins Netz abgewandert. Auch bei Kapitalverbrechen, einem besonders beliebten Dezernat bei Staatsanwälten, spielen Datenspuren eine zentrale Rolle. Genauso wie wir haben die Täter ihr Leben und damit ihre Spuren in das Internet verlagert, haben ihr Handy immer dabei und – machen Fehler. Und das ist eine große Chance.

Datenbasiertes Ermitteln

Mit meinen Kollegen bei Polizei und Justiz arbeite ich seit Jahren daran, die Berührungsängste abzubauen, die bei der Vorstellung eines datenbasierten Ermittelns entstehen. Und das gelingt nur am Fall. Wichtig zu wissen für Ermittler ist: keiner ist damit allein und kriminalistisches Erfahrungswissen spielt weiterhin eine sehr große Rolle. Polizei und Justiz brauchen aber ein großes »Update«.

Konkret bedeutet das für Staatsanwälte, dass die üblichen Beweismittel – der Zeugenbeweis, der Sachverständige, die Urkunde und der Augenschein – zunehmend von reinen Datenspuren verdrängt werden, bzw. sich im Datengewand präsentieren. Kriminelle haben seit jeher ein Bedürfnis und das ist die Kommunikation: Anrufe von gespooften Telefonnummern, der Austausch über kriminelle Foren, Emails, die zur Öffnung eines Anhangs auffordern oder Phishing-SMS: Täter kommunizieren und hinterlassen dabei Datenspuren. Um ihnen auf eben diese Spur zu kommen, stehen die Zeugenaussage, das Tatvideo oder das Tatwerkzeug erst einmal nicht zur Verfügung. Die neue Normalität für Staatsanwälte ist, dass sie sich fragen müssen, wie sie an Daten kommen – bei Telekommunikationsanbietern, Hostprovidern und Kryptobörsen. In fast allen Verfahren besteht jedenfalls über die Einbindung derartiger digitaler Dienste zudem ein internationaler Aspekt, denn häufig sind Täter, Provider und Server im Ausland – nur der Geschädigte sitzt in Deutschland.

Chancen und Herausforderungen

Es bestehen bereits vielfältige polizeiliche Tools und Ermittlungsmöglichkeiten, die es zum Zweck haben, Daten zu erfassen, deutschlandweit zusammenzuführen und zu *deconflicten*, d. h. so schnell wie möglich dafür zu sorgen, dass niemand doppelt arbeitet und die, die am gleichen Fall sind, schnell zusammenfinden.

Vorbehalte sind oftmals psychologischer Natur: Menschen in der Justiz haben nicht unerhebliche Berührungsängste, wenn es um den Umgang mit Daten geht. Und dafür gibt es einen Grund: Sie arbeiten in einem System, das viele Jahrzehnte mit Formularen und etabliertem Schriftverkehr auskam. Dabei ist die Zusammenarbeit mit Strafverfolgungsbehörden im Ausland zum Tagesgeschäft geworden, viele Länder arbeiten bereits digitaler, als das in Deutschland der Fall ist. Grund zur Hoffnungslosigkeit besteht gleichwohl nicht. Die beschriebenen Erfolge der Cyberermittler zeigen, dass es geht: mit gedanklicher Flexibilität, persönlichem Einsatz, der Bereitschaft digital zu denken und der Freude an internationaler Zusammenarbeit. Die Justiz braucht Menschen, die genau das zum Schwerpunkt ihrer Tätigkeit machen wollen.

Fazit

Datenbasiertes Arbeiten ist das Ermitteln der Gegenwart und Zukunft. Es ist Herausforderung und Chance zugleich. Eigeninitiative wird belohnt – viele Ermittlungsprojekte gehen auf die Vorstöße kreativer Polizisten und Staatsanwälte zurück, die nicht warten wollen, bis es zu spät ist. Wer sich nicht scheut, sich selbst genauso effizient fortzubilden, wie es unsere Täter tun – bedarfsorientiert, unbürokratisch und im Netz – hat auch in der Justiz eine Zukunft, die mit den Tätern Schritt hält.

3.34 Juristische Berufe im Wandel – Chancen und Herausforderungen der Zukunft

Corinna Kusserow, Senior Abteilungsleiterin bei der Hays AG

Die juristische Arbeitswelt befindet sich mitten in einem grundlegenden Wandel. Wer heute als Jurist in das Berufsleben einsteigt, steht vor einer Vielzahl neuer Chancen, aber auch neuer Herausforderungen. Technologische Innovationen, Globalisierung, veränderte Arbeitsmodelle und steigende regulatorische Anforderungen verändern das Berufsbild rasant und nachhaltig.

Vom klassischen Berufsbild zum digitalen Juristen

Noch vor wenigen Jahren war der Karriereweg vieler Juristen klar definiert. Man ging als Rechtsanwalt in die Kanzlei, als Syndikusanwalt in ein Unternehmen, fungierte als Richter und Staatsanwalt oder entschied sich für eine Karriere in der öffentlichen Verwaltung. Heute stehen den Juristen weitere Berufswege offen: Von der spezialisierten Datenschutzberatung bis hin zum Legal-Tech Start-up. Besonders die Digitalisierung prägt die juristische Arbeit. Künstliche Intelligenz (KI) unterstützt bereits bei Recherchen, Vertragsprüfungen und sogar bei der Erstellung von Dokumenten. Juristen sollten sich daher frühzeitig mit Legal Tech und KI-gestützten Tools auseinandersetzen, um sich am Arbeitsmarkt von morgen zu positionieren.

Zwischen Technik, Recht und Strategie

Der Markt für juristische Berufe bietet heute längst mehr als noch vor einigen Jahren. Neue Berufsbilder entwickeln sich rasant und eröffnen vielfältige Möglichkeiten, die weit über die traditionelle juristische Tätigkeit hinausgehen. Ein paar dieser immer relevanter werdenden Rollen sollen nachfolgend beispielhaft dargestellt und ein Überblick über die Aufgaben gegeben werden:

Legal Engineer

Ein Legal Engineer verbindet juristisches Wissen mit technischer Expertise, um digitale Prozesse zu optimieren oder neue Lösungen zu entwickeln. Die Arbeit findet oft an der Schnittstelle zwischen Recht und Softwareentwicklung statt und ist dafür verantwortlich, rechtliche Anforderungen in technische Systeme zu integrieren.

Zu den wesentlichen Aufgaben gehören u.a. das Erstellen digitaler Werkzeuge, die die juristischen Prozesse automatisieren und optimieren. Dies kann die Automatisierung von Verträgen, die Analyse komplexer Rechtsfälle mit Hilfe von KI oder die Entwicklung von Compliance-Tools umfassen. Hierzu gehört auch die Datenanalyse mithilfe von Datenanalyse-Tools, die Muster erkennen und Ergebnisse vorhersagen, wodurch rechtliche Risiken erkannt und strategische Vorteile erzielt werden können. Darüber hinaus optimiert ein Legal Engineer Workflows, indem er bestehende juristische Prozesse analysiert und Möglichkeiten identifiziert, um die Effizienz zu steigern. Aber auch die Entwicklung von kundenspezifischen Lösungen, wie z.B. durch die Implementierung von Vertragsautomatisierungssoftware oder die Schulung von Anwälten im Umgang mit neuen Technologien, gehören zum klassischen Aufgabenfeld eines Legal Engineer.

Legal Tech Manager

Legal Tech Manager sind für die Implementierung und Verwaltung von Legal-Tech-Tools in Kanzleien und Rechtsabteilungen zuständig. Das sind z.B. Vertragsmanagement-Systeme, E-Discovery-Software oder KI-basierte Analysetools. Sie sorgen dafür, dass technologische Lösungen effizient eingesetzt werden, um die juristische Arbeit zu erleichtern und zu verbessern. So können Routineaufgaben automatisiert und die Gesamtproduktivität erhöht werden.

Zu den Kernaufgaben zählt u.a. die Entwicklung einer Digitalstrategie für Unternehmen zur Digitalisierung der Rechtsabteilung. Dies umfasst auch die Planung und Durchführung von Innovationsprogrammen sowie die Schulung von Mitarbeitern im Umgang mit neuen Technologien und erfordert eine enge Zusammenarbeit mit IT-Abteilungen, externen Dienstleistern und anderen Stakeholdern. Gerade im Change Management begleiten Legal Tech Manager den Wandel innerhalb der Rechtsabteilung und unterstützen die Mitarbeiter bei der Anpassung an neue Technologien und Arbeitsweisen, um die Akzeptanz und Nutzung der neuen Tools zu fördern.

Cybersecurity-Jurist

Cybersecurity-Juristen sind spezialisiert auf IT-Sicherheitsrechte und unterstützen Unternehmen bei der rechtlichen Bewältigung von Datenschutzverletzungen und Cyberangriffen. Sie entwickeln Strategien zur Prävention und Reaktion auf Sicherheitsvorfälle. Somit beraten Cybersecurity-Juristen Unternehmen in allen rechtlichen Fragen rund um die Informationssicherheit. Sie helfen dabei, rechtliche Risiken zu identifizieren und zu minimieren, indem sie sicherstellen, dass alle Maßnahmen zur Cybersicherheit den geltenden Gesetzen und Vorschriften entsprechen. Gleichzeitig überwachen sie die Einhaltung von Datenschutzgesetzen und -vorschriften wie der DSGVO. Dies umfasst auch die Entwicklung und Implementierung von Richtlinien und Verfahren, um sicherzustellen, dass das Unternehmen rechtlich auf der sicheren Seite ist. Hierzu gehören auch das Abhalten von Schulungen und Workshops zur Sensibilisierung der Mitarbeiter.

Sofern trotz aller Vorkehr doch ein erfolgreicher Cyberangriff oder eine Datenschutzverletzung stattgefunden hat, koordinieren Cybersecurity-Juristen die rechtliche Reaktion des Unternehmens. Sie unterstützen bei der Untersuchung des Vorfalls, der Kommunikation mit den betroffenen Parteien und der Einhaltung gesetzlicher Meldepflichten.

Legal Project Manager

Um Legal Project Manager zu werden, benötigt man eine Kombination aus juristischem Wissen und Projektmanagement-Fähigkeiten. Ein Hintergrund in Rechtswissenschaften, kombiniert mit Kenntnissen in Projektmanagement, IT und Datenanalyse ist ideal. Viele Legal Project Manager haben auch Erfahrung als Anwalt oder in einer Rechtsabteilung, was ihnen hilft, die spezifischen Bedürfnisse und Herausforderungen der Branche zu verstehen.

Legal Project Manager sind entscheidend für die erfolgreiche Durchführung juristischer Projekte und die Optimierung von Arbeitsabläufen. Zu ihren Aufgaben gehören u.a. die Projektplanung und -umsetzung, die Koordination und Kommunikation zwischen allen Steakholdern, das Risikomanagement sowie die Budgetverantwortung und Prozessoptimierung. Auch das Einhalten der Fristen und die Berichterstattung gehört zu den Kernaufgaben eines Legal Project Managers.

Empfehlungen für angehende Juristen

Um auf die Zukunft der juristischen Berufe vorbereitet zu sein, sollten sich Rechtsreferendare gezielt mit den neuen Themenfeldern auseinandersetzen, die rasend schnell an Bedeutung gewinnen. Ein umfassendes Verständnis der technologischen Entwicklungen, die die juristische Arbeit bereits heute verändern und künftig prägen werden, ist unerlässlich. Neben fundierten Kenntnissen im IT-Recht sind auch Datenschutz und Compliance von zentraler Bedeutung, da diese Themen jedes Unternehmen betreffen und aus dem juristischen Alltag nicht mehr wegzudenken sind.

Darüber hinaus bleiben Litigation und außergerichtliche Streitbeilegung, insbesondere Mediation und Schiedsverfahren, weiterhin interessante Tätigkeitsfelder für Juristen. Wer sich international ausrichtet, kann in einer global vernetzten Wirtschaftswelt vielfältige Chancen nutzen. Dies erfordert neben der fachlichen Spezialisierung auch Auslandsaufenthalte, in denen praktische Erfahrungen in den jeweiligen Schwerpunktbereichen gesammelt werden können.

Es ist daher von Vorteil, bereits während des juristischen Studiums und Referendariats praktische Einblicke in die genannten Themenfelder zu gewinnen. Dies kann durch Nebentätigkeiten und Praktika erfolgen. Zudem bieten spezialisierte Online-Kurse auf verschiedenen Plattformen wertvolles Wissen, das in Workshops und Seminaren, beispielsweise von Kanzleien und Fachverbänden, vertieft werden kann. Diese Gelegenheiten ermöglichen es Juristen, aktuelle Entwicklungen kennenzulernen und erste Kontakte in die Praxis zu knüpfen.

Karriere ohne die klassischen Staatsexamina

Da die klassischen Berufsbilder und Karrierewege zunehmend aufweichen, ist es möglich, die Karriereleiter auch ohne ein erstes oder zweites Staatsexamen zu erklimmen. Fachhochschulabschlüsse wie der Bachelor of Laws (LL.B.) gewinnen an Bedeutung und ermöglichen einen alternativen Einstieg in die juristische Arbeitswelt. Der Vorteil dieses Ansatzes liegt darin, dass man von Beginn an praktische Erfahrungen im gewünschten Schwerpunktbereich sammeln und in diversen Praktika in Unternehmen oder Kanzleien anwenden kann. Bei erfolgreichem Abschluss von Modulen im Studium ist zudem eine Verkürzung der Studienzeit möglich. Zusätzliche Zertifizierungen in den Bereichen Compliance, Datenschutz oder als Legal Tech & Operations Manager sind ebenfalls wertvolle Fortbildungen, die auch in Zukunft von großer Relevanz sein werden.

Chancen für die mutigen Gestalter

Zusammenfassend kann man festhalten, dass die juristische Arbeitswelt in den kommenden Jahren noch vielfältiger und digitaler werden wird. Für Juristen stellt dies eine einzigartige Chance dar, die Zukunft im juristischen Bereich aktiv mitzugestalten. Wer jetzt bereit ist, sich mit neuen Technologien und damit verbundenen inhaltlichen Herausforderungen auseinanderzusetzen, kann zu den gefragtesten Experten der nächsten Jahre gehören und das juristische Berufsbild von morgen prägen.

Quellennachweise

1 Forbes, Too Many Unicorns? Why Billion-Dollar Startups Still Charm Us Today, 9. März 2015, abrufbar unter https://www.forbes.com/sites/truebridge/2015/03/09/too-many-unicorns-why-billion-dollar-startups/; CB Insights, List of unicorn companies, abgerufen im April 2025 (abrufbar unter https://www.cbinsights.com/research-unicorn-companies).

2 Quelle: Dealroom.

3 KfW Innovationsbericht 2023.

4 Quelle: https://venturebeat.com/entrepreneur/startup-puberty-how-to-get-from-seed-to-series-a/.

5 Statistik BfA: Blickpunkt Arbeitsmarkt: Akademikerinnen und Akademiker Juni 2024 Kapitel 2.5.

6 Kurzversion des Gehalts-Reports für Unternehmensjuristen 2022, HAYS und diruj, S. 22, Abb. 14 (https://www.hays.de/documents/10192/75134/gehaltsreport-2022-kurzversion-de.pdf).

7 https://www.azur-online.de/gehalt/einstiegsgehaelter/.

8 Bundesamt für Justiz, Statistik der juristischen Prüfungen 2022, S. 11 (https://www.bundesjustizamt.de/SharedDocs/Downloads/DE/Justizstatistiken/Juristenausbildung_2022.pdf?__blob=publicationFile&v=5).

9 https://www.linkedin.com/pulse/we-make-you-lawsome-corinna-kusserow-eeole/.

Autorenverzeichnis

Andreas Baier ist Rechtsanwalt und Fachanwalt für Strafrecht in der StR Kanzlei für Strafrecht in Stuttgart und Vaihingen/Enz. Außerdem ist er Dozent für Straf- und Strafprozessrecht des hemmer Repetitoriums, Dozent für die Deutsche Anwaltsakademie im BtmG, Richter am Anwaltsgerichtshof Baden-Württemberg und Gründer von i-lexx Akademie für Strafrecht.

Rebecca Baier ist Rechtsanwältin und Fachanwältin für Strafrecht in der StR Kanzlei für Strafrecht in Stuttgart und Vaihingen/Enz. Außerdem ist sie Kursleiterin und Gesellschafterin des hemmer Repetitorium Baden-Württemberg, Dozentin für »Strafrechtspflege« im Rahmen der juristischen Vorbereitungsdienstes für Referendare in BW und Gründerin von i-lexx Akademie für Strafrecht.

Emanuel Benning, MSc (Oxon), LLM (LSE), ist Rechtsanwalt in Frankfurt am Main und Dozent des Repetitoriums »Juristische Probeexamina«. Er war zuvor Lehrbeauftragterund Klausurkorrektor an der Universität Mainz und der EBS Law School.

Fabian Bernhardt ist selbständiger Finanzplaner, Dozent an der Dualen Hochschule Baden-Württemberg und auf die Beratung von Juristen spezialisiert. Er berät seine Mandanten individuell und unabhängig in Kooperation mit MLP rund um die Karriere- und wirtschaftlichen Fragestellungen in allen Lebenslagen.

Dr. Christian Bitsch ist Rechtsanwalt und Partner bei BLUEDEX PartG mbB in Frankfurt. Er ist spezialisiert auf betriebsverfassungs- und mitbestimmungsrechtliche Fragestellungen, das Dienstvertragsrecht von Organmitgliedern und das Konzernarbeitsrecht sowie auf Restrukturierungs- und Post-Transaktionsprojekte. Darüber hinaus veröffentlicht er regelmäßig Fachbeiträge auf dem Gebiet des Arbeitsrechts.

Tom Blawatt ist Rechtsanwalt sowie juristischer Mitarbeiter der Kaiserseminare.

Nicolas Henning Bräuer ist General Counsel bei der Bookwire GmbH und Rechtsanwalt im Urheber- und Medienrecht. Er ist seit vielen Jahren Vorstandsmitglied im VdRH.

Dr. Björn Bronger, EMBA (ESSEC, Mannheim Business School) ist Gründer und Aufsichtsratsvorsitzender des VdRH. Heute arbeitet Dr. Bronger im Bereich strukturierte Finanzierungen von Finanzinstituten in Zentraleuropa bei der Europäischen Investitionsbank (EIB) in Luxemburg. Zudem ist er Gründer und Managing Partner von Bronger Peters Ltd., strategischer Berater von Startups und Investoren sowie Lehrbeauftragter an der Luxembourg School of Business (LSB).

Der **Deutsche Anwaltverein (DAV)** ist die zentrale Interessenvertretung der Anwaltschaft in Deutschland und zugleich eine starke Gemeinschaft für alle, die sich dem freien Anwaltsberuf verpflichtet fühlen – vom Referendariat bis zur langjährigen Berufspraxis. Seit seiner Gründung im Jahr 1871 setzt sich der DAV für die rechtlichen, wirtschaftlichen und politischen Interessen von Rechtsanwälten ein. Er versteht sich als Stimme des freien Berufs und streitet für Rechtsstaatlichkeit, Demokratie und Menschenrechte.

Kristin Drobnak absolvierte ihr Referendariat am Landgericht Darmstadt. Bereits im Rahmen ihrer Rechtsanwaltsstation entdeckte sie ihre Begeisterung für das Arbeitsrecht. Diese Leidenschaft brachte sie auch als Rechtsanwältin bei der auf das Arbeitsrecht spezialisierten Kanzlei BLUEDEX ein.

Dr. Michael R. Fausel ist Rechtsanwalt und Partner bei BLUEDEX PartG mbB in Frankfurt. Er ist spezialisiert auf internationalen Personaleinsatz sowie die arbeitsrechtliche Vertragsgestaltung und die Durchführung von Restrukturierungsmaßnahmen sowie Kündigungsschutzverfahren. Er ist Lehrbeauftragter der Hochschule Fresenius sowie der Frankfurt School of Finance & Management und zugleich Schiedsgutachter der Rechtsanwaltskammer Frankfurt im Arbeits- und Entsendungsrecht.

Stefan Feistenauer ist juristischer Ausbilder in einem Unternehmen der Automobilzulieferindustrie.

Anette Feldman studierte Rechtswissenschaften in Mainz. Sie ist seit 1999 als Rechtsanwältin zugelassen, seit 2002 zudem als Fachanwältin für Arbeitsrecht. Zwischenzeitlich arbeitet sie als Syndikusrechtsanwältin im Bereich Tarif- und Arbeitsmarktpolitik beim Arbeitgeberverband Chemie und verwandte Industrien für das Land Hessen e.V. Zuvor war sie langjährig Geschäftsführerin des Landesverbandes Hessen im Deutschen Anwalt Verein e.V. und engagierte sich in dieser Funktion auch im besonderen Maße für Rechtsreferendare.

Gregor Frenken ist wissenschaftlicher Mitarbeiter in der Kanzlei DOMBERT Rechtsanwälte und Doktorand an der Universität Passau. Er studierte Rechtswissenschaften in Passau und Toledo (Spanien). Von 2022 bis 2024 war er Referendar am LG Passau mit Stationen beim AG Passau, bei der StA Passau, an der Deutschen Universität für Verwaltungswissenschaften Speyer, beim VG Regensburg, in einer mittelständischen Anwaltskanzlei in München sowie bei der Ständigen Vertretung der Bundesrepublik Deutschland bei der Europäischen Union.

Franziska Golombek berät Mandanten aus dem In- und Ausland auf dem gesamten Gebiet des Individual- und Kollektivarbeitsrechts und vertritt Mandanten sowohl gerichtlich als auch außergerichtlich. Sie unterstützt Unternehmen regelmäßig bei komplexen arbeitsrechtlichen Angelegenheiten, insbesondere in Angelegenheiten mit grenzüberschreitenden Elementen und bei internationalen Projekten.

Florian Groothuis, M.A. (IT-Law), ist als Rechtsanwalt und externer Datenschutzbeauftragter bei der Kanzlei ByteLaw tätig und berät Unternehmen unter anderem bei Fragen zum Arbeitnehmer- und Gesundheitsdatenschutz.

Horst Kaiser war Vorsitzender Richter am Landgericht, Prüfer im zweiten Staatsexamen und ist Gründer der Kaiserseminare.

Nadine Kirch ist Co-HR Director - Europe bei DLA Piper UK LLP.

Dirk Koch ist Rechtsanwalt und ist zertifizierter Ethical Hacker (CEHvII). Diese Zertifizierung ermöglicht ihm eine gründliche und präzise Analyse von IT-Sicherheitsproblemen und potenziellen Datenverletzungen aus einer technischen Perspektive.

Christoph Kolonko ist als Fachanwalt für gewerblichen Rechtsschutz in Frankfurt am Main tätig und engagiert sich seit vielen Jahren in der anwaltlichen Aus- und Fortbildung. Zudem ist der Vorsitzender des Frankfurter Anwaltsvereins sowie Vorstandsmitglied des Landesverbands Hessen im DAV.

Jonathan Kress ist Associate bei Alston&Bird in Brüssel. Er ist kooptiertes Vorstandsmitglied im VdRH.

Corinna Kusserow ist Volljuristin und Senior Abteilungsleiterin bei der Hays AG. Sie verantwortet den Bereich Legal mit den Schwerpunkten Festanstellung, Freiberuflervermittlung und Projektjuristen. Als Ansprechpartnerin für Referendare berät sie zu Karrierewegen nach dem Examen. Darüber hinaus begleitet sie Juristen aller Senioritätsstufen bis hin zum General Counsel sowie Unternehmen strategisch bei Fragen zu Einstieg, Weiterentwicklung und Führungspositionen im juristischen Arbeitsmarkt.

Fabian Löw ist Syndikusrechtsanwalt bei der DZ Bank.

Dr. Hans-Peter Löw ist Senior Counsel bei DLA Piper in Frankfurt. Er ist seit Jahrzehnten in der arbeitsrechtlichen Beratung von Unternehmen des Financial Services Sektor tätig und beschäftigt sich mit komplexen arbeitsrechtlichen Fragen in dieser Branche, auch an der Schnittstelle zu aufsichtsrechtlichen und datenschutzrechtlichen Themen. Er ist Aufsichtsratsmitglied des VdRH.

Diane D. Manz ist Diplom Psychologin und Business Coach bei brandung | coaching & consulting in Gießen.

Dr. Florian Metz ist Leiter des Examensvorbereitungskurses an der Universität Speyer und Gründer des Repetitoriums »Juristische Probeexamina«. Darüber hinaus ist er Autor verschiedener Lehrbücher für das Assessorexamen.

Prof. Dr. Henning Müller ist Präsident des Sozialgerichts Frankfurt am Main. Er ist Honorarprofessor der Hochschule für Wirtschaft und Gesellschaft Ludwigshafen und Lehrbeauftragter der Philipps-Universität Marburg. Unter www.ervjustiz.de betreibt er einen Blog zur Justizdigitalisierung.

Michael Neubert ist Leiter des European Institute of Management (EIM), einer staatlich akkreditierten Hochschule und EdTech-Institution mit Sitz in Malta. Er ist zudem wissenschaftlich tätig und hat unter anderem zur Internationalisierung von Unternehmen, zu akademischen Forschungsmethoden sowie zur Erwachsenenbildung geforscht und publiziert.

Helen Ördög ist langjährige Vorstandsvorsitzende des Vereins der Rechtsreferendare Hessen e. V. (VdRH). Sie ist Volljuristin beim Vorstand der IG Metall und Mitgründerin einer Partnerschaftsgesellschaft mbB.

Peter Petrat ist Chief Compliance Officer bei der GRAMMER AG, einem internationalen Automobilzulieferkonzern mit Hauptsitz in Deutschland. Er ist langjähriges Vorstandsmitglied des VdRH.

Dr. Marie-Theres Rämer ist Partner und Steuerberaterin bei DLA Piper UK LLP.

Jens Rathmann ist Vorsitzender Richter am Oberlandesgericht in Frankfurt am Main. Er leitet seit 2000 einen Klausurenkurs und ist schon seit mehr als 20 Jahren Prüfer im juristischen Staatsexamen, davon auch schon seit mehreren Jahren im 2. Staatsexamen. Er war ebenfalls mehrere Jahre hauptamtlich im Justizprüfungsamt in Frankfurt am Main tätig.

Constantin Reinhold ist Rechtsreferendar am OLG Koblenz und hat seine Wahlstation bei der DZ Bank in Frankfurt absolviert.

Jana Ringwald ist Oberstaatsanwältin bei der Zentralstelle zur Bekämpfung der Internetkriminalität (ZIT) der Generalstaatsanwaltschaft Frankfurt am Main. Mit ihrem Team ermittelt sie im Falle von Cyberattacken gegen deutsche Unternehmen, war an zahlreichen Takedowns von Darknet-Marktplätzen beteiligt und stellte illegal erlangte Kryptowährungen in dreistelliger Millionenhöhe sicher.

Achim Schäfer-Belot ist Volljurist und Senior Expert bei der Hays AG. Er ist spezialisiert auf die Gewinnung und Beratung von Partnern und ganzen Teams für führende Wirtschaftskanzleien. Vom Standort Frankfurt aus begleitet er Kanzleien bundesweit bei strategischen Wachstums- und Veränderungsprozessen. Mit seiner langjährigen Erfahrung im Executive Search unterstützt er Partner bei entscheidenden Karrierewegen und berät Kanzleien bei der gezielten Besetzung zentraler Führungs- und Schlüsselrollen.

Tobias Schott ist Unternehmer, Visionär und Gründer. Er fährt lieber los, bevor er alle Antworten kennt – und kommt genau deshalb oft schneller an. Von seiner Hands-On-Mentalität haben sich schon viele Juristen inspirieren lassen, nicht nur bei der eigenen Selbstständigkeit.

Nicolas Seul ist Syndikusrechtsanwalt bei der DZ Bank.

Rouven Spieler ist Oberstaatsanwalt bei der Generalstaatsanwaltschaft Frankfurt am Main.

Olga Stepanova, LL.M. (Berkeley) ist Rechtsanwältin, Fachanwältin für gewerblichen Rechtsschutz, Fachanwältin für Informationstechnologierecht, CIPP/E, Datenschutzbeauftragte (TÜV) und Partnerin bei ByteLaw.

Laura Stieler ist Rechtsanwältin und berät im Vereins- und Stiftungsrecht. Sie war Vorstandsmitglied im VdRH.

Der **Verein der Rechtsreferendare Hessen e. V.** ist mit seinem mehr als einem Jahrzehnt Erfahrung in der Vertretung und Förderung von Referendaren, seinem umfangreichen Angebot für seine Mitglieder sowie seiner aktiven Einbringung in die Ausbildung und Gesetzgebung des Referendariats die größte Interessenvertretung für Referendare in Deutschland.

Michael Wehner ist Richter am Amtsgericht Bad Hersfeld. Er ist langjähriges Vorstandsmitglied des VdRH.

Nico Weichsel ist Mitglied des Vorstandes des Vereins der Rechtsreferendare Hessen e. V. (VdRH). Er absolvierte den juristischen Vorbereitungsdienst in Hessen und ist Versicherungsfachmann (IHK). Er ist in einem familiengeführten Versicherungsmaklerunternehmen beratend tätig und befasst sich im Schwerpunkt mit versicherungsrechtlichen Fragestellungen.

Robert Weinhold ist Counsel bei Orrick, Herrington & Sutcliffe LLP in Düsseldorf und Experte für Data Privacy & Technology. Seit 2017 berät er internationale Konzerne und Start-ups an der Schnittstelle von Technologie und Recht, mit Schwerpunkten auf Technologietransaktionen, IT-Compliance und dem Datenschutzrecht. Er ist Mitglied des Aufsichtsrats im VdRH.

Martin Wucherpfennig ist Syndikusrechtsanwalt bei der DZ Bank.

Jörg Zähringer ist Teamleiter und Personalberater bei der Hays AG. Er ist spezialisiert auf die Vermittlung von juristischen Fach- und Führungskräften in Inhouse-Positionen. Vom Standort Frankfurt aus betreut er Unternehmen und Kandidaten im süddeutschen Raum. Mit seiner langjährigen Erfahrung im Legal Recruiting begleitet er Juristen bei der strategischen Weiterentwicklung ihrer Karriere und berät Unternehmen bei der passgenauen Besetzung anspruchsvoller Rechtspositionen.

Justine Zimmermann LL.M. ist Volljuristin und Legal Consultant bei der Hays AG in Frankfurt.

Suriya Zinnow ist Rechtsreferendarin und war Mitglied der Geschäftsführung der Landessprecherversammlung in Hessen von November 2024 bis Juli 2026.

Danksagung

Dieses Handbuch wäre ohne das Engagement vieler Mitwirkender in dieser Form nicht möglich gewesen. Die Entstehung dieses Handbuchs war nur möglich durch die tatkräftige Unterstützung vieler engagierter Personen – innerhalb wie außerhalb des Vereins.

Unser besonderer Dank gilt dem **Hessischen Justizminister**, der diesem Handbuch mit seinem Grußwort einen besonderen Rahmen verleiht. Seine Worte unterstreichen die Bedeutung des Rechtsreferendariats als zentrales Element der juristischen Ausbildung und diese wiederum für die Zukunft des Rechtsstaates. Sie motivieren, die Herausforderungen dieser Phase mit Zuversicht anzugehen, die Chancen der fachlichen und persönlichen Weiterentwicklung zu nutzen und sich auf die Zeit und die vielfältigen Facetten des juristischen Berufsalltags zu freuen.

Ein herzlicher Dank gilt den zahlreichen **Kooperationspartnern** und **Autoren**, die sich mit außerordentlichem Engagement in dieses Projekt eingebracht haben – fachlich, ideell und mit großer Bereitschaft, junge Juristen auf ihrem Weg zu unterstützen. Und die sich auch über dieses Projekt hinaus in den Verein einbringen. Viele von ihnen haben inhaltliche Beiträge beigesteuert, Einblicke in ihren Berufsalltag gewährt oder wichtige Impulse gesetzt und damit einen wesentlichen Beitrag zum Gelingen dieses Projekts geleistet. Sie sind damit weit mehr als Förderer: sie sind Mitgestalter und tragen maßgeblich zur Ausbildung und Entwicklung angehender Juristen und dazu bei, die Brücke zwischen dem Rechtsreferendariat und dem späteren Berufsleben als Arbeitgeber von morgen konkret und greifbar zu machen.

Ein weiterer Dank gilt dem **Aufsichtsrat**, der den Vorstand mit seiner Erfahrung, strategischen Weitsicht und wertvollen Impulsen in seiner Arbeit beratend unterstützt. Durch seine vielfältigen Perspektiven, seine Anregungen und nicht zuletzt durch das Teilen seines Netzwerks leistet er einen wichtigen Beitrag zur Weiterentwicklung der Vereinsarbeit – auch abseits einzelner Projekte.

Ebenso danken wir dem **Vorstand**, der dieses Handbuch ins Leben gerufen und mit viel Herzblut und Expertise geprägt hat. In enger Zusammenarbeit und mit Enthusiasmus haben die Mitglieder des Vorstands mit den Kooperationspartnern, dem Aufsichtsrat und anderen Autoren dazu beigetragen, dass dieses Projekt nicht nur erfolgreich umgesetzt wurde, sondern auch in einer Form entstanden ist, die den Bedürfnissen der Referendare gerecht wird und zu einem wertvollen und praxisnahen Begleiter macht.

Wir danken zudem allen **Autoren, Unterstützern** und **Mitgliedern des Vereins** – insbesondere jenen, die mit ihrem Wissen, ihrer Zeit und ihrem Engagement zur Entstehung dieses Handbuchs beigetragen haben und uns in der Planung, Umsetzung und Organisation zur Seite standen.

Schließlich danken wir dem **Verlag**, der mit seinem Know-How in der Produktion und Veröffentlichung dieses Handbuchs dafür gesorgt hat, dass dieses Projekt in seiner jetzigen Form realisiert werden konnte. Seine Unterstützung und das Vertrauen in unser Vorhaben waren von unschätzbarem Wert.

Dieses Werk erhebt nicht den Anspruch der Vollständigkeit, sondern ist viel mehr Ausdruck einer gemeinsamen Idee: dass gute Ausbildung dann gelingt, wenn Theorie, Praxis und persönliche Erfahrungen miteinander in den Dialog treten.

Helen Ördög
Für den Vorstand
Verein der Rechtsreferendare Hessen e. V.